·教师版·

细节决定健康

主审　宋爱莉
主编　苏秋菊
　　　顾　军

青岛出版社
QINGDAO PUBLISHING HOUSE

图书在版编目（CIP）数据

细节决定健康：教师版 / 宋爱莉，苏秋菊，顾军编．—青岛：
青岛出版社，2016.6
ISBN 978-7-5552-4122-5

Ⅰ.①细… Ⅱ.①宋… ②苏… ③顾… Ⅲ.①教师保健－基本知识
Ⅳ.①G478.2

中国版本图书馆 CIP 数据核字（2016）第 135516 号

书　　名　细节决定健康（教师版）
主　　审　宋爱莉
主　　编　苏秋菊　顾　军
副 主 编　王　尧　宁红红　许丽娟
编　　委　赵　红　李　娜　王晓蕾　王海萍　宋婷婷　谢丽莎
杜作滨　于媛媛　孟庆波　王欣芳　王　蕾　卫梅娟
马　飞　柳　娜　刘　博　武丽霞　于恒兴　李会国
韩守江　杜永刚　邵恩君　史国民
出版发行　青岛出版社
社　　址　青岛市海尔路 182 号，266061
本社网址　http://www.qdpub.com
邮购电话　13335059110　0532-68068026（兼传真）　0532-85814750（兼传真）
责任编辑　傅　刚　E-mail: qdpubjk@163.com
特约校对　刘　青
封面设计　润麟设计
照　　排　青岛新华印刷有限公司
印　　刷　青岛炜瑞印务有限公司
出版日期　2016 年 6 月第 1 版　2016 年 6 月第 1 次印刷
开　　本　20 开（890mm × 1240mm）
印　　张　10
字　　数　240 千
书　　号　ISBN 978-7-5552-4122-5
定　　价　35.00 元

编校质量、盗版监督服务电话　4006532017　0532—68068638

印刷厂服务电话　13864837986

前 言

每个人的成长，都离不开教师的培养。从幼儿园到小学、中学、大学，可以说教师伴随着我们走过人生最重要的几个阶段。教师是一个特殊的群体，从事着消耗脑力、体力的工作，在学校肩负着繁重的教学任务。高压力、高强度的教学工作，给教师群体带来了日益增多的健康隐患。

有关机构对教师健康状况的调查显示，大约65％的教师患有一种或一种以上的职业病。但就是在这样的背景下，教师群体自身并没有对此给予足够的重视。一份类似的调查还显示，只有不足15％的受调查者平时非常关心自己的健康状况，并自认为有良好的生活习惯。更有一些教师直到疾病缠身，才“不得不”关注自己的身体健康问题。在关于教师职业病的调查中，表示“基本没在意过”的比例为23％；自己本身就患有职业病或者知道本单位同事患有职业病的占66％。尽管不少教师对“职业病”并不陌生，在谈到对教师职业病的预防时，教师采取的措施有：经常使用眼药水保护眼睛的占33％；使用护手产品预防手指皮肤被粉笔伤害的占16％；平时吃些补药调节身体状态的占5％；参加体育锻炼、增强体质的占5％。由此可见，很多教师缺乏自我保健意识，教师群体的健康状况令人担忧，应引起全社会的重视。

健康，对于任何人来说都是最宝贵的财富，人如果没有了健康，一切都会变得暗淡，一切也将失去意义。教师是“人类灵魂的工程师”，拥有健康也是每一位教师及其家人的共同心愿。那么，教师如何才能善待自己的身体，如何才能呵护自己的健康呢？为此，我们特意编写了这本《细节决定健康（教师版）》，旨在帮助更多的教师爱惜身体，拥有健康。

药物与金钱并不能拯救健康，唯有科学的生活方式和健康的生活理念才能为我们的生命健康保驾护航。《细节决定健康（教师版）》是一本专门为教师精心打造的健康科普书籍。它从教师的职业特点出发，针对教师这一特殊群体常见的健康问题，有针对性地提出各种有效的防治方法和合理的保健方案，其内容包括健康管理、合理膳食、茶疗保健、教师的健身运动、生活起居、职场保健、心理调护、旅游保健、疾病防治、科学用药、四季养生以及穴位保健等内容。

本书内容丰富、生动、实用、科学，是一本关爱教师健康的优秀读物。

祝广大人民教师——辛勤的园丁，身体健康，天天快乐！

目录

第一章　健康管理细节：让身心都充满正能量

教师保持健康的体质，既是对个人和家庭负责，更是对学生和社会的一种责任。因此，教师在日常教学的同时也应多多关注自身的健康，让身心都充满正能量！

第二章　合理膳食细节：“吃”出教师的神采

“民以食为天”，饮食营养与健康密切相关。教师们应该时刻关注饮食健康，全面改善营养状况，预防与营养有关的慢性病，建立科学合理的饮食观念和习惯。

第三章 茶疗保健细节：办公室里巧养生

茶在中医看来是万病之药，在古代更是不乏医者将茶与中药材搭配制成药茶的经验，直至今天，仍有不少茶方流传下来，下面将要介绍的是一些简便有效的保健疗病的茶方，适合教师们在办公室里选择饮用。

第四章 健身运动细节：教学生涯“动”起来

运动对于人体健康起到非常重要的作用。运动可以增强机体对疾病的抵抗力，预防疾病。如果每天能在百忙之中抽出一定时间坚持体育锻炼，将受益终生。

第五章 生活起居细节：细节成就健康

生活起居也是影响人们健康的一个重要方面，健康的生活方式有利于预防疾病。教师们应该学会科学地安排自己的生活起居，建立符合自身生物节律的生活规律，以保证身心健康。

第六章 职场保健细节：健康教学每一天

作为辛勤的园丁，在培养祖国花朵的同时也不能忘了自己的身体健康。因此教师应该学会一些职场养生的小秘诀，并将它们运用到实际工作当中，不要让工作“伤”了自己。

第七章 心理调护细节：给教师心理“松松绑”

面对工作压力我们要勇于卸下沉重的思想包袱，打开心中那道阀门，泻出烦恼的洪水，在人生的道路上走得更轻松、更长远。也唯有学会调整，学会为心灵减压，才能将郁闷阻隔在心门之外。

第八章 旅游保健细节：快乐与健康应同行

难得的假期要好好放松出去玩一玩，但是出门在外，一些问题如果解决不好，就有可能会对健康造成影响。那么，教师该怎样做才能快快乐乐游山水，健健康康度长假呢？

第九章 疾病防治细节：让教师远离职业病

教师是一个集脑力劳动与体力劳动于一体的职业，他们在繁重而辛劳的教学工作中，由于职业的特殊性，身体健康时时受到疾病的困扰。因此，教师应该充分认识以下这些疾病，并积极地采取预防和保健措施。

第十章 科学用药细节：为教师健康加把锁

药品使用是一门相当专业的学问，并非人人都可以充当医师和药师的角色。因此，掌握一些基本用药原则和常识，会对教师的健康有很大的帮助。

第十一章 四季养生细节：让你全年健康随行

古往今来，芸芸众生无不受春夏秋冬四时交替变化的影响。在一年四季中，不同的季节在气候的特点上也是有差异之处的，因此教师们应注意针对季节采取不同的养生方法来进行安排。

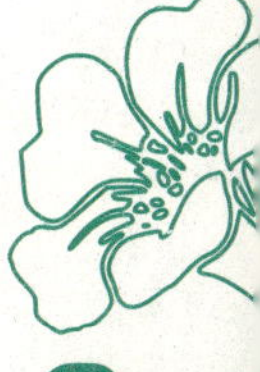

第十二章 穴位保健细节：轻松按摩保健康

按摩是我国古老的医疗方法，其动作轻柔，运用灵活，便于操作，使用范围甚广，越来越多的人开始运用这种方法进行保健。对于教师们来说，如果自己在闲暇之余，找准穴位自我按摩一下，也不失为是轻松保健之法。

第一章

健康管理细节：让身心都充满正能量

教师被誉为“太阳底下最光辉的职业”，可光辉的后面他们的健康问题又有谁人知？过重的工作压力、家庭的重担使得他们身心疲惫，无暇顾及自身的健康问题。调查显示，教师是“亚健康”的重要人群之一。教师保持健康的体质，既是对个人和家庭负责，更是对学生和社会的一种责任。因此，教师在日常教学的同时也应多多关注自身的健康，让身心都充满正能量！

❶ 教师健康状态亮红灯

调查发现，当前教师群体中不同健康状态的比例分别是：健康占10.4%，亚健康占45.55%，前临床状态占23.63%，疾病状态占20.42%。这表明，有69.18%的教师处于亚健康与前临床状态，相比一般人重度亚健康发生率10%这个数字高出许多。专家提示，40岁左右的青壮年教师是亚健康的高发人群，应当引起足够的重视。

现代社会竞争激烈，学生的书包越来越重，课余时间也越来越少，升学的压力让他们倍感疲惫，社会疾声高呼给他们减负，而工作量繁重，心理压力也同样巨大的教师们的身体健康却往往很少被关注，不少因职业特点引发的疾病随着年龄的增加正一步一步逼近他们。

那么，教师工作中的健康隐患主要出现在哪些方面呢？

·讲：慢性咽炎声音沙哑

教师用嗓子非常频繁，但也往往由于用声过多，没有注意嗓音保健，沙哑、失声的慢性咽炎成了常见病。慢性咽炎在中年教师中比较普遍，大都是因为急性咽炎没得到及时治疗或反复发作的结果。

·站：静脉曲张腿脚肿胀

由于工作需要，教师站立时间比较多。由于腿部肌肉长期处于紧张状态，下肢静脉内的压力不断升高，会使下肢血液回流受到影响，造成下肢肿胀、疼痛，严重的还会引起静脉曲张。患肢常感酸、沉、胀痛、易疲劳、乏力；患肢浅静脉隆起、扩张、变曲，甚至迂曲或团块状，站立时更明显；在踝部、足背可出现轻微的水肿，严重者小腿下段亦可有轻度水肿。下肢静脉曲张病变较重且长期未经治疗者，可发生严重并发症。

·吸：慢性咳嗽支气管炎

粉笔灰确实对教师身体有影响。虽然现在改用了“无尘粉笔”，但是无尘并不等于没有粉尘，只是比普通粉笔扬起的粉尘少点而已。所以，长期大量地吸入，易导致慢性支气管炎等肺部炎症的发生。

·写：长期伏案颈肩疼痛

教师需要长时间伏案工作，姿势持续固定不变，尤其是40岁以上的教师特别容易出现肩颈痛。

·吃：胃肠道功能紊乱

压力大、精神高度紧张、饮食没规律是教师尤其是毕业班教师的通病，他们很容易患上消化道溃疡。

·堵：心理障碍悄然降临

拿班主任来说，除了正常的备课、教书外，还承担着大量的非教学任务，要保证全班四五十个学生不出差错，不仅责任重大，而且工作繁琐。越来越多的人在关注学生们的心理健康，却很少有人关注教师的心理健康。其实，现在教师的心理问题越来越普遍。

压力往往是导致心脑血管疾病、高血压、癌症及多种免疫系统疾病的原因之一。除此之外，还可能引起头晕头疼、睡眠质量不好、心烦意乱、甲状腺疾病及各种皮肤问题。慢性压力还会消耗很多身体内的营养素，比如大部分的维生素B族、抗氧化剂、锌及其他矿物质，而这些都是免疫系统所需要的营养素。

教师的这些健康隐患应该引起有关部门充分的关注，作为教师本人，也应对上述健康隐患予以重视，并立即进行相应的调整。

针对常见的几种教师职业病，健康专家提醒广大教师注意预防职业病的侵害，并给出如下建议：

· 科学用嗓，修正讲话时的不良习惯，课间休息时让声带也休息一下，常用温开水润喉，少食辣椒等刺激性较强的食物以及巧克力等糖分过高的零食，多摄取一些清肺养阴、化痰散结的食物。

· 讲课时可慢步走动，以减少站立时间；日常可穿弹性袜，多做促进腿部血液循环的运动；睡前用热水泡脚，坚持自我按摩。

· 调整好工作中的姿势与时间长度，例如伏案时间不宜过长，一般一个小时左右就要起身活动四肢；眼睛疲劳时，可上下左右活动眼球，也可站在窗口极目远眺。

❷ 教师“亚健康”自我测评

许多教师一定都有过这样的经验：在经过了较长时间的紧张工作后，会出现吃不香、睡不踏实、倍感疲倦、打不起精神等表现。其实，这就意味着已经接近或处于亚健康状态了。从医学角度讲，亚健康是种潜病态，介于健康与疾病的中间阶段。它的发生主要以个人感受为主，对于医生而言，他们所听到的也只是患者的自述，而病理检查很难查出客观依据。因此，加强对亚健康的自我检测还是很有必要的。

教师经常进行一下自我检测，既能了解自己的身体状态，又有助于及时发现不适反应，并加以纠正。下面的检测题虽然只能反映一部分问题，但也能从一定程度上体现亚健康状态的存在。

· 疲劳持续、反复发作。

· 疲劳感总是得不到缓解，即便保证睡眠也不得缓解。

· 疲劳感严重时，每日的活动量会减少一半以上。

· 虽然活动量没有增加，但疲劳感却终日伴随。

· 有睡眠障碍发生，如失眠或嗜睡。

· 经常性注意力不集中；记忆力减退。

· 经常出现低热或畏寒症状；怕光。

· 神经过度兴奋，甚至有亢奋倾向。

· 大脑思考、判断能力下降。

· 经常出现咽喉疼痛症状。

· 有非渗出性咽喉炎。

· 经常出现肌肉不适感或疼痛感。

· 有不明原因的全身肌肉无力。

· 有游走性、非炎性疼痛。

· 出现过短暂性的视盲。

· 有忧郁、悲观情绪；头痛经常发作。

上述症状中，如果有 6 项以上症状表现符合你的情况，且症状发生呈现急性或亚急性状态，并持续存在 3 个月以上，那么就说明你已经处于亚健康状态了。

教师日常生活中要预防、消除亚健康，就需要“主动养生”。例如，还未疲乏时就“主动休息”，让身体“充电”，这比连续工作效果好，也不伤身体。又如，不要等口渴了再喝水，水是生命之源，人体得到水的滋润，才能保持旺盛的生命力。再比如，不要等各种维生素、微量元素缺乏的症状出现时，甚至疾病发生时，再考虑补充维生素、微量元素，这样为时已晚，损失太大。平时如能在调整膳食结构的同时，补充维生素、微量元素，以满足人体需要，就能保证健康。当然也不要盲目补充大量的维生素和矿物质，过量反而不利于健康。

3 教师亚健康，中医可调整

下面，让我们一起来了解一下中医是如何调整亚健康状态的。

· 人和自然协调统一

中医对亚健康是如何认识的呢？“天人相应”和人体“整体观”是中医最根本的观点。意思是说，世界上任何生物都与四季的阴阳变化分不开。大自然需要平衡，人作为一个有机的整体，也需要平衡，不平衡就会出现病理状态。由于亚健康表现的主要症状正是人体阴阳、气血、脏腑等失于平衡而出现的，所以中医认为亚健康是一种病态，只是程度的轻重而已。

· 平衡阴阳

调理阴阳是治疗亚健康的主要方法之一。就人体而言，气为阳，血为阴；体表为阳，体内为阴；背部为阳，腹部为阴。就脏腑而言，五脏属阴，六腑属阳。但每一个脏又有阴阳之分，这些阴阳出现偏差都会出现不适。中医就是通过药物的阴阳（寒热温凉）属性来调整人体阴阳偏差的。比如心阳虚和心阴虚均会出现心慌，不过心阳虚还会出现畏寒肢冷，倦怠乏力等；而心阴虚则伴有手足心热，心烦意乱等症状。治疗上也就有所不同，前者用温阳的参附丸，后者用滋阴的天王补心丹。

· 调理脏腑

在人的整个生命过程中，五脏之间相互滋生、相互制约，共同维持着人体内环境的平衡状态。如果因为某种原因，譬如外邪的入侵、情志的损害、起居的无常、饮食的无度等，使平衡被打破，身体就会出现亚健康状态。

中医采取调理脏腑的方法，用中药的归经学说，该补的补，该泻的泻，扶弱抑强，使脏腑恢复平衡状态，达到正常的生理功能。比如心神不安，失眠多梦，中医可滋肾水而泻心火，使心肾交泰，水火相济，症状自然会消失。

中医强调“上医治未病”，其对亚健康的调控正是基于这种防患于未然的考虑，防微杜渐，提早干预，截断扭转，防止亚健康向疾病方向发展。科学平衡的膳食结构，适度的体育锻炼，合理的生活方式，形式多样的保健方法，都是中医调控亚健康的重要内容。

4 五招助教师走出亚健康

对于教师来说，由于工作性质决定了其需要长时间站立和伏案工作，如果平时不注意养成正确的工作习惯，就会对健康造成许多不良影响，出现头痛、视力障碍、疲倦、无精打采、心情沮丧，

影响到工作的顺利发展。如果出现这些症状后还不及时采取措施，日久天长人就会变得萎靡不振，工作中没有激情，怎样都提不起精神来。如果再碰到学校工作忙得不可开交，那就更是雪上加霜。下面这几招，有助于教师养成正确的工作习惯，在提高工作效率的同时，又能保持身心健康。

· 合理饮食

合理饮食包括有节制的饮食，不暴饮暴食，多摄取不同的维生素和矿物质、无机盐，合理进补，适当选择药膳也对预防和改善亚健康很有帮助。

· 按时、充足的睡眠

不按时睡眠，很有可能会造成睡眠紊乱，而失眠会使人体免疫力降低，容易感染疾病，那些睡眠不足的人往往成为流行病的受害者。要有好的睡眠，首先要按时，不要太饱或太饿时上床，还要追求质量而非数量，睡得好不好不与睡眠时间成正比，而与睡眠深浅成正比。

· 适当锻炼

适当的运动是亚健康的克星。适合教师的锻炼一是有氧运动，如打羽毛球、健步行等；二是腹式呼吸，深呼吸后将气保留在腹部一会儿，再慢慢呼出；三是做健身操，使全身充满活力；四是自我按摩，适当刺激体表，保持良好抗病状态。

· 学会调节自己的情绪

焦虑是现代人的通病，有焦虑症的人通常会感到莫名其妙地惊恐、心慌、出汗、面色苍白、两手发抖等，有时发作过后感到一切都恢复正常；有时则使人经常处于一种紧张不安状态，担心此病会再来，形成恶性循环。经调查，那些乐观向上、兴趣广泛的人就不容易患有这种焦虑症状。因此，教师学会调整自己的心态和情绪，学习乐观处世，对改善心理亚健康很有帮助。

· 尽量改善环境条件

室内和大气环境污染总让健康的身体透不过气，而我们日常生活中的电脑、移动电话和家电噪音更是被我们常常忽视的污染源。动手改善环境，除了在生活中要尽量防御外，还可以在室内种植一些有益健康的绿色植物，改善室内空气质量。

当你开始出现头昏眼花、听力下降、四肢乏力、犯懒嗜睡时，一定要小心，因为你已经有“亚健康”的迹象了。若出现性格改变，如烦躁、郁闷不语、忧郁的时候，更要小心了，因为你脑力性疲劳已经达到了严重的程度。

解除疲劳最好的办法就是休息，征服“亚健康”最好的办法就是建立良好的生活方式。不要等感到疲劳之后才休息，而是要在疲劳感还没有出现时就适当休息。如果能及时地主动休息，就可以有效地避免“亚健康”对身体的损害。

5 中年教师别“硬熬”

人到了中年以后，生理功能逐渐衰退，老化现象也悄然而至。因此，中年教师在日常生活中，切忌犯养生保健的大忌——硬熬。

· 身体疲劳时不可硬熬

疲劳感是身体的一种正常反应，是人们所具有的一种自动控制信号和警告。当你的身体感到疲劳时，说明你的体力和精力需要恢复了。如果不听从警告立即采取措施，那么人体就会积劳成疾，百病缠身。

人到中年后，各种生理机能开始走下坡路。当你出现肌肉酸痛、周身乏力、思维迟钝、精神不振、头昏眼花、心悸、心跳与呼吸加快时，就不能再“硬熬”下去了。否则，将会付出更大的代价。

这时你需要做的就是尽快采取保健措施，消除身心疲劳。在工作中，应注意劳逸结合，不要再熬夜，也不要再做突击性的工作。思想要放松，胸襟要宽广，心情要舒畅，不要因一些琐事而烦恼，不要过多计较个人得失。须知，此时最应该计较的，不是所谓的名利，而是自己的身体。

· 身体患病时不可硬熬

人到中年，身体的生理功能走向全面的成熟。但是，物极必反，接下来身体的老化现象也悄然而至了。大脑、心脏、肝肾等重要器官生理功能都在不知不觉中开始衰退，细胞的免疫力、再生能力和机体的内分泌功能也在下降。

所以，中年教师应该养成定期到医院做体检的习惯。日常生活中，当出现乏力、头痛发热、腰酸、腿痛、咳嗽、便血等异常症状时，切不可听之任之，强忍下去，以致病情拖延，错过治疗良机，终酿成重症。应该尽早到医院诊治，以便尽快恢复身体健康。病体硬熬只会导致重病缠身。

· 饮食上不可硬熬

许多教师，为了完成某项紧急任务，把吃饭时间也搭进去，或者把此餐省掉，或者推迟饭点。这对身体健康是极其不利的。有饥饿感时要立即进食，不要随便推迟进食时间，否则会引起腹痛，手脚发凉、酸软、发抖，头昏眼花，甚至昏迷、休克。

经常性的饥饿不进食，易引起溃疡病、胃炎及消化不良等。

· 起居上不可硬熬

大便硬憋，可造成习惯性便秘、痔疮、肛裂、脱肛，除此之外还可诱发直肠结肠癌。憋尿会引起下腹胀痛难忍，导致尿路感染和肾炎的发生，对健康十分有害。所以，要养成规律排便的习惯，有了尿意就应立即小便。

另外，如果晚上感到头昏思睡，就不要硬撑了，赶紧去睡，切不可强用咖啡、浓茶去刺激神经，以免引发神经衰弱、高血压、冠心病等病症。

排尿是一种正常的生理需要，有了尿意，一定要顺其自然，及时排出。外出前应尽量上一次厕所，在工作学习的间隙，都应该给自己一点空闲的时间解决“方便”大事，从而避免疾病的出现。

6 养护好自己的大脑

教师每天用脑的时间比较多，所以在生活中一定要保护好大脑，这样才能够避免出现头晕等症状。那么，教师到底应该怎样来进行大脑养护呢？这里为大家整理出一些有关教师大脑养护的相关原则。

· 做到起居有常，劳逸结合

每天的学习、工作、休息、文体活动、睡眠要有合理的安排，并形成习惯。这样可使大脑皮层中的兴奋与抑制神经建立起较为稳定的规律，从而使人能保持充沛的精力，大脑也会因此而处

于最佳的生理状态。

· 进行必要的体育锻炼

除每天例行的身体锻炼外，还可利用工作间隙做工间操活动筋骨或做些微量运动。适量的体育锻炼可使绷紧的脑神经得到松弛，还能改善机体的血液循环，促进新陈代谢，使大脑得到充足的血液和氧气供应。

· 合理地分配和使用脑力，适时调节，及时消除大脑疲劳

大脑皮层的兴奋与抑制是有规律的，当处于积极的思维活动时，大脑相应区域的神经细胞就处于兴奋状态，如果思维活动时间过长，则又会转入抑制状态，表现为注意力不集中，思维迟钝，效率低下。所以在工作一段时间后要稍事休息，也可适当进行一些娱乐或体育活动，使紧张的脑神经得到放松。经过充分休息，大脑的功能会更好地发挥作用。

长期的低头姿势，造成很多人颈背部软组织一直处于紧张状态，大脑的耗氧量会大大增高，因此，长期低头除了导致颈椎疼痛外，还会感觉头晕。

抬头走路或者经常做抬头的动作，可让全身得到最大程度的舒张，使脑皮层吸收优质的氧能量，延缓大脑衰老。抬头走路要求上身稍向前倾，下巴前伸，高抬头，两肩向后舒展，走起来飒飒有声。如此，不但姿态好看，对健康也有多方面的好处。首先，这种姿势能使得思想集中在一点上，保持精力旺盛。其次，两肩向后拉，肺部可以吸入更多的空气。脊柱伸直后，就可调整全身的姿势，并使身体维持平稳。轻微呼吸时，腹部略有起伏，这说明腹部处于轻度紧张状态，能减轻腹腔内的脏器对腰部造成的负担。

7 教师身心健康的新标准

如何才能算身心健康呢？身心健康有什么标准呢？这是每一位教师朋友应该了解和关心的问题。一般来说，世界卫生组织提出的身心健康新标准值得大家效仿与参考，具体如下：

· 快食

一说到快食，很多朋友会认为是吃饭快，而且是狼吞虎咽，不辨滋味。其实，这种想法是错误的。所谓的快食，是指不挑食、不偏食，吃主餐时，无论吃什么都感觉津津有味。如果你总感觉吃饭没有味道，并且出现持续性无食欲状态，则意味着你的胃肠或肝脏可能出了毛病。

· 快眠

良好的睡眠是健康的保证。一般来说，上床后能较快入睡，睡眠舒畅，醒后头脑清醒，精神饱满，就是睡眠质量好，有利于健康。如睡的时间过多过少，且醒来后感觉乏力不爽，则是心理及生理的病态表现。要知道，神经系统兴奋与抑制功能协调，内脏无病理干扰，是快眠的重要保证。

· 快便

除了吃好睡好外，能否迅速畅快地排泄大小便，也是健康的一种体现。一般来说，如果能快速畅快地排泄大小便，并且在排泄大小便后感觉轻松自如，在精神上有一种良好的感觉，便后没有疲劳感，就说明胃肠功能好，说明你的身体很健康。

· 快语

一个健康的人，无论说话声音是大还是小，但一定要流利，说话流利意味着头脑清楚，思维

敏捷，而且中气充足，心肺功能正常。所以，教师朋友，一定要注意自己的语速。

· 快行

一个健康的人应该是行动自如、协调，步履轻松、有力，转体敏捷，反应快速，动作流畅，如果你也是如此，就证明你的躯体和四肢状况良好，精力充沛旺盛。如果下肢常有沉重感，这就意味着身体不适。这是因为诸多疾病导致身体衰弱，均先从下肢开始。人患有内脏疾病时，下肢常有沉重感；心情焦虑、精神抑郁时，也会感觉四肢乏力，步履沉重。

· 个性良好

一个性格柔和的人，其言行举止一定能得到他人的认可，而且她（他）们也能够很好地适应不同环境。一个性格宽厚的人，必定心境宽广，从而没有太大的心理压力，没有经常性的压抑感和冲动感。一个性格坚强的人，必定目标坚定，意志持衡，感情丰富，热爱生活和人生，乐观豁达，胸襟坦荡。所以，一个健康的人，必须要有良好的个性。如果她（他）的个性不健全，一定不会有一个健康的身心。即使身体健康，心理也会有这样那样的隐患。

· 良好的处世技巧

看问题，办事情，都能以现实和自我为基础，与人交往能被大多数人所接受。不管人际风云如何变幻，都能始终保持稳定、永久的适应性，能保持对社会外环境和身体内环境的平衡。

· 良好的人际关系

与他人交往的愿望强烈，能有选择地与朋友交往，珍视友情，尊重他人人格，待人接物能宽大为怀。即善待自己，自爱，自信，又能助人为乐，与人为善。

现在，由于喧闹的环境、紧张的工作、激烈的职业竞争压力等，使教师的心理压力逐渐加大，心理健康方面的问题日益突出。所以，教师最好参考以上的健康新标准，如果发现自己有身心健康方面的隐患，一定要及时就医或调整。

教师不要为每天一些细碎的琐事而耿耿于怀，心事重重。只有这样，在进入“快节奏”的生活、工作时，才能自我消除紧张状态，善于从心理上作自我解脱，从而避免“快节奏综合征”的出现。即使出现，也能迅速自我调节，使症状得到减轻，直到消除。

8 随时自测健康状况

据世界卫生组织研究报告，人类三分之一的疾病通过预防保健可以避免，三分之一的疾病通过早期的发现可以得到有效的控制，三分之一的疾病通过信息的有效沟通能够提高治疗效果。因此，专家建议广大教师应该定时进行全面的健康检查。及时了解掌握自己的身体存在哪些疾病或隐患十分重要，如高血脂或糖尿病，早期发现就能够及时治疗。

此外，还有一些简单而实用的健康检查方法，能够让教师随时可以对自己的身体状况进行检查，随时掌控身体的健康动向，以便及时采取相应的健康对策。

· 腰臀比

腰臀比（WHR）是反映身体脂肪分布的一个

简单指标，世界卫生组织通常用它来衡量人体是肥胖还是健康。研究证明，该比值与心血管发病率有密切关系。标准的腰臀比为男性小于 0.8，女性小于 0.7。男 WHR ＞ 0.95 和女 WHR ＞ 0.86 就是具有心血管疾病危险性的腰臀比数据。测量时一定要采取站姿。

· 仰卧起坐

20 岁的健康人在 1 分钟内最佳成绩为起落 45 ～ 50 次；30 岁的为 40 ～ 45 次；40 岁的为 35 ～ 40 次；50 岁的为 25 ～ 30 次；60 岁的为 15 ～ 20 次。

· 体温

人的正常体温为 36℃～ 37℃，高于此值为发热，低于此值称为“低体温”。后者常见于高龄体弱老人及长期营养不良者，也可见于甲状腺机能减退症患者。

· 脉搏

成人脉搏每分钟 60 ～ 100 次，如发现过速、过缓、间歇强弱不定、快慢不等均为心脏不健康的表现。老年人心率一般较慢，但只要不低于每分钟 55 次就属正常范围。

· 呼吸

健康人呼吸平稳、规律，每分钟 15 次左右，如发现呼吸的深度、频率、节律异常，呼吸费力，有胸闷、憋气感受，则为不正常表现，应及时就医。老年人心肺功能减退，活动后可有心悸气短的表现，只要休息后很快就能恢复就不应认为是疾病的表现。

· 血压

成年人血压不超过 140/90mmHg。老年人随年龄的增长血压也相应上升，但收缩压超过 160mmHg 时，不论有无症状均应服药。

· 体重

长期稳定的体重是健康的指标之一。短时间内的消瘦见于糖尿病、甲亢、癌症，或胃、肠、肝疾患。体重短期内增加可能与高血脂、糖尿病、甲状腺机能减退症等疾患有关。

· 饮食

成年人每日食量不超过 500 克。如出现多食多饮应考虑糖尿病、甲亢等疾病的存在。每日食量不足 250 克，食欲丧失达半个月以上，应检查是否有潜在的炎症、癌症。

· 排便

健康人每日或隔日排便一次，为黄色成形软便。少吃、少动者可 2 ～ 3 天排便一次。只要排便顺利，大便不干，就不是便秘。大便颜色、性状、次数异常，提示肠道疾病。

· 排尿

成年人每日排尿 1 ～ 2 升左右，每隔 2 ～ 4 小时排尿一次，夜间排尿间隔不定。正常尿液为淡黄色，透明状，少许泡沫。如尿色尿量异常、排尿过频、排尿困难或疼痛，均为不正常表现，应就医。

· 睡眠

成年人每日睡眠 6 ～ 8 小时。入睡困难、夜醒不眠、白天嗜睡打盹，均为睡眠障碍的表现。

· 精神

健康人精神饱满，行为敏捷，情感合理，无晕无痛。否则，应检查是否有心脑血管和神经、骨关节系统疾病。

引起疲劳的原因主要有三种：体力消耗；精神抑郁、忧虑等心理原因；体内潜伏着某种疾病。前一种属于生理性疲劳，后两种属于病理性疲劳。

生理性疲劳只是在活动量过大、过猛、劳动时间过长时才出现，如果得到休息，疲劳很快会消失。

病理性疲劳往往伺时伴有畏寒、发热、恶心、咳嗽、心悸、食欲减退等表现，而且疲劳消除也显得缓慢或不容易。

因此，当出现原因不明的持续性疲惫不堪，休息后也不易恢复的情况，就要尽早去医院进行检查，以便早期诊断治疗。

9 读懂自己全天的身体状况

俗话说，病来如山倒。其实，很多疾病在突发前都有一些身体上的先兆，只不过没有引起足够重视罢了。为了防微杜渐，我们不妨也来盘点一天当中不同阶段身体的不良感受，看看它们每时每刻都在诉说着什么。

· 早晨

头晕、头昏：如果每天早晨醒来后感觉头昏脑涨，或者有头晕症状，那么要注意了，可能有颈椎骨质增生或高血压、高血脂等情况。

强烈的心慌饥饿感：如果在凌晨 4 ～ 5 点钟醒来，有强烈的心慌、饥饿感，而且疲乏无力，直到吃早餐后不舒适的感觉才逐渐消失。那么可能有糖尿病倾向。

清晨浮肿：如果清晨醒来后发现明显而不容易消失的眼睑等头面部浮肿，或伴有全身浮肿，则提示可能有肾病或心脏病。

口臭：如果自己常常感觉有口臭，可能是胃或肝出现了问题，又或是牙周病引起的；口中有氨味，提示要格外注意肾脏的健康；口中有水果香味，提示可能患上了糖尿病。

脸色发黄：提示身体疲倦，或黄疸。

眼睑苍白：提示患有缺铁性贫血症。

眼角膜出现一圈模糊的灰环：说明心脏可能有问题，如果是 30 ～ 50 岁的男性尤其应该注意，马上去医院检查。

脸色潮红：成人的脸色像苹果一样红，可能与心脏病或高血压有关。

牙龈出血：说明牙齿不健康，很可能有牙周病。

想吐：除去怀孕的原因，若每天早上都如此，可能是慢性胃炎。

刷牙时注意观察舌头：若舌面白而呈毛茸茸的状态，提示免疫系统功能严重失调或身体出现了某种癌变。

· 白天

眼睛痛：除去用眼疲劳的原因外，看报时眼睛剧痛，就要小心青光眼了。

手发抖：拿书报时手会发抖，可能是甲亢，也可能是帕金森氏病。

无法阅读：读书报时总是心不在焉，无法专心阅读，提示心事重重，一定要去看心理医生了。

饮食异常：食欲正常，但进食油腻食物后上腹疼痛，并放射到右肩背部，很可能是患有肝胆疾病；若食欲亢进，体重却减轻，并伴有倦怠、乏力、爱出汗、爱激动、性情急躁、眼球突出等症状，提示可能患了甲状腺机能亢进症；如果突然间没有了食欲，见到油腻就恶心，容易疲劳，小腿部发酸无力，尿液变成了褐色，眼白发黄，

可能是患了肝炎；在酒宴和节假日后，总是出现反酸、腹胀或腹痛等症，提示积食了，要多吃新鲜蔬菜，一日三餐要注意清淡饮食。

爬楼梯时心慌，胸闷：提示心脏功能较弱。

鼓槌形手指，指尖比指节更粗大：提示可能患有较严重的肺部疾病。

指甲生长缓慢，没有光泽而且变黄变厚：提示淋巴系统出了毛病。

指甲变黑：提示肾上腺皮质功能减退。

手背静脉突出：随着年龄增加，会有此现象，但也有心脏病的可能。

手掌泛红：肝脏出现问题时，手掌会发红。

手掌潮湿：过度兴奋或紧张时手掌会出汗，若常如此则可能是甲状腺功能异常。

· 晚上

常打瞌睡：不要以为只是睡眠不足，应去医院就诊找出根本原因。

背痛：除了肌肉痛，也可能是脊椎或内脏有了毛病。

头发容易脱落：提示头发养分不足或是荷尔蒙分泌异常。

发现黑痣变大或新长出痣：当心皮肤癌的侵袭。

皮肤上出现非摩擦所致的红斑：提示可能是肝病的前兆。

打鼾：不论男人还是女人都会打鼾，但如果情况十分严重，则提示可能鼻子或呼吸道出了问题。

噩梦不断：每晚都做噩梦，提示心脏功能不佳。

必须抬高枕头才能入睡：提示心脏功能减弱。

经常因脚抽筋而惊醒：提示可能是缺钙或动脉硬化。

正常大便是不带血的，因此，如果出现大便带血，或黑色大便，则应考虑可能身体出现了某些病理改变。能导致大便带血的常见疾病有以下几种：

· 直肠息肉：常见于儿童及男性，血呈鲜红色。

· 痔疮：血呈鲜红色，不与大便相混，多伴有疼痛、便秘。

· 肠套叠：多见于小儿，右侧腹部可出现肿块，压时出现疼痛。

· 肠道炎症和结核：大便与血相混，且出现黏液或脓，伴有腹痛、腹泻及腹部坠胀，如痢疾、肠结核或结肠炎等疾病。

· 肠道肿瘤：结肠癌腹部可触及肿块，腹泻、便秘交替出现；直肠癌表现为便秘、便后出血、大便形状改变等。

⑩ 教师每日保养最佳时间

教师们每天忙忙碌碌地生活，奔波于家庭与学校之间，教师的压力在现代社会越来越大，时间也越来越不够用。但是，健康却是每个人都必须拥有的，所以，教师们千万不要错过每天关键的 10 个保养时间。

· 刷牙的最佳时间

饭后 3 分钟是漱口、刷牙的最佳时间。因为这时口腔内的细菌开始分解食物残渣，其产生的酸性物质易腐蚀、溶解牙釉质，使牙齿受到损害。

· 饮茶的最佳时间

饮茶养生的最佳时间是用餐 1 小时后。不少人喜欢饭后马上饮热茶，这是很不科学的。因为茶叶中的鞣酸可与食物中的铁结合成不溶性的铁盐，干扰人体对铁的吸收，时间久了可诱发贫血。

· 喝牛奶的最佳时间

因牛奶含有丰富的钙，睡觉前饮用，可补偿夜间血钙的低落状态而保护骨骼。同时，牛奶有催眠作用。

· 吃水果的最佳时间

人们常以为饭后吃水果最佳，其实，饭前一小时吃水果最为有益。因为水果属生食，吃生食后再进熟食，体内就不会产生白细胞增高等反应，还有利于保护人体免疫系统，从而增强防病抗癌能力。此外，饮食之后马上吃水果，所含果糖不能及时进入肠道，以致在胃中发酵，产生有机酸，易引起腹胀、腹泻。

· 洗澡的最佳时间

每天晚上睡觉前来一个温水浴（35℃～45℃），能使全身的肌肉、关节松弛，血液循环加快，帮助你安然入睡。

· 睡眠的最佳时间

午睡最好从 13 点开始，这时人体感觉已下降，很容易入睡。晚上则以 22 点至 23 点上床为佳，因为人的深睡时间在 24 点至次日凌晨 3 点，而人在睡后一个半小时即进入深睡状态。

· 锻炼的最佳时间

生理学家研究表明，傍晚锻炼最为有益。这是因为人的各种活动都受生物钟影响，无论是体力发挥或身体的适应能力，均以下午或黄昏时分最佳，如人的味觉、视觉、听觉等这时最敏感，全身协调能力强，尤其是心律和血压都较平稳，最适宜参加体育锻炼；而在早上，运动时心律与血压的升幅较傍晚明显，对健康并不利。

早晨起来拉开窗子换换空气，看起来是个很惬意的事情，但是对城市中居住的人来说，这种做法并不可取。

一些车流量较大的街道，夜间城市底层大气比白天稳定，不利于污染物的扩散，所以早晨 6 时左右，污染物浓度依然很高。在清晨开窗换进并不新鲜的空气，对健康有害无益。

一般来说，每天上午和下午应各开窗通风 1 次，每次不少于半小时，上午 9～11 时、下午 2～4 时是开窗换气的最佳时间，因为这两个时间段内空气质量最好。另外，厨房是室内空气污染的重要来源，在做饭时要开启排气扇或抽油烟机，及时排除有害气体。

11 为自己制订一份新年健康计划

教师作为“辛勤的园丁”，在培养祖国花朵的同时也不能忘了对自己的身体健康高度重视，对于平时产生的各种健康问题是不能视而不见的，只有及时地想办法改善才不会出现大问题。

也许，你知道均衡饮食是远离亚健康的好方法；也许，你知道食物多样化是营养均衡的好方法；也许，你知道早睡早起是科学的养生方法；也许，你更知道合理运动、多晒太阳、保持心情愉悦是你一直向往的生活，但是在实际生活中却往往被忽略。新年伊始，给自己制定一份新年健康计划吧！

· 未雨绸缪，健康体检很重要

你还记得过去的一年里，你的身体生过什么病？有没有过敏经历？有没有哪里疼痛……你是否该给它安排一次体检呢？

新年健康计划第一项，为自己安排一次健康体检。除了常规检查之外，需要根据自己的年龄、性别、职业、身体状况，做一份体检项目列表，像你的工作一样，做成一张表格，写到你的新年健康计划的第一页。

· 拥抱健康，从合理膳食开始

合理的饮食习惯可使身体健康，不良的饮食习惯则会导致身体正常功能发生紊乱而感染疾病，特别是春节期间，切忌暴饮暴食。新年健康计划第二项，合理膳食。

①饮食要均衡，食物必多样。

②蔬菜胜良药，水果不可少。

③主食不可少，奶、豆天天有。

④每餐七分饱，一餐家中吃。

· 拥抱健康，从合理运动开始

健康的身体不仅需要充足的营养摄入，也需要合理的运动。定期持续合理的运动，能够调节体内的激素水平，提高新陈代谢，加速营养素的吸收和利用，而且运动也可以缓解焦虑，减轻压力，让你获得快乐。春节假期休闲娱乐，也不要忘了健身，做到每天抽半个小时进行常规运动。

· 拥抱健康，从美丽心情开始

人常说，病由心生，身心一体。不错，情绪低落会影响人的身体健康，所以在新的一年，告诉自己，每天要做一件让自己开心的事情：可以陪父母散步、可以陪孩子玩耍、可以来一次旅行，总之给自己一个快乐的目标。

健康叮咛

《黄帝内经》中说：“夫道者年皆百岁。”所谓“道者”，就是懂得养生之道的人。培根说：“人对生理卫生知识的了解是一种保健药品。”养生，重在预防。欲想不得病、少得病或者得了病能早期诊断和治疗，这就需要懂得基本的医学保健知识，懂得养生之道。古往今来，懂得养生、重视自我保健的人多长寿。

了解医学保健知识，增强自我保健能力，多阅读一些医学基础书籍，掌握一定的保健知识，特别是对常见病、多发病的预防知识，就可以做到无病会保健，大病能预防，小病能自治，真正把健康的钥匙掌握在自己手中。

第二章

合理膳食细节：“吃”出教师的神采

“民以食为天”，饮食营养与健康密切相关。吃饭是生命活动的需要，也是健康长寿的保证。然而教师的工作非常辛苦，长年累月的紧张工作和生活导致了很多教师的饮食不规律，营养不均衡，进而引发很多“与食有关”的疾病。因此，教师们应该时刻关注饮食健康，全面改善营养状况，预防与营养有关的慢性病，建立科学合理的饮食观念和习惯。

1 教师一日三餐巧安排

现在有很多教师对待一日三餐不是很讲究，原因就是工作过忙，无心考虑过多，但是俗话说，人是铁饭是钢，没有了营养充足的三餐，哪来健康的体魄和工作的能量来源呢？

教师一般从事的是脑力劳动，一日三餐如何安排？我们的建议是：既要能提供足够的热量，又要能活跃脑功能。

·早餐：低脂低糖

早餐有两类食物不宜多吃：一类是以碳水化合物为主的食品，因含有大量淀粉和糖分，进入体内可合成更多的有镇静作用的血清素，致使脑细胞活力受限，无法最大限度地动员脑力，使工作效率下降。另一类是蛋黄、煎炸类高脂肪食物，因摄入脂肪和胆固醇过多，消化时间长，可使血液过久地积于腹部，造成脑部血流量减少，因而导致脑细胞缺氧，整个上午头脑昏昏沉沉，思维迟钝。

科学的早餐原则应以低脂低糖为主，选择猪瘦肉、禽肉、蔬菜、水果或果汁、低脂奶等富含蛋白质、维生素及微量元素的食物，再配以谷物、面食为妥。

·午餐：多吃蛋白质

午餐的明智选择是，坚持以蛋白质含量高的食物为主、以碳水化合物为辅的原则。面食、米饭、甜食过多下午会恹恹欲睡，打不起精神。

据美国心理学家斯普林教授研究，40岁以上无论男女，大量吃碳水化合物多的食物，在进餐后的4个小时之内，精力都赶不上那些以高蛋白食物为午餐的人。奥妙在于鸡、鸭、鱼肉等高蛋白食物富含蛋白质，并可分解出大量酪氨酸，进入脑中便转化为使大脑兴奋的多巴胺和去甲肾上腺素等化学物质，因而精力充沛。

此外，为保持较强的记忆力，脑组织极需一种叫做乙酰胆碱的神经递质，而乙酰胆碱又是从胆碱转化而来，所以富含胆碱的食物如肉类、禽蛋、豆制品、坚果等亦可推选入食谱之列。

·晚餐：高糖低蛋白

对大多数教师来说，晚间较为闲暇，不需多用脑，且逐渐接近睡眠时间，所以晚餐与早餐正好相反，高碳水化合物食品应列为主食，让较多的糖分进入体内，提升脑中血清素浓度，发挥镇静作用，以保持心态安宁，并为入睡打下基础。至于富含蛋白质的食品，如禽蛋、牛肉、鱼类等应加以限制。

日本专家的研究报告称，晚餐若摄入过多蛋白质，可增加体内钙元素流失，一方面丢失大量钙质而导致缺钙症；另一方面升高尿中钙浓度，易沉淀而形成结石，引发尿路结石病。

我们的身体喜欢温暖的环境。身体温暖，微循环才会正常，氧气、营养及废物等运送才会顺畅。早晨吃热食能保护胃气，因为早晨身体的肌肉、神经及血管都还呈现收缩的状态，假如这时候你再吃冰冷的食物，必定会使体内各个系统更加挛缩、血液更加不顺。日子一久，便会时常感冒，小毛病不断。所以，健康的早餐应选择热稀饭、热燕麦片、热豆花、热豆浆、芝麻糊、山药粥等，然后再配着吃蔬菜、面包、三明治、水果、点心等食物。

2 专心吃饭，拒绝“战斗餐”

有些教师在吃饭的时候也谈论教学工作。国际医学界最新提出来的“战斗餐”概念，是指当一个人把工作或生活的压力和紧张带进用餐时间，其人虽然在进食，可身体却处在一种“战斗—逃跑”的模式中，其表现为心跳加快，血压升高，能量和血液流向四肢，专管消化吸收的胃肠功能“关闭”，致使人体内的紧张激素增多。此时，其大脑在自动和不停地想一个问题：“战斗，还是逃跑？”

目前人们提倡健康饮食，但多是强调吃什么有营养或吃什么有害，而忽视了应该怎样吃饭。其实，进食的速度、进食时的心情和思绪等，都会对人的健康产生很大的影响。

不良的进食方式已成为重要的发病原因或诱因，如进食速度太快、将工作压力和不良心情带进吃饭中、时间过长的宴请等，这些不良的进食方式不仅会引起胃炎和肠炎，还会引发糖尿病和心脑血管病。

最理想的进食模式是，在吃饭前做5～10次深呼吸，使心情完全放松，抛开所有与饮食无关的思维，把精力集中到食物上，然后心情愉悦、细嚼慢咽地专心吃饭。以此方式进食，人的消化系统和代谢吸收系统都处于最佳状态。最近美国研究人员发现，坚持在每餐前认真地做祷告竟可以减肥，因为做祷告使人在进餐前进入了一种“平和快乐模式”，将人体调整到健康进餐状态。即使10分钟的工作餐也可以吃得很从容，关键是要一心一意地吃，不说话，不想事。

现在风行的“吃饭谈事”，其实也是一种“战斗餐”，看起来吃得很慢，气氛也欢快，可这种吃法不利于健康。建议教师们不要把“谈事”带到吃饭中，吃饭就是吃饭，以健康为重。

食物的色香味、肠胃消化道的饥饿收缩、定时吃饭的习惯，这些都是引起食欲的因素，都可形成条件反射，促进肠胃道内消化液的分泌，唤起想要进食的感觉。但大脑主宰着一切，它也控制着消化腺的分泌，决定食欲。当大脑完全被过激的情绪控制时，消化腺的分泌马上遭到抑制，食欲会立刻消失。一面吃饭，一面看书读报，会使大脑的工作“分心”而影响消化，长期这样会引起食欲不振，并逐渐发展为慢性消化不良。另外，吃饭时也不宜吵嘴生气，更不宜热烈争辩，因为一切扰乱大脑的过激情绪，都会兴奋交感神经系统，抑制肠胃蠕动，减少消化液的分泌。

3 夜间上班，营养巧调补

中医认为，经常熬夜的人容易导致阴亏阳亢而产生阴虚内热的症状，经常夜间上班的教师不妨使用药膳适当进行调养，使精力充沛。

· 生地炖鸭蛋

每次用生地20克、鸭蛋1～2个，加水适量，隔水炖之，蛋熟后去壳，再放入汁中炖20分钟，冰糖调味，食蛋饮汁，每日1次或每周2～3次，有滋阴清热、生津止渴等功效，适用于熬夜后口燥咽干、牙龈肿痛者食用。

· 猪腰炖杜仲

每次用杜仲25克、猪腰子1个，加水适量，隔水炖1小时，每日或隔2～3日服食1次，有滋补肝肾、强壮筋骨之功效，适用于熬夜后腰酸背痛、四肢乏力者服用。

· 莲子百合煲瘦肉

每次用莲子（去芯）20 克、百合 20 克、猪瘦肉 100 克，加水适量同煲，肉熟烂后加盐调味食用，每日 1 次，有清心润肺、益气安神之功效，适宜于夜间加班后干咳、失眠、心烦、心悸等症者食用。

· 粉葛生鱼汤

每次用粉葛 250 克，洗净，切成小块，生鱼一条，去腮及内脏，加水适量共煲，鱼熟后放入姜丝、油盐调味，食鱼饮汤，每月或隔日 1 次，有舒筋活络、益气和血、解肌痛等功效，适用于夜间加班后因劳累过度而肌肉酸痛、颈肌胀痛者服用。

· 夏枯草煲瘦肉

每次用夏枯草 10 克、猪瘦肉 50 ～ 100 克，加水适量共煲，肉熟后加盐少许调味，吃肉喝汁，每日 1 次，有清肝火、降血压之功效，适用于患有高血压病的教师夜间加班后出现头晕、头痛及眼红者服用。

经常要上夜班的教师应吃一些适合熬夜吃的水果。将适量的苹果、胡萝卜、菠菜和芹菜切成小块，加入牛奶、蜂蜜、少许冰块，用果汁机打碎，制成营养全面而且丰富的果蔬汁；香蕉、木瓜和优质酸奶放在一起打碎，营养丰富而且能够补充身体所需的很多能量；两个猕猴桃、四个橙子、一个柠檬所组成的新鲜果汁中含有丰富的维生素 C，补充体能而且美容；三个柚子剥皮后榨汁，一串葡萄打碎成葡萄汁，再加上两汤匙蜂蜜，酸酸甜甜，别有滋味；一根新鲜黄瓜、0.5 升豆浆、三片薄荷，一同打碎搅拌后制成清凉的黄瓜汁，消暑又解乏。

4 教师补脑就请这样吃

下面推荐十五种适合教师吃的补脑食物。

· 菜花、西兰花

大脑记忆能力取决于脑细胞间建立了多少新“通道”。脑细胞兴奋度越高，建立的“通道”就越多。大脑中有一种叫做乙酰胆碱的化学物质，负责脑细胞的兴奋度。它常见于菜花、西兰花和卷心菜中，所以教师应该多吃这些蔬菜。

· 香蕉

营养价值丰富的香蕉，富含蔗糖、果糖、葡萄糖等三种天然糖分，它们能迅速补充教师所需的能量，提升体力，预防精神疲倦引起的记忆力不佳现象。香蕉中还含有丰富的矿物质钾，不仅能平衡身体中的钠离子过高问题，更有促进人体细胞及组织生长的作用。

· 鱼

鱼是促进智力发育的首选食物之一。鱼头中含有十分丰富的卵磷脂，是人脑中神经递质的重要来源，可增强教师的记忆、思维和分析能力，并能控制脑细胞的退化，延缓衰老。鱼肉还是优质蛋白质和钙质的极佳来源，特别是含有大量的不饱和脂肪酸，对大脑和眼睛的正常发育尤为重要。

· 核桃

核桃因其富含不饱和脂肪酸，被公认为是传统的健脑益智食品，希望过度用脑的教师一定要食用。每日吃 2 ～ 3 个核桃为宜，持之以恒，方可起到营养大脑、增强记忆、消除脑疲劳等作用。但是，核桃不能过食，否则会导致大便干燥、鼻出血等情况。

· 牛奶

牛奶是优质蛋白质、核黄素、钾、钙、磷、维生素 B_{12}、维生素 D 的极佳来源，这些营养素可为大脑提供所需的多种营养。

· 鸡蛋

鸡蛋中含有丰富的卵磷脂及优良蛋白质成分，是维持人体及大脑细胞运作不可或缺的营养素，而蛋白质更是制造细胞和神经传递物质的重要元素。至于卵磷脂则有补脑、增强记忆的效用。

另外，存在于蛋黄卵磷脂中的独特胆碱成分，更是合成脑部神经传导物质乙酰胆碱的重要原料，而乙酰胆碱成分是活化脑细胞、促进脑部发育、增强学习力的关键。

因此，教师适度食用鸡蛋，有助提升脑部神经传导速率，让人体信息接收得更快捷，增加反应力，使思绪更清晰。

· 南瓜

南瓜是 β－胡萝卜素的极佳来源，南瓜中的维生素 A 含量胜过绿色蔬菜，而且南瓜富含维生素 C、锌、钾和纤维素。中医认为，南瓜性味甘平，有清心醒脑的功能，可治疗头晕、心烦、口渴等阴虚火旺病症。因此，神经衰弱、记忆力减退的人，可将南瓜做菜食用，每日 1 次，疗程不限，有较好的治疗效果。

· 葵花子

丰富的铁、锌、钾、镁等微量元素以及维生素 E，使葵花籽具有一定的补脑健脑作用。实践证明，喜食葵花子的人，不仅皮肤红润、细嫩，而且大脑思维敏捷、记忆力强、言谈有条不紊。

· 芝麻

将芝麻捣烂，加入少量红糖冲开水喝，有很好的健脑效果。

· 花生

花生富含卵磷脂和脑磷脂，它是神经系统所需要的重要物质，能延缓脑功能衰退，抑制血小板凝集，防止脑血栓形成。实验证实，人常食花生可改善血液循环、增强记忆、延缓衰老，是名副其实的“长生果”。

· 小米

小米中所含的维生素 B_1 和 B_2 分别高于大米 1.5 倍和 1 倍，其蛋白质中含较多的色氨酸和蛋氨酸。临床观察发现，吃小米有防止衰老的作用。如果平时常喝点小米粥，将益于大脑的保健。

· 玉米

玉米胚中富含亚油酸等多种不饱和脂肪酸，有保护脑血管和降血脂的作用。尤其是玉米中含谷氨酸较高，能帮助促进脑细胞代谢，因此常吃些玉米尤其是鲜玉米，具有健脑作用。

· 橘子

橘子含有大量维生素 A、B_1 和 C，属典型的碱性食物，可以消除酸性食物对神经系统造成的损害。因此适量吃些橘子，可保持精力充沛。此外，柠檬、柑橙、柚子等也有类似功效。

· 菠萝

菠萝含有很多维生素 C 和微量元素锰，而且热量低，常吃有生津、提神的作用。此外，菠萝还是能够提高记忆力的水果。

健康叮咛

教师要避免一些不利于健脑的食品和饮食习惯。如油条、粉丝、凉粉等含铝食品；如爆米花、皮蛋、罐装食品或饮料等含铅食品；过多食用甜食，可引起疲劳；用脑前过于饱餐，会使大量的血液集中到胃肠等消化系统，而脑的供血量则相对减少，影响思维能力的正常发挥；也不可空腹，应使肠胃处于适当空闲的状态，以便血液流入大脑，尽量减少大脑倦怠的时间。

5 从饮食入手预防教师“职业病”

在教师的教学生涯中，不仅要负责教学工作，还要管理学生的生活，因此身体长期处于紧张的状态，易患上各种教师职业病。因此，在平时生活中，教师需要多加注意自己的身体，以预防教师职业病。

其实，教师可以从饮食方面入手预防教师职业病，这样既不耽误工作又不会影响到自己的生活。

· 多食利咽食物

尽量少食刺激性食物，如辣椒、大蒜等，忌食油炸、煎炒食物，力戒烟酒。用嗓不可过度，以防声嘶。多选食一些清热解毒的蔬菜水果，如南瓜、丝瓜、芹菜、莲藕、橄榄、雪梨、乌梅、莲子心等。平时宜适当饮用中药泡的茶，例如：胖大海有解热、润肺、利咽、解毒等作用，每次放胖大海 3 ～ 5 枚，可用沸水冲泡代茶饮。也可自制威灵仙茶：取威灵仙 30 克，洗净，水煎取液，保温代茶饮，能消痰散结。

· 多食抗粉尘食物

教师在日常膳食中应适当多吃含胡萝卜素丰富的食物，如胡萝卜、木瓜、南瓜、西兰花、菠菜、油桃、杏等。胡萝卜素是一种抗氧化剂，有预防尘肺病发生的作用。此外，可适量食用能排尘的食物，如黑木耳、猪血，这两种食物可清除胃肠道中的粉尘，从而防止粉尘对消化道的危害。

· 多食益脑食物

教师是脑力劳动者，而脑力劳动会消耗大量能量。因此，宜适当补充富含氨基酸的食物，如鱼、牛奶和其他蛋白质食物，以保证教师的精力充沛，提高思维能力。含磷脂的食物能使教师的大脑活动机能增强，提高工作效率。含磷脂的食物主要有蛋黄、大豆、胡萝卜、鱼、肉等。

· 多食养眼食物

教师经常看书、备课、用电脑，因此视力容易受到损害。上课时的粉笔灰尘，易使教师患上结膜炎等感染性眼疾，经常目干、目涩、目痒。要防止视力损害，除正确用眼外，还要多食具有养眼功效的食物，如羊蹄筋、羊肝、胡萝卜、菠菜、阿胶、乌骨鸡、桑葚、蓝莓、甲鱼、黑木耳等。

· 多食抗疲劳食物

教师长时间站立讲课，下肢肌肉处于紧张状态，产生的乳酸在下肢积聚较多，会出现沉重、酸胀等不适，这是疲劳的表现。教师日常宜多食富含维生素 C 的食物，如水果、蔬菜和豆类等。同时，各种参汤、龟汤以及大枣、麦冬、桂圆、人参等煎熬的汤剂，均有消除疲劳的作用。

健康叮咛

据日本有关专家测定，甜食可以助长近视眼的发展。这是因为甜食中的糖分在人体内代谢时需要大量的维生素，如果机体中摄入过多，维生素就会相对不足。另外，过多地摄入糖分使人体内的钙减少，因而导致眼球弹性减弱，近视加重。因此，提醒患有近视眼的人应该尽量少吃甜品，可以多吃些白萝卜、胡萝卜、黄瓜、豆、青菜、葱、糙米和芝麻等。

6 饮食对抗“周一综合征”

很多教师或许都会有这样的体会：经历周末的全心放松和“大饱口福”后，周一上班时反而会感到浑身疲惫乏力，无精打采，工作效率大大降低，有人称这种现象为“周一综合征”。缓解这种症状的方法可以从饮食上入手，下面提供一则对抗“周一综合征”的科学饮食搭配。

· 搭配一

早餐：“三一二二原则”。蜂蜜水一杯（300毫升），蜂蜜不仅可以补充体内所需的糖，空腹喝蜂蜜还可以达到通便的效果。白煮鸡蛋一个，白煮鸡蛋不易使鸡蛋本身的蛋白质丢失过多，能补充足够的蛋白质。苹果一个，补充维生素和少量水分。面包两片，最好食用粗粮面包，这样可以在补充能量的同时，增加体内的B族维生素。火腿两片，主要补充体内的能量。

午餐：糖醋排骨一份，不仅能补充蛋白质，醋还能使排骨中的钙容易被人体吸收。西芹花生米一盘：增加食物纤维。冬瓜汤一碗，不仅抵消了排骨的油腻，还有美容的作用。米饭150克，补充糖和其他营养物质。餐后两小时喝咖啡一杯，改善午后困乏的症状。

晚餐：西红柿炒鸡蛋一份，增加适量维生素和蛋白。动物肝脏一碟，补充B族维生素和维生素A。馒头100克，补充糖类和其他营养。餐后一小时吃香蕉一只，补充维生素、解除疲劳。橘子一个，补充维生素C。睡前半小时喝热牛奶半杯，有助于睡眠。

· 搭配二

起床后：枸杞茶一杯，补气、养血。

早餐：牛奶250毫升，补充蛋白和适量水分。牛肉150克，增加能量和补充蛋白。钙奶饼干5片，补充少量糖和钙。猕猴桃两个，补充丰富维生素C。

午餐：清蒸鱼+豆腐一份，补充蛋白，并促进维生素D的吸收。莴笋炒肉片一份，补充微量元素、维生素、蛋白质。小米稀饭一碗，补充水分和营养。馒头100克，补充糖和能量。餐后两小时吃芒果一个，补充维生素C。

晚餐：动物肉皮一份，补充能量，并且有美容的作用。凉拌海带，补充微量元素。紫菜鸡蛋汤，补充水分和多种营养。面条一碗，补充能量和糖。

7 喝六款汤帮你润肺止咳

教师是一个比较辛苦的职业，平时用得最多的就是嗓子，久而久之就会出现咳嗽或者嗓子疼。那么，教师润肺止咳应该吃些什么比较好呢？下面为大家介绍6款效果不错的润肺止咳汤：

· 百合二汁汤

材料：百合100克，甘蔗汁、萝卜汁各半杯，蜂蜜适量。

做法：先将百合洗净，加水煮烂后，纳入两

汁及蜂蜜，煮沸即可，睡前顿服。

功效：可润肺止咳，生津止渴。

· 百合淮山猪胰汤

材料：百合 20 克，淮山药 50 克，猪胰脏 100 ～ 150 克。

做法：将猪胰切块、洗净，加入清水，同时放入百合和淮山药，煮 45 分钟，取汤加少量盐饮用。

功效：补脾益肾，滋润肺胃。

· 百合枣仁汤

材料：百合 50 克，生、熟枣仁各 15 克。

做法：将鲜百合用清水泡一夜，取生、熟枣仁水煎取汁，纳入百合煮熟，连汤食下。

功效：清心安神。

· 太子参百合瘦肉汤

材料：太子参 100 克，百合 50 克，罗汉果半个，瘦肉 750 克。

做法：将瘦肉洗净，切块，然后再将太子参、百合、罗汉果洗净。将所有材料放入煲内，加适量清水，用大火煮滚后，改文火煲约 2 小时。

功效：具有益气生津、润肺止咳之功，适合气虚肺燥而见咳喘气短、口干渴饮、咳嗽咽干者饮用。

· 百合雪梨汤

材料：百合 30 克，雪梨 1 个，冰糖适量。

做法：将百合用清水浸泡一夜，次日将百合连同清水一起倒入砂锅内，再加半碗多清水，煮一个半小时，待百合已烂，纳入去皮核、切块之雪梨及冰糖，再煮 30 分钟即成。

功效：滋阴润肺。

· 藕百枇杷汤

材料：鲜藕 100 克，百合、枇杷各 30 克，白糖适量。

做法：将鲜藕去皮、节洗净，切片；枇杷去皮及核，与百合同放锅中，武火煮沸后，大火炖至烂熟，白糖调味服食。

功效：滋阴润肺，清热止咳。特别适合患有咽喉炎的教师。

以上就是适合教师润肺止咳的汤需要什么材料，到底应该怎么做和有什么样的功效三个方面问题，希望各位辛苦的“园丁们”可以利用周末或者空余时间做这些汤来吃，这样不仅可以预防你的嗓子出现病变，还能够很好地保护好你的肺。

长时间用嗓后，咽喉部的血液分布还未恢复到正常状态，这时如大量喝冷饮，易造成咽喉血管的突然收缩，引起咽喉生理功能紊乱以及局部免疫力下降，从而容易发生咽喉急性炎症。因此，当长时间用嗓后，宜先慢慢喝点热水或温水，千万不要猛喝冷饮，否则容易使嗓子受损害。

8 以茶代酒更养生

多饮酒必伤身，而多饮茶却可养生。我国是茶文化最为发达和悠久的国家，古代医书中就有许多茶可养生的论断，饮茶使人长寿的例子也是屡见不鲜。据调查，安徽省 30 多位百岁以上的健康老人，人人都有饮茶的习惯。

经科学研究证实，茶叶含有机化合物 450 多

种，无机矿物质15种以上，这些成分大都具有保健防病的功效。中医认为，茶叶有生津止渴、清热解毒、消食止泻、清心提神等功效。此外，茶叶还能提高肌体的免疫功能。美国哈佛大学完成的一项实验表明，绿茶、红茶、乌龙茶等茶叶制品中，都含有一类高浓度氨基酸，可以提高人体免疫细胞的活性，增强人体抵抗疾病的能力。

下面我们就来一起看看三大类茶叶对免疫系统的具体作用。

· 绿茶

我国传统医学认为，绿茶性味苦、甘、凉，具有生津止渴、清热解毒、祛湿利尿、消食止泻、清心提神的功效，因此比较适用于热性体质的人，可以缓解内热口渴、消化不良、小便不利、神疲乏力等症状。绿茶中维生素C和茶多酚的含量较多，有抑菌、抗辐射、防止血管硬化、降血脂的作用。据研究证实，绿茶还能有效阻断体内亚硝胺的形成，具有抗癌作用。

· 红茶

红茶是全发酵茶，茶中的多酚物质主要是儿茶素经过多酚氧化酶与过氧化酶的作用，氧化并聚合生成茶色素。红茶中含有三种酚性色素——茶红素、茶黄素和黄酮醇苷。科学家通过动物实验研究发现，口服或皮肤外敷红茶的提取物，均可以抑制化学剂诱导的皮肤癌，还可降低化学剂或紫外线诱发皮肤病的几率，对射线诱导的人体细胞的DNA损伤具有保护作用。同时，红茶还具有抗突变、抗细胞增生和促进癌细胞凋亡的作用。红茶属温性，因此内热盛或发烧的人不适合常饮红茶。

· 乌龙茶

乌龙茶既有绿茶的清爽，又有花茶的芬芳，因此它有“绿叶红镶边，七泡有余香”的美誉。乌龙茶入口时苦后回甘，能够温润咽喉，并且还具有降血压、防止动脉硬化、促进消化、延缓衰老、增强人体免疫力等功效，尤其是在分解脂肪、减肥健美等方面功效显著。乌龙茶的性质属于绿茶和红茶两者之间，与它们的作用也比较相似，而且寒温适中，因此适合大多数人喝。

“茶要喝新，酒要喝陈”，这句广为流传的话在一定程度上是有道理的。但是，春茶并非越新鲜越好，放置一段时间后再喝更有营养。这是因为，刚采摘下来不到一个月的茶叶，由于未经较长时间放置，其中的多酚类、醇类、醛类等物质还没完全氧化，可能导致饮后肠胃不适、腹泻、腹胀等不良反应，特别是对于肠胃疾病患者，可能加重病情。另外新茶中的咖啡因、活性生物碱以及多种芳香物含量也较高，容易使神经系统兴奋，饮用者可能产生四肢无力、冷汗淋漓和失眠等“醉茶”现象，尤其是神经衰弱、心脑血管疾病患者更应注意。因此，春茶最少要放置1周以上，半月最佳。

9 这样喝咖啡才健康

对于教师来说，尽管工作繁重，但又必须集中精神避免出现差错。然而，人的精力和耐力却是有限的，在工作中难免会感到困倦和疲惫，这时咖啡就成了提神醒脑的“掌中宝”，成为办公室内的标准饮品。的确，喝咖啡对人体有一定益处，它能够提神醒脑；吃完大蒜等食物后，喝杯咖啡，可使口气恢复清新自然。喝咖啡还可以缓解压力、放松心情，同时也会刺激肠蠕动，产生通便作用。不过，凡事都需适度，所以教师在平日的工作中一定要注意咖啡的摄入量，同时饮用咖啡也有一些禁忌需注意，以免影响健康。

· 适量饮用

每天喝咖啡不要超过两杯，咖啡不宜过浓，否则反而引起情绪急躁，理解力下降。

· 空腹不宜喝咖啡

早上不要空腹喝咖啡，应先吃早餐后再喝咖啡，否则伤胃。喝咖啡时稍加一些奶，可以缓和对胃的刺激。餐后饮用咖啡，还会促进胃液分泌，对消化有帮助。

· 睡前不要喝咖啡

咖啡具有提神作用，有些教师习惯在晚上熬夜时借助咖啡来加班工作，这样很容易造成失眠。

· 酒后不要喝咖啡

咖啡因和酒精都有兴奋和抑制作用，如果酒后喝咖啡，会使大脑由极度兴奋转入极度抑制状态，刺激血管扩张，加速血液循环，大大增加了心脏的负担。而且，酒精会很快被人体所吸收，影响大脑、心脏、胃肠、肝脏等器官，造成体内的代谢紊乱。二者相互作用，无疑是火上浇油。

· 喝咖啡时不宜抽烟

医学研究表明，咖啡因在香烟中的尼古丁等诱变物质的作用下，很容易使身体中的某些组织发生突变，甚至导致癌细胞的产生。因此，喝咖啡时一定要摒弃同时吸烟的习惯。

· 服用抗生素和治疗胃溃疡的药物时，不要喝咖啡

在服用抗生素和治疗胃溃疡的药物时喝咖啡，会刺激胃部，造成疼痛不适。

· 缺钙者不宜喝咖啡

国外的医学人员曾对经常喝咖啡的人进行测试，发现其小便中排出的钙质比不喝咖啡的人高出一倍。

咖啡的味道稍苦，因此很多教师习惯在喝咖啡的时候加大量的糖来淡化苦感，殊不知这样会反射性地刺激胰脏中的胰岛细胞分泌大量的胰岛素，而过量的胰岛素能降低血液中的葡萄糖含量。一旦血糖过低，就会出现心悸、头晕、肢体软弱无力、嗜睡等低血糖症状。此外教师喝咖啡时也不宜过多地吃蛋糕、糖果等高糖食物，这很容易导致精神紧张、急躁、耳鸣及肢体不自主地颤抖等异常现象的出现。

⑩ 养成喝水好习惯

水约占人体组成的 70%，是生命需要最主要的物质。喝水喝不对也会带来大麻烦。以下这些喝水的错误方式，你有吗？

· 不渴就不喝水

健康养生讲究一天 8 杯水，喝水不是为了解渴，而是为了帮助体内新陈代谢。当你感觉口渴再喝水时，实际上身体已经出现了缺水的现象。人体长时间缺水会增加血液的黏稠度，诱发心脑血管疾病。

· 喝千滚水

现在用电热水壶的家庭越来越多，很多人烧的水一次喝不完，过一会儿又重复烧开。这种千滚水最好别喝。

很多人担忧饮水机中的水是不是千滚水。因材料限制，饮水机中水的最高温度一般为90℃左右，达不到沸腾的状态，不是千滚水。但桶装水的最佳饮用时间是出厂后1～15天，一旦超过15天，水中的细菌过多，就不宜再饮用。

· 喝水不适宜

喝水不宜过多也不宜过少，喝水过多会加重肾脏负担；而喝水过少，除了会造成血液的黏稠度增加，长时间下去还会对膀胱和肾造成损害。

· 水一烧开就喝

喝白开水是一种好的习惯，但是水不能一烧开就喝。建议水开后三分钟再熄火，这样有利于水中残留氯化物的蒸发。

· 吃咸不马上补水

吃太咸不但会导致高血压，还会使唾液分泌减少、口腔黏膜水肿。因此吃了咸的食物后应该立即补水，尤其不要以饮料代替。

· 晨起不喝水

随着养生观念的普及，有人已经养成了晨起必须喝水的习惯，但有人还是会忘记晨起的第一杯水。人体在经过了一夜代谢之后，身体的所有垃圾都需要洗刷一下，这时喝一杯水不但有助排泄，还能降低人体血液黏稠度。

· 睡前不喝水

有人认为睡前喝水易导致眼睑浮肿、起夜，故在睡前即使口渴也不喝水。其实睡前可以适当喝点水，但不宜喝太多，无论渴与不渴都应该稍微抿上两口。因为卧床睡眠状态下，人体血液循环减缓，血液黏稠度会增加，所以临睡前适当喝点水，可以减少血液黏稠度，降低脑血栓发生的风险。

· 不注重清洗饮水机

有了饮水机，的确方便了很多。但是有人却忽略了清洗饮水机的重要性。饮水机看似让人喝上好品质的水，实则“二次污染”很严重。桶装饮水机内的冷热水胆3个月不洗就会大量繁殖细菌，如大肠杆菌、葡萄球菌等。

建议教师们每天喝“四杯茶”，不仅可以减少辐射的侵害，还有益于保护眼睛。

· 上午喝一杯绿茶：绿茶中含强效的抗氧化剂以及维生素C，不但可以清除体内的自由基，还能分泌出对抗紧张压力的荷尔蒙。绿茶中所含的少量咖啡因可以刺激中枢神经，提振精神。不过最好在白天饮用，以免影响睡眠。

· 下午喝一杯菊花茶：菊花有清肝明目的作用。可以将菊花和枸杞一起泡水来喝，或是将蜂蜜加入菊花茶，都对“解郁”有帮助。

· 疲劳时喝一杯枸杞茶：枸杞含有丰富的β－胡萝卜素，维生素B_1、维生素C、钙、铁，具有补肝、益肾、明目的作用。枸杞本身具有甜味，可以泡茶也可以像葡萄干一样作零食，对消除“电脑族”眼睛干涩、疲劳有一定的作用。

· 晚间喝一杯决明茶：决明子有清热、明目、补脑髓、镇肝气、益筋骨的作用，晚餐后饮用，对于治疗便秘很有效果。同时，决明子还有治疗失眠的作用。

第三章

茶疗保健细节：办公室里巧养生

茶在中医看来是万病之药，在古代更是不乏医者将茶与中药材搭配制成药茶的经验，直至今天，仍有不少茶方流传下来。下面将要介绍的是一些简便有效的保健疗病的茶方，适合教师们在办公室里选择饮用。

❶ 养心安神茶

【材料】小麦 30克，大枣 10枚，甘草 6克，绿茶 6克。

【用法】将上述材料共煎取汁，代茶饮。

【功效】养心安神，适用于精神不安、烦躁、失眠、盗汗者。

茶叶受潮湿、高温、氧化、异味等因素影响，某些化学成分会发生变化，导致茶叶品质下降。下面介绍两种简易贮存方法：

塑料袋贮茶法：把茶叶装进塑料袋，挤出空气后封好，然后再套一只塑料袋并封口，最后将其放入干燥、无味、密闭的容器内保存。注意选用的塑料袋尽量厚些，最好采用铝复合薄膜袋。

冰箱贮茶法：先将干燥的茶叶放入茶罐，并在盖口处用胶带纸密封，或者把茶叶用铝复合薄膜分装成100克左右的小袋，并封口。然后将茶罐或茶袋放置于冰箱中。在取出茶叶饮用前，应先将密封的茶罐或茶袋在室温下放置一段时间，待其温度回升后再打开，以免因温度的显著差异而导致茶叶吸湿受潮，影响品质。

❷ 清爽美颜茶

【材料】洋甘菊 3克，苹果花 3克，枸杞 3克，柠檬片 1克。

【用法】将洋甘菊、苹果花、枸杞捣碎，并装入袋中绑紧成茶包。将茶包放入杯中，注入300毫升沸水，放置 3～ 5分钟，再将柠檬片放入杯中饮用即可。

【功效】具有镇静作用，可稳定情绪、缓解头痛，具有减轻眼睛疲劳、改善皮肤过敏等功效。

常吃银耳可祛斑润肤。中医认为，银耳滋润而不腻滞，补脾开胃、益气清肠，对阴虚火旺不受参茸等温热滋补的病人是一种良好的补品。银耳富含天然特性的胶质，加上它的滋阴作用，长期服用可润肤，并有祛除脸部黄褐斑、雀斑的功效。银耳提取物银耳多糖有对抗血栓形成的功能，对保护心脑血管有一定作用。银耳与黑木耳都属于胶质真菌类的植物，都含有丰富的蛋白质和多糖，其食疗保健作用相似。银耳的滋补保健作用要高于黑木耳，特别适合阴虚体质的人。从滋补脏腑部位分析，银耳重在补肺，黑木耳重在补肾。

❸ 荷叶消脂茶

【材料】 荷叶 3克，炒决明子 6克，玫瑰花 3克。

【用法】将荷叶、决明子、玫瑰花放入杯中，用沸水冲泡饮用。

【功效】 清暑利湿，消脂减肥。

❹ 纤美瘦身茶

【材料】 山楂片 7克，甘草 2片，决明子 3克，陈皮 5克，乌梅 3颗。

【用法】将山楂片、甘草、决明子、陈皮捣碎，乌梅切成碎片后与之一同混合，装入茶袋制成茶包。将茶包放入杯中，冲入 300毫升热水，静置 3～ 5分钟，香味散出即可饮用，可连续冲泡 5次。

【功效】有助于肠道蠕动，促进新陈代谢，清肝益肾，降血脂，可促进排便顺畅，具有瘦身减肥的功效。

美容对于每个爱美的女人来说，都是必修课。相比每天涂脂抹粉来说，不少人从每天所吃的食材中找出能够美容的良方。黄瓜肉质脆嫩、汁多味甘的口感，加之含有蛋白质、脂肪、糖类、多种维生素以及钙、磷、铁、钾、钠、镁等丰富的营养成分，成为美容圣品的代名词。此外，黄瓜还含有纤维素，能降低血液中胆固醇、甘油三酯的含量，促进肠道蠕动，加速废物排泄，改善人体新陈代谢。新鲜黄瓜中含有的丙醇二酸，还能有效地抑制糖类物质转化为脂肪，因此常吃黄瓜可减肥，并预防冠心病的发生。

5 理气化痰茶

【材料】橘红 6克，白茯苓 9克，生姜 2片。

【用法】上述材料切碎，置入杯中，以沸水适量冲泡，盖焖 15 分钟，代茶频饮。

【功效】理气和中，化痰止嗽。适用于痰多、质黏稠，胸闷纳少，或有呕吐、便溏者。风热咳嗽、口干舌红者忌用。

此方性偏温，故热痰、燥痰之咳嗽者不宜使用。方中橘红为芸香科植物福橘或朱橘的果皮外层红色部分，内层为橘白，能补脾和胃、化浊腻，但消痰利气功效不及橘红。另有化橘红，为同科植物柚的外层果皮，《纲目拾遗》说它能“治痰症，消油腻、谷食积，醒酒，宽中”。《本草从新》则认为化橘红“消痰至灵，然消伐太峻，不宜轻用”。可见两种橘红，一缓一峻，使用时需注意。

6 祛痰平喘茶

【材料】 款冬花 6 克，红茶 6 克。

【用法】将款冬花、茶叶放入杯中，注入沸水冲泡 5 分钟即可饮用。

【功效】 祛痰，平喘。适用于一般性哮喘。

款冬花为菊科款冬的花蕾，性味辛温，具有润肺下气，化痰止嗽的作用。在《本经》中记载，其对“寒束肺经之饮邪喘嗽最宜”。款冬花气味虽温，但润而不燥，则温热之邪郁于肺经而不得疏泄者，亦能治之。故外感内伤、寒热虚实的咳嗽，皆可应用，特别是肺虚久咳不止者，最为适用。

7 防燥雪梨茶

【材料】 雪梨 1 个，绿茶 5 克。

【用法】 将雪梨切薄片，加水煎汤，冲泡绿茶，代茶饮，食梨肉。

【功效】 润燥生津。适用于秋季气候干燥引起的口干咽燥，鼻干津少。

从立秋开始，空气就越来越干燥，还特别容易感到烦躁不安。此时，可多食一些清心润燥的食物来缓解秋燥，如梨、甘蔗、银耳、菊花、兔肉及鸭肉，特别推荐食用藕。吃藕可开胃清热、润燥止渴、清心安神，它富含铁、钙等矿物质，以及蛋白质、维生素、淀粉，有明显益血益气的功效，也可增强人体免疫力。藕的食用方法“生熟两相宜”。作为水果生吃，味道甘甜，清凉入肺；和糯米、蜂蜜一起蒸，粉红透明，软糯清润，是秋令美味小菜；和排骨炖汤，健脾开胃，营养

健康叮咛

丰富，适合脾胃虚弱的人滋补养生。想滋补可以吃桂花糯米藕，将藕孔里填入糯米，煮熟后切成片，撒上一层白糖和桂花即成。还可以做莲藕豆沙，将藕擦成泥状，和入糯米粉，包入豆沙馅，放入油锅中炸熟即成。

8 预防感冒茶

【材料】黄芪 6 克，防风 6 克，大枣 2 枚，甘草 3 克。

【用法】 将防风、甘草放入杯中，注入适量沸水，冲泡后代茶饮。

【功效】 增强机体抗病能力。适用于体质虚弱者预防感冒。

健康叮咛

如果已患上感冒，该如何选择中成药？如果是风寒感冒，具体表现为：身体发冷较重、发热轻、头痛无汗、四肢酸痛，鼻塞身重、流清涕、咳嗽、痰白清稀、口不渴、舌苔白，就要选择辛温解表、宣肺散寒药，如小柴胡颗粒、荆防败毒散（颗粒）、葛根散颗粒，参苏感冒片。如果是风热感冒，具体表现为发热重、轻微发冷、头胀痛、鼻流黏涕或黄涕、咽喉疼痛、咳嗽、吐黄稠痰、口渴、舌苔黄或薄白，就要选择清凉解表药，如桑菊感冒片（冲剂）、银翘感冒片（丸或冲剂）、板蓝根冲剂、抗病毒口服液、柴银口服液、双黄连口服液等。

9 和胃理气茶

【材料】 橘皮 20 克，红茶 1 克，红糖适量。

【用法】橘皮加水煎沸，取沸汁泡红茶，浸泡 5 分钟后加入红糖，调匀服用即可。每日 1 剂，分 3 次服用。

【功效】 和胃，理气，消积。适用于消化不良者。

健康叮咛

橘皮是橘子成熟果实的果皮，阴干或晒干而得。其气味芳香，性温。具有理气调中、燥湿化痰之功，对脘腹胀满、不思饮食、呕逆咳痰、胃痛不适等症状有良效。

10 健脾消食茶

【材料】麦芽 25 克，山楂 9 克，红茶 1 克，冰糖适量。

【用法】麦芽、山楂用适量水煎沸 5 分钟后，趁沸加入红茶、冰糖即可。

【功效】开胃健脾，和中下气，消食除胀。适合由于体内排气不畅造成腹胀者饮用。

健康叮咛

大麦茶是韩国人的日常饮品。每到春天换季的时候，很多人都会觉得嗓子又干又哑，这时便是大麦茶最流行的时候。大麦茶有很好的解热消渴作用，一天喝几杯凉凉的大麦茶，有助缓解这些症状。饭前饭后喝，能消除因进食辛辣食物而产生的口干口燥之感。此外，大麦茶还有消食导滞的作用，可促进肠蠕动，所以韩国人吃完烤肉后，一般都会喝杯暖暖的大麦茶。

11 清热降脂茶

【材料】山楂 30克，益母草 10克，绿茶 5 克。

【用法】将山楂、益母草、茶叶放入杯中，

每日 1 剂，多次服饮。

【功效】 清热，活血，降脂，通脉。适合于冠心病、高脂血症。

中医认为益母草性味辛、苦、凉，具有活血、祛瘀、调经、消水的功效。现代药理表明，益母草具有降低血液黏度和抗血液凝固的作用。益母草还有强心，增加冠脉流量和心肌营养素的作用。另外需要说明的是，益母草能够起到一定的降血压的功效，所以对于患有高血压病的教师来说，可以在服药治疗的时候用益母草来进行辅助治疗，那样降血压的效果就会更加明显。

12 养神明目茶

【材料】 枸杞 10 克，红茶 5 克。

【用法】枸杞用食盐炒至发涨，去盐，加入红茶，用沸水冲泡 5 分钟即可。

【功效】 适用于阴虚火旺，潮热，盗汗，视力减退。

枸杞常常被当作滋补调养和抗衰老的良药，它富含多种维生素及钙、磷、铁等矿物质，对人体必需的维生素及矿物质缺乏而引起的黄发、白发、面色无华、皮肤干燥等均有显著的改善效果。由于它还能促进头发黑色素的生成，对斑秃有很好的疗效。枸杞虽然具有很好的滋补和治疗作用，但也不是所有的人都适合服用。枸杞温热身体的效果相当强，正在感冒发烧、身体有炎症、腹泻的人最好别吃。最适合吃枸杞的是体质虚弱、抵抗力差的人。而且，一定要长期坚持，每天吃一点，才能见效。健康的成年人每天吃 20 克左右的枸杞比较合适；如果想起到治疗的效果，每天最好吃 30 克左右。

13 补肾强腰茶

【材料】 核桃仁 10 克，红茶 1 克。

【用法】将核桃仁研磨成末，与绿茶一同放入茶杯中混合，用沸水冲泡 5 分钟即可饮用，每日 1 剂，分 2 次服饮。

【功效】补肾强腰，敛肺定咳。适用于腰肌劳损、虚弱、气喘、慢性气管炎等症。

人体内的垃圾如果得不到及时的清除，就很容易使人患病。以下食物可以帮助我们有效地清除体内垃圾。

（1）鲜果汁、鲜菜汁：鲜果汁、鲜菜汁是体内“清洁剂”。它能解除体内堆积的毒素和废物，因为当大量的鲜果汁和鲜菜汁进入人体消化系统后，会把积存在细胞中的毒素溶解，由排泄系统排出体外。

（2）海带：海带胶质能促进体内的放射性物质排出体外，从而减少放射性物质在人体内的积聚，减少放射性损伤的发生率。

（3）绿豆汤：绿豆汤能帮助排除体内的毒物，促进机体的正常代谢。

（4）猪血：猪血中的血浆蛋白，经过人体胃酸和消化液中的酶分解后，会产生一种解毒和滑肠作用的物质，与侵入胃肠的粉尘、有害金属微粒发生结合，从而最大程度地由排泄系统排出体外。

（5）黑木耳和菌类植物：黑木耳和菌类植物有良好的吸附作用，能清洁血液和解毒，经常食用能有效地清除体内污染物质。

14 经期止痛茶

【材料】芝麻 2 克，食盐 1 克，花茶 3 克。

【用法】混合后用水煎沸 5 分钟即成。经前 2～ 3 天开始服。

【功效】通血脉，养脾气，厚肠胃，益肝肾。适用于经期下腹痛、腰痛。

每天吃点葡萄干改善女性贫血症状。许多女性常有脸色苍白、手脚冰凉的症状，这有可能是轻度贫血的表现，每天一把葡萄干就可以辅助改善这一症状。研究发现，葡萄干的含铁量是新鲜葡萄的 15 倍。另外，葡萄干还含有多种矿物质、维生素和氨基酸，是体虚贫血者的佳品。葡萄干有促进消化的作用，其中含有的酒石酸，可促进胃肠道的消化功能。葡萄干能降低胆固醇，防止血栓形成，预防心血管疾病。它还含有类黄酮成分，有抗氧化作用，可清除体内自由基，抗衰老。

15 阿胶红茶

【材料】阿胶 6 克，红茶 3 克。

【用法】将阿胶和红茶放入杯中，用沸水冲泡，待阿胶完全溶化，趁温饮之。

【功效】补虚滋阴，振奋精神，适用于血虚头晕、面色萎黄的血虚体质。

中医认为，补血养血是阿胶最主要的功效。现代药理研究表明，阿胶含有丰富的胶原物质，水解后可产生多种氨基酸，并含有钙、铁、镁等多种元素。在增强体质的同时，阿胶能促进钙的吸收和贮存。需要注意的是，阿胶性滋腻，容易引起消化不良等症状，脾胃功能不足的人在服用阿胶时最好配以调理脾胃的药，以促进阿胶的消化吸收。服用阿胶期间最好不要吃生冷食物、萝卜，不要饮浓茶等。

16 橄榄护喉茶

【材料】 橄榄 2 枚，绿茶 1 克。

【用法】将橄榄连核切成两半，与绿茶同放入杯中，冲入开水，加盖焖 5 分钟后饮用。

【功效】 适用于慢性咽炎，咽部异物感者。

橄榄，因果实尚呈青绿色时即可供鲜食而得名。中医认为，橄榄性味甘、酸、平，入脾、胃、肺经，有清热解毒、利咽化痰、生津止渴、除烦醒酒、化刺除鲠之功。冬春季节，每日嚼食 2～3 枚鲜橄榄，可防止上呼吸道感染。

17 菊花降火茶

【材料】菊花 2 克，绿茶 2 克。

【用法】将菊花和茶叶放入杯中，加 200 毫升沸水冲泡 3 分钟后饮用。

【功效】清热解毒，清肝明目，能降脂抗衰老。

每周吃 3 次深海鱼就能有效帮助皮肤保持年轻和滋润，而三文鱼是所有深海鱼中对美容最具功效的鱼类。三文鱼中含有一种强效抗氧化成分——虾青素，三文鱼的橙红色即来源于此。虾青素的抗氧化能力是普通维生素 E 的数倍，能有效抗击自由基，延缓皮肤衰老，同时还能够保护皮肤免受紫外线的伤害。建议女性的餐桌上应该多些深海鱼，最好一周吃 2~3 次海鱼，特别是三文鱼，它对于各个年龄段人群的健康都有益处。

18 佛手止痛茶

【材料】玫瑰花2克，佛手3克，花茶3克。

【用法】将玫瑰花、佛手、花茶放入杯中，用开水冲泡饮用即可。

【功效】理气解郁，和胃止痛。适用于胃痛时饮用，缓解疼痛。

中医认为，佛手能行气，开郁，化痰。凡是肝胃不和、气滞胃痛、胸闷肋胀等症均可用其治疗。现代医学证明，佛手含挥发油、橙皮甙、维生素C、黄酮甙等多种成分，是治疗胃胀等症的优良药材。下面介绍几种药方供参考——胃痛：佛手、白术、陈皮、麦牙、炙甘草各10克，水煎，每日分两次服；食积腹胀，消化不良：取佛手鲜果30克，切片，配伍山楂、神曲、谷芽、麦芽各15克，水煎，每日分两次服。

19 防暑凉茶

【材料】茶叶、山楂、金银花、陈皮、黄芩、桔梗、元参、花粉各 9克，砂糖 100克，绿茶10克。

【用法】上述材料加沸水500毫升，泡半小时即可饮用。

【功效】防暑解热，对中暑先兆症状如头昏、倦怠、食欲缺乏等有治疗作用。

众所周知，有些食物可以从内起到防晒的作用，或是帮助巩固防晒效果，但并不是所有的食物都能帮你防晒。事实上，有些食物可能还会“帮

倒忙”。此类食物都有一个共性就是感光性较强，被称为感光食物。感光类食物容易使皮肤变黑，因为它们富含铜、铁、锌等金属元素，这些金属元素可直接或间接地增加与黑色素生成有关的酪氨、酪氨酸酶、多巴胺醌等物质的数量与活性，多吃这类食物会令肌肤更容易受到紫外线侵害而变黑或长斑，所以摄取要适量。如红薯、土豆、菠菜、韭菜、芹菜、香菜、白萝卜、豆类等，这些蔬菜让爱长斑的皮肤更容易长出色斑。一般而言，含有辛辣气味和特殊气味的蔬菜大部分属于感光蔬菜。

20 青蒿薄荷茶

【材料】青蒿、藿香各30克，薄荷10克，桑葚6枚，盐适量。

【用法】将上述材料放入水杯中以沸水冲泡，即可饮用。

【功效】祛暑解毒、散风热、清肝明目、开胃止呕，尤其适用于喉干咽痛者饮用。

桑葚含有多种氨基酸、维生素、有机酸、胡萝卜素等营养物质，矿物质的含量也比其他水果高出许多，主要含有钾、钙、镁、铁、锰、铜、锌等。现代医学证明，桑葚具有增强免疫力、促进造血红细胞生长、防止人体动脉及骨骼关节硬化、促进新陈代谢等功能。桑葚味道酸甜、多汁，但是性微寒，因此女性月经期要少吃，以防寒气过大，引起腹痛。中医认为，桑葚具有补血滋阴、生津止渴、通肠润燥等功效，主治阴血不足而致的头晕目眩、耳鸣心悸、烦躁失眠、腰膝酸软、须发早白、消渴口干、大便干结等症。

第四章

健身运动细节：教学生涯“动”起来

运动对于人体健康起到非常重要的作用。运动可使你体格强壮，体形美观，缓解工作的疲劳。同时，运动可加快体内新陈代谢，增强吸收功能，使人精力充沛，体力旺盛。运动可使心中积聚的不快和社会压力得到宣泄，对预防现代文明病有很大的作用。运动可以增强机体对疾病的抵抗力，预防疾病。如果每天能在百忙之中抽出一定时间坚持体育锻炼，将受益终生。

❶ 教师运动黄金法则

运动有益健康，但教师在锻炼的同时也应遵循以下几个原则：

· 有头有尾，有始有终

这句话的含义包括两个方面：第一，打算进行运动锻炼前，要做好思想上的准备。教师在锻炼前要坚信锻炼的功效，同时安排好工作、学习、家务与运动的时间，不要相互发生冲突，导致半途而废；第二，在运动开始前，重视准备活动的重要性。准备活动能够提高神经系统的兴奋性和敏感性，增强肌肉、关节的灵活性，包括走、跑、跳、压腿等基本动作。在运动完成后，要做整理运动来收尾，逐步达到呼吸和心率的平稳。

· 由弱到强，循序渐进

专家认为，最简便可靠的方法是采用心率计算法作为判断运动量的方法。教师运动时最适宜心率不超过 130 ～ 140 次 / 分钟，冠心病病人可适当再低些。如果运动后微汗，轻松舒畅，饮食睡眠改善，体力充沛，表明运动量适当；如果运动后大汗淋漓、疲乏、食欲睡眠不好，表明运动量过大；如果运动后身体无热感，脉搏无变化或在 3 分钟内恢复，说明运动量不足。运动量过大，会对肌肉造成损伤，容易积劳成疾；运动量不足，达不到锻炼健身的目的。故应保证运动强度适宜，由小到大，由弱到强，逐渐适应，逐渐过渡。

· 劳逸结合，持之以恒

教师运动健身要科学地、有计划地进行，制定符合自身条件的运动项目和计划。如果不经充分休息就从事强体力劳动或剧烈的运动，机体的负担就会进一步加重，代谢产物严重堆积，机体内平衡严重失调。若不能通过必要的医疗手段予以纠正，就会向疾病的方向发展。这样，不但达不到健身的目的，而且对人体健康有一定的危害。

运动健身的关键在于持之以恒。人的机能活动都有一定的惰性和适应周期，而“用进废退”也是人体组织器官的一个特性。因此，运动须常年坚持才能见到效果，半途而废往往前功尽弃。

· 因人而异，因地制宜

教师运动健身要根据个人的年龄、体质、疾病隐患或已有疾病、工作性质及所处环境等，选择适合于自己的锻炼项目。任何健身方法都有一定的适用范围，对别人有效的运动方式，对自己不一定有效，甚至会有害。每个人的身体状况也时有变化，健康时与体弱多病时的锻炼也不应相同。因此，适合自己身体健康的需要，确定并及时调整自己的运动锻炼项目、方式、方法及强度等，是很重要的原则。

户外运动最好选择空气新鲜、含负离子较多的环境进行锻炼，例如公园、河边、草地等。此环境下，在健身的同时还能够保持心情舒畅。

不少教师把健身只局限在晨练上。他们虽然能坚持早起，到户外锻炼，一旦晨练结束，便万事大吉，回来后就全身心地投入工作，不再运动了。这种动一时而闲一天的生活习惯是不足取的。诚然，晨练是有益于健康的，但只早上活动是不够的。“生命在于运动”，不是只对晨练而言，而是指生活中的所有活动。

❷ 健康不可“坐”等

从事教育工作的不少教师，经常静坐在办公室里，低头弯腰伏案工作，下班后也抽不出时间进行体育锻炼。不少人很羡慕这些教师能够整天坐在办公室里，却不知长期久坐不动，各种疾病都会找上身。

· 颈椎病

病因：颈椎间盘退行性变后，椎间盘松动，继而压迫神经根、脊髓或椎动脉而引起的各种不适症状。长期不良的坐姿，最容易造成颈项肌的疲劳，引起颈肩痛、项肌痉挛，甚至出现头晕目眩。久而久之，势必过早地出现颈椎间盘退行性变，导致颈椎病。

对策：保持正确坐姿，确保坐着时整个脚掌着地；使用让你的脚部平稳着地的可调节工作台、椅子，或者使用脚垫；经常站起来离开工作台稍微走动，经常改变腿部的位置，使人整个放松一下；不要将箱子或其他物品放置在桌下，这样会限制腿部的活动空间。

· 腰椎病

病因：长期久坐，或者坐姿不良，或总是固定一个姿势而使腰部软组织长久处于张力状态，软组织缺血，产生腰肌劳损。

对策：尽量减少坐的时间，或时常改换姿势，也可站起来活动一下，注意做一做腰部按摩。

· 肌肉酸痛

病因：久坐使体内携氧血液量减少，氧分压降低，携二氧化碳血液量增多，二氧化碳分压升高，引起肌肉酸痛、僵硬、萎缩。

对策：不要连续久坐超过 8 小时，工作中每隔 1 小时进行一次约 5 ～ 10 分钟的活动，如自由走动或做操等。

· 心功能减弱

病因：久坐不动时血液循环减缓，人体对心脏工作量的需求随之减少，血液循环减慢，日久则会使心脏机能衰退，引起心肌萎缩，易患动脉硬化、高血压、冠心病等心血管疾病。

对策：每隔一两个小时后站起来，双臂展开，做扩胸运动。每次舒展胸部 3 ～ 5 分钟。做“扩胸运动”的次数、强度和频率，可根据自己身体状况而定。

· 糖尿病

病因：久坐少动，再加上营养过剩，日久势必导致体内代谢紊乱而诱发糖尿病等疾病。

对策：坚持低脂饮食，同时进行网球、篮球、健美操、乒乓球等运动。此外，步行、慢跑、骑自行车、游泳、跳舞等也是不错的选择。

· 肥胖病

病因：久坐不动，机体对摄入的脂类、淀粉过多地转变为脂肪贮存体内，使人肥胖。久而久之，各大、小动脉管内壁将淤积下大量脂类，导致全身组织系统供血不足，加速以上疾病的发生，这无疑造成一种恶性循环。

对策：对教师来说，利用下班时间，快走和慢跑（原地抬腿甩臂亦可），或者做一些如跳绳、健美操、游泳等力所能及的运动，来锻炼增强自己的体魄，同样能收到明显的健身效果。

· 便秘

病因：久坐导致腹肌变弱，排便的力量小，很容易出现便秘。

对策：常饮水，工作时间每隔 1 ～ 2 个小时站起来活动一下身体。

❸ 教师锻炼要因年龄而异

生命在于运动。教师在紧张的课间，花几分钟踢踢腿、伸伸腰，既可消除疲劳，又能活血提神。利用早操、课间操，和学生一起跑跑步、做做操，即强健了身体，又增进了师生之间的友谊。课外活动时间，打打球，散散步，会感到心旷神怡，一天的疲劳都消失了。如果家离学校不远，教师们可以步行上下班；稍远一些，可以选择上班时推车步行，下班时骑车回家。教师由于长期伏案工作容易导致肩颈疼痛，平时可以多游泳，打球，周末到郊外走走，有利于缓解肌肉疲劳。另外，教师工作压力大，常产生抑郁和焦虑情绪，平时多运动，如慢跑、游泳、打太极拳、散步，这种缓和的运动有利于磨炼性格，消除抑郁和焦虑情绪。

目前许多教师不知道自己适合哪种锻炼方法。针对教师的不同年龄，选择适宜的运动是非常重要的，否则不顾及自身情况，既达不到健身效果，还会给身体带来损伤。因此教师锻炼最好要因年龄而异。

· 20 ～ 30 岁的教师

可以选择具有冲击性的有氧运动，如跑步、拳击、溜冰等。这些运动既可以解除工作和学习上的压力，又能激发人的创造力，增强人的自信心和克制力，对教师日常教学非常有益。

· 30 ～ 40 岁的教师

适宜攀岩、游泳、球类、跑步、骑自行车和武术等运动项目。这类运动可增强肌肉的弹性，保持健康的体魄，同时有助于提高思维能力，改善人的灵活性和协调能力，培养人的专注力。

· 40 ～ 50 岁的教师

由于工作繁忙辛苦，家庭负担较重及生理上的变化，适宜低冲击的有氧运动，如慢跑、登山、游泳、网球、乒乓球等。既可缓解心理紧张和压力，又可强健四肢肌肉，还可以提高机体抗病力。

· 50 岁以上的教师

由于整个身体功能开始衰退，锻炼的目的就是减缓衰老，增加心脏功能。运动应首先从步行开始，散步、慢跑、太极拳等，都是很好的运动项目，而且一定要循序渐进，逐步适应，养成习惯。

健身运动的方法应根据人体发展的规律，运用各种身体练习和自然因素培育和发展体质，实现锻炼身体的目的。教师参加健身运动要结合自己的身体情况进行。

· 负重法：负重练习法即负载重量进行锻炼，它要求锻炼者按一定的次数、重量、标准和动作频率去锻炼身体，增强体质。如使用杠铃、沙袋等锻炼身体和增强力量素质。

· 重复法：重复锻炼法是指按一定负荷标准，重复进行某项练习的方法。重复的次数和时间，是决定健身效果的关键，确定和调节重复的次数和时间，应考虑项目特点。运用重复锻炼法时，要注意克服厌倦情绪，防止机械呆板。

· 综合法：综合锻炼法是指在进行身体锻炼的过程中，为促进身体各部位的全面发展，而把对身体各个部位有不同作用的几个或更多的运动项目搭配起来，形成一个可影响身体数个部位乃至全身所有部位进行运动的方法。如跳绳→俯卧撑→引体向上→双臂屈伸→多级跳远等综合锻炼法。

④ 有则改之：盘点运动六大误区

工作的细节决定事业的成败，生活的习惯决定身体的健康。运动健身是一个良好的习惯，能够使人更加精力充沛，应对工作上的种种问题。然而，在运动中很多教师也存在一些认识误区。

· 运动到大汗淋漓

许多教师喜欢运动时出一身汗，似乎只有大汗淋漓才表明得到了充分锻炼，但事实并非如此，只能证明你运动过量。而且因为大量出汗，体内失去很多水分，可导致抽筋、缺水和其他一些运动伤害。所以，运动中应及时补充水分并适当调整强度，休息几分钟并喝上两口水。

· 只选择一种运动

很多教师喜欢只做一种运动，如跑步或者骑固定脚踏车，认为只要长期坚持就能效果明显。其实，全面锻炼需要几种运动搭配进行。国外资料显示，步行 1 英里（约 1．6 千米）可以燃烧 100 卡路里热量；但在相同的 20 分钟内，如果在器械上做负重运动，可以燃烧 300 ～ 400 卡路里。力量训练可以帮你保持肌肉形状，延缓因为年龄带来的肌肉松弛，所以最好将有氧锻炼和负重训练结合起来，跑步、打球、仰卧起坐、举重都要尝试一下。

· 边翻杂志边锻炼

有些教师常常一边蹬脚踏车一边翻看杂志，觉得这样能得到全面放松。要知道，一心不能二用，看杂志就意味着你没法同时关注你在进行的运动。如果非要做点别的，好让锻炼不那么枯燥，那可以听听音乐，因为它不像阅读那么需要集中注意力。

· 饿着肚子做运动

很多教师早晨起床或下班后常常空腹运动，要知道，饿着肚子做运动无异于开着一辆没有汽油的跑车，你的身体需要能量来保证运转。一些健康小吃，如燕麦粥或香蕉，可以很容易就消化掉，并提供你接下来运动所需的额外能量。早晨运动时尤其不能空腹，因为经过一夜，你的胃已经空了，热量已经消耗完了，你需要给身体加些“燃料”。

· 运动时怠慢脚

有些教师经常穿篮球鞋走跑步机，或是穿着慢跑鞋上阶梯有氧课程，这些不适当的穿着都可能使健康受损。穿错鞋子会使你的脚部骨骼承受太大的压力，让身体无法依照每个部位应有的方式移动，使你动作迟钝，影响整体表现。如果不适当的穿着使你的脚出了问题，身体的其他部位就必须补偿，导致膝盖、臀部、身体下半部受伤，所以选择类型、大小合适的鞋很重要。

· 打“持久战”

运动时间过长，往往会导致相反的结果。因为，运动达到一定程度后，就会发生效用递减现象，需要休息和复原。人们所期望的锻炼效果，例如增加肌肉力量，改进心血管功能，也正是在积极的休息期间获得的。如果已感疲劳，还“轻伤不下火线”，不仅锻炼效果不佳，还容易发生意外。

去健身房的时候装作什么都懂什么都会并不会给你带来好处。对于那些健身房的新丁们，最糟糕的习惯之一就是把健身房巡视一圈，试图照着周围人的样子做。健身房中通常都会有一些教练，应该好好利用这些教练。如果你真的有疑问，想得知正确的运动形式，不要犹豫，去请教他们。你必须知道如何避免运动伤害。同样，当你新参加了一个健身班，有任何不适或疑虑都要让教练知道，你的身体会从中得益的。

5 教师周末突击健身不可取

随着健康意识逐渐深入人心，人们开始明白只有加强锻炼才是获得健康的最佳途径。但是教师从周一到周五都在忙于工作，可能根本就抽不出时间来锻炼身体，于是不少教师利用双休日进行集中式健身以弥补锻炼不足。不过，健身专家指出，缺乏运动会伤害身体，但偶尔运动对身体伤害会更大，无异于“暴饮暴食”。

研究发现，偶尔参加体育运动的人的死亡率是经常参加体育运动的人的两倍。周末集中健身者大多是一星期前五天在办公室里坐着，基本没有运动，身体实际上已经适应了这种状态。周末突然拿出许多时间集中锻炼，反而打破了已经形成的生理和机体平衡，其后果比不运动更严重，将会加重生命器官的磨损、组织功能的丧失而致寿命缩短。

健身效果主要是锻炼痕迹不断积累的结果。所谓锻炼痕迹，即运动后留在健身者机体上的良性刺激。若健身时间间隔过长，在锻炼痕迹消失后再进行锻炼，每一次锻炼都等于从头开始。经常进行适度的而不是偶尔的健身锻炼可以益寿延年，且对心理健康有积极的作用。但是，经常坐着办公的人基本上适应了没有运动的状态，如果在周末突然拿出许多时间集中锻炼，反而打破已经形成的生理和机体平衡，其后果比不运动还要糟糕。

科学有效的做法是每周锻炼 5 ～ 6 次。周末健身族由于时间限制，平时虽不能像周末有充裕的时间，但完全可以选择适宜的项目，茶余饭后就地、就近进行适度的锻炼，就能使锻炼痕迹像链条一样连接起来。这样，锻炼才能真正获得提高体能、增进健康的效果。

剧烈运动后口渴时，有的人就暴饮凉开水或其他饮料，这会加重胃肠负担，使胃液稀释。这样既降低胃液的杀菌作用，又妨碍对食物的消化。而喝水速度太快也会使血容量增加过快，突然加重心脏的负担，引起体内钾、钠等电解质发生一时性紊乱，甚至出现心力衰竭、胸闷腹胀等。故运动后不可过量过快饮水，更不可喝冷饮，否则还会影响体温的散热，引起感冒、腹痛或其他疾病。

6 教师运动自我监测

锻炼后的效果评估，教师可通过以下项目进行自我监测，并随时调整运动强度及方法。

· 一般感觉

参加锻炼后疲劳酸胀的感觉很快消失，没有持续的乏力、心悸，精神饱满，心情愉快，这是锻炼后的良好反应。反之，有肌肉感觉酸胀，久

久不恢复，筋疲力尽，则说明了锻炼不当。

· 睡眠

运动后正常情况下会入睡快，睡眠深，醒后感到轻快；如运动后反而不易入睡或嗜睡，白天工作精力不集中，则反映出锻炼的不适宜。

· 食欲

锻炼后代谢旺盛，稍休息后进餐，常食欲增进。如若活动后食欲反下降，食后腹胀、嗳气等，表明锻炼不当。

· 排汗量

锻炼后排汗是正常现象，一般说出汗与活动的强度和运动量呈正比。正常情况下，出汗是随运动量加大而增多，出汗后感到热及轻松；如刚活动或运动强度很低时就大汗淋漓，或突然大汗，或汗后感到寒意，都表明机体处于不良状态。

· 脉搏

脉搏是监测体育锻炼情况的最常用的方法。在一定程度上反映出心脏的机能。体育锻炼后，在同样负荷下脉率的增加应比未锻炼前低。通过锻炼后脉率恢复到安静时所需时间，也可以反映锻炼对心脏机能的影响。一般说小负荷锻炼后5～10分钟时，比锻炼前仅快12～30次/分。当锻炼后不能恢复到这一水平，表示机体对锻炼的负荷还难以承受。若锻炼已有一定时间，可作为评价前阶段锻炼效果的指标之一。

· 体重

在锻炼中，通过对体重的变化观察运动量和营养的补充。一般锻炼后能量消耗及出汗，体重可下降1～2．5公斤，在24小时左右即可恢复。如若锻炼后体重进行性下降，常反映锻炼负荷过大，营养补充不够。如若体育锻炼中，体重持续增加，应排除是否因营养补充特别是糖的补充过量所致。

以上这些参考标准，除称体重外，均不需仪器，个人可以进行。做好记录，经一定阶段后就可看出其趋势，有利于体育锻炼的强度、密度、方法、项目的调整。

一些人以为，运动强度越大，健身效果越好，故选择一些超出自身承受能力的运动项目，这是错误的。超强运动不健身，还往往有损健康。这是因为，超强度运动使得心脏代偿的舒张期缩短，心跳和呼吸频率显著加快，耗氧量增加，血液中氧和能量减少，代谢产物增多。而新陈代谢离不开稳定的体内环境，超强运动往往扰乱人体内环境的稳定，破坏人体固有的生理平衡，久之便会导致疾病发生。专家建议，每个人都要根据自身身体状况，选择适当的运动项目，并掌握好运动强度，以停止运动5分钟后，心跳呼吸恢复正常，无疲惫之感为宜。

7 教师需警惕运动损伤

对于教师而言，适度运动能够缓解工作压力，有益身心健康。但是，对于运动训练卫生知识和运动损伤后的应急处理也要了解，这非常重要。

造成运动损伤的原因很多，但其中最根本的原因，就是各项运动的技术水平不断提高，人们完成动作的难度相应加大，平时的训练强度和时间随之加强和延长，对于机体的专门性要求也越来越高，这就必然使运动损伤乃至伤害事故出现的机会加大。为了使广大教师能够更加清晰地认识到运动损伤问题，下面对运动中可能会出现的各种情况及防治措施进行一下归结：

· 骨折

骨折常见的有两种：一类是没有伤口、皮肉不破损，称闭合性骨折；另一类是骨的尖端穿透皮肉，称开放性骨折。对开放性骨折，不能用手回纳、揉搓或按摩，否则易引起骨髓炎，应用消毒纱布对患处作包扎，止血后，再用平木板固定，急送医院治疗。骨折在上肢者，可将关节固定在躯干上；骨折在下肢者，可伸直腿足，固定于对侧肢体上并急送医院诊治。

· 腰部扭伤

腰部是人体活动的枢纽，因此在活动中腰部扭伤发生率较高。往往在做某一动作时突然感到腰部疼痛剧烈，有的出现腰部断裂感或响声，疼痛为持续性剧痛，腰部活动、咳嗽、打喷嚏、大声说话、腹部用力等均使疼痛加重。

· 肌肉酸痛

很多人在参加锻炼后的第二天都会出现肌肉酸痛的症状，持续 2 ～ 3 天后才能逐渐缓解，恢复正常。在运动医学上这种肌肉酸痛被称为“延迟性肌肉酸痛”。往往在锻炼后 24 ～ 72 小时酸痛达到顶点，5 ～ 7 天后肌肉酸痛基本消失。除酸痛外，还有肌肉僵硬，轻者仅有压痛，重者肌肉肿胀，妨碍活动。任何骨骼肌在激烈运动后均可发生延迟性肌肉酸痛，尤其长距离跑步后更易出现。长跑者可出现腰部、大腿部和小腿部肌肉的疼痛，在肌肉远端连接处症状更明显。

· 肌肉拉伤

在运动中，如果准备活动不当，某部位肌肉的生理机制尚未达到适应运动所需的状态，或由于动作过猛，气温过低，湿度过大，场地或器械的质量不良等，都可能引起肌肉拉伤。肌纤维轻度拉伤及肌痉挛者，早期采用冷敷、加压包扎，把患肢放在使受伤肌肉松弛的位置以减轻疼痛。48 小时后开始按摩，手法要轻缓，感觉舒适为宜。

· 两肋胀痛

两肋胀痛是一种在运动中比较常见的症状，多由膈肌或呼吸肌痉挛导致。处理的方法是取向前倾斜的坐位，按揉肋部以缓解疼痛。

· 挫伤

挫伤即由于身体局部受到钝器打击而引起的组织损伤。轻度损伤不需特殊处理，经冷敷处理 24 小时后可使用活血化瘀酊剂或热敷，约一周后症状可消除。较重的挫伤可用云南白药加白酒调敷伤处并包扎，隔日换药一次，每日 2 ～ 3 次。

· 抽筋

很多人在运动过程中会出现抽筋的情形，在医学上被称为“痉挛”。肌肉痉挛是一种不受控制的收缩，这使肌肉处于紧张、僵硬状态，通常是由于乳酸积聚而引起。痉挛可以发生在任何一块肌肉，常发生于小腿的腓肠肌，且通常是由某种活动所引起。处理方法请参阅第 60 页。

· 关节炎

关节活动强度过大可能导致髋、膝、踝或肩部的关节炎症，应立即休息，待关节消肿后再运动。改变运动方式，穿着厚软底运动鞋，从低强度开始逐渐增加运动量，可以预防关节炎的发生。

健康叮咛

如果在运动时出现头晕、头痛、冷汗、面色苍白等症状，应当警惕脑供血不足。这时应当立即停止运动，平躺并抬高下肢；当运动中出现呼吸困难、急促，恶心、呕吐，或在运动后24小时仍感到疲劳和睡眠困难，通常是运动量过大的表现，应减少运动强度及运动持续时间，在以后锻炼时，应事先做好充分的准备活动。

8 步行有利于教师健康

中国有句古话，叫做“走为百练之祖”。走路是人类的基本活动，同时也是一种锻炼身体、保持身体健康的最佳途径。世界卫生组织也曾明确指出，“世界上最好的运动是步行”。对于一名教师来说，工作之余，在优美的自然环境中轻松行走，呼吸新鲜空气，松弛一下紧张的神经，让疲惫的身体回归到放松的状态，无疑是一种很好的运动方式。

· 步行的主要健身作用

①缓解关节疼痛：跑步时脚底落地所产生的冲击力是体重的2～4倍，有可能使肌肉、韧带拉伤。而步行所产生的冲击力仅为体重的一半，能有效地缓解肌肉、关节因得不到锻炼而导致的僵硬、萎缩、疼痛等症状。

②保持优美体态：人到中年以后，体内新陈代谢减慢，摄入的脂肪不易被氧化利用，造成脂肪堆积，肌肉松弛，体态肥胖。如果能坚持户外步行，就能使肩、臂、背、腹、腿、臀等各部位的肌肉群得到锻炼，加速新陈代谢，消耗体内多余脂肪，延缓衰老过程。

③增强心肌功能：步行是一种运动状态，能促使心脏送出更多的血液，满足全身各器官和组织因步行所消耗的氧气，锻炼心脏功能，有助于降低冠心病的发病率。

④增加骨质密度：骨质密度的高低，取决于平时摄入食物的品种和运动量大小。户外步行有助于骨质沉积，增加骨质密度。

⑤减轻精神压力：由于超强的生活与工作压力，使教师的神经系统经常处于高度紧张状态，导致心率加快、血压升高、失眠等不良反应。步行，被称为天然镇静药，可使人保持平和的心理状态，对减慢心率、调整血压、改善睡眠大有好处。

⑥改善思维状态：步行能激活脑细胞的兴奋性，加速反应能力，有助于增强记忆和思维能力。

· 步行的方法

①普通步行：适用于一般保健。以慢速（45～55米/分钟）或中速（60～70米/分钟）步行，每次30～60分钟。

②快速步行：以70～90米/分钟的速度，两臂用力前后摆动，可以增进肩带、胸廓的活动。特别适用于有肺结核、慢性支气管炎、肺气肿等呼吸系统慢性病及肩周炎、上下肢关节炎的患者。

③摩腹步行：以25～45米/分钟的速度，两手旋转按摩腹部，每走一步按摩一周，正转反转交替进行。轻松的散步及柔和的腹部按摩，能促进胃液分泌，加强胃肠道蠕动，有助于治疗消化不良和胃肠道慢性病。

④定量步行：根据需要的运动强度，规定一定距离、行进速度、坡度、中间休息次数和时间。这对减少腹壁脂肪、降低血压等都有较好的效果。

不过，不管选用哪种走法，运动量和运动强度都应该依你的体质、体力、体能而定，不要操之过急，应循序渐进，持之以恒。运动量的控制主要靠脉搏、睡眠、食欲及身体反应等自我感受来决定。如以心率为标准，步行时宜保持在100～120次/分钟，最好不要超过130次/分钟。如果锻炼后睡眠好、食欲佳、身体无不适，就说明步行量是适宜的。

据有关人员的检测数据表明，攀登楼梯消耗的热量要比静坐多10倍，比跑步多3倍，比中速行走多4倍。教师在攀登楼梯时，除了下肢韧带、关节的活动能力增加外，腰、背、颈部、上肢的关节、肌肉也都在不停地活动，这不仅可以增强肢体肌肉的力量，而且还能加大肺活量，加速血液循环，促进能量代谢，进而改善和提高心肺功能，对于防止动脉粥状硬化、高血压等心血管疾病也有较好的效果。

9 教师健康“游”出来

近些年来，随着教师待遇的不断提高，很多教师全年参加游泳锻炼已逐渐成为一种时尚。医学界也把游泳作为医治某些慢性病的手段。但是教师在参加游泳锻炼时也要讲求实效，注重科学，结合个人具体情况合理安排。

· 控制运动强度

教师在游泳时，除保持一定的距离外，还必须注意适当的负荷强度方能奏效。如何控制运动强度？最简便的方法是测试自己的心率反应，因为机体活动时，对运动负荷强度变化最敏感的莫过于心率，而且一般人都可以对其进行自测。

教师在游泳时，可自行测试和随时了解自己游泳的强度，是否超过负荷范围，从而进行必要的调整。一般来说，教师游泳时最适宜的强度心率应控制在90～100次/分，即保持在中等强度的负荷最好。

身体健康无病症的教师，强度可稍高于最适宜的心率强度（90～100次/分）。身体虚弱者最好不要超过最适宜强度。患有慢性疾病或用游泳来作医疗手段的教师，则应根据医生要求进行活动。

· 游泳注意事项

①要进行严格体检。游泳对心肺功能要求较高，教师在参加游泳时，必须经过医生检查身体，并征求医生的意见，制定运动处方。对于患有严重的心血管疾病、高血压、肺结核、中耳炎等疾病的教师，都不宜参加游泳，以免加重病情和发生意外。

②要做好准备活动。下水时不要一下子跳入水中，可先用水拍打胸前背后，再缓慢入水。入水后不要马上剧烈游泳，应先在水中站立或行走，以适应水中环境。有条件者下水前要淋浴，一方面可以保持游泳池水的清洁，更重要的是使身体方面有所准备。身上有汗，不要立即下水，应擦干后再下水游泳。

③水温不能太低。有不少教师的心血管调节功能较差，水温太低（18℃以下）会加重心脏的负担，甚至引起意外。

④不要在水中逗留过久。因为水的传热较快，会影响人体的体温调节功能。因此，在水中慢走、

慢游 10～15 分钟，可上岸休息一会儿，走动走动，使身体暖和后再下水。

⑤在水中不要站着不动。要保持活动状态，如感觉冷或嘴唇发紫时，应立即上岸休息。上岸后，一定要先将身上的水擦干，披上毛巾或浴巾，不要在风口处停留，防止感冒。

⑥游泳结束应进行淋浴。在游泳池结束游泳时，应进行淋浴。也可以用眼药水点点眼睛，防止眼病。

夏季天气炎热，游泳成了我们消暑的时尚运动，在尽情享受大自然给我们带来的愉悦之时，也要注意避免安全隐患。抽筋便是常见的现象，一旦发作如不及时施救，常会发生溺水事故。那么，万一发生了抽筋应该怎么办呢？

一旦出现抽筋，千万不要慌乱。如果脚趾抽筋，那就马上将腿屈起，用力将脚趾拉开、扳直；小腿抽筋，先吸足一口气，仰卧在水面，用手扳住脚趾，并使小腿用力向前伸蹬，让收缩的肌肉伸展和松弛；手指抽筋时，手握成拳头，然后用力张开，如此反复即可解脱；上臂抽筋时，紧握拳头，先尽量曲肘，再用力伸直，反复做几次；手掌抽筋时，另一只手掌用力猛压抽筋的手掌，同时做振颤动作。抽筋现象解除后，不要在水中耽搁，应尽快上岸，以防再次复发。

10 教师“讲课”“健身”两不误

教师的工作跟普通上班族们可是不一样的，不是整天坐着打电脑，而是站在讲台上不停地讲课，这样的工作是很劳累的。其实保健方法也是需要自己发现的，那么教师在讲课时也可以做到健身吗？

教师上课也可以做到健身听起来似乎不太现实，毕竟是为人师表，上课时不能做出太出格的事情，然而只要能注意方式方法，站着也同样能健身。

教师的工作性质是工作时间长，且久坐久站。中医讲，久坐伤肉，久立伤骨，久劳伤神。为了保持良好的体魄和精神状态，在日常生活中，老师应当进行必要的调理。

在课堂讲课时可尝试以下办法：根据需要，将身体重心交替由一只脚移到另一只脚上，始终保持一只脚处在休息状态；两脚轮流交替或同时提起脚后跟，抬高身体；由脚尖着地改为脚后跟着地，再由脚后跟着地改为脚尖着地；轮流屈伸双腿，使脚离开地面；每隔一段时间使背、颈部和腹部的肌肉绷紧 30～40 秒，以使背直、肩平、收腹，保持良好的体态。此外，要穿能支撑住脚弓的矮跟或中跟鞋。

在伏案工作时，手感到酸累时，可两手掌相合，来回快速搓动 10 秒，使掌心产生强烈热感，再将双手摇动 10 次；头昏脑涨时，身坐直，头向后仰，用力收缩颈肌，坚持 10 秒，然后头低垂胸前，静坐 15 秒；眼睛酸胀时，合上双眼 5 秒，再睁开双眼自视鼻梁 5 秒；困乏欲睡时，坐正，双肩后弓，下胯微收，双肩下垂于躯干两侧，手心向后，再用力收缩背部、臂部、肩部和颈部肌肉，坚持 12 秒之后全身放松 15 秒；下肢酸胀时，可适当踢踢腿、弯弯腰、伸伸臂，做几个下蹲的动作，用手掌由上而下、再由下而上轻拍腿部。

除了这些方法外，在平时的课间活动或是家庭生活中也需要通过各种各样的方法来让自己的身体状况得到更好的改善，这一点是需要引起重视的。

健康叮咛

忙是很多人的借口，但关键是自己脑子里要有锻炼这根弦。如果平时难以专门抽出时间锻炼，那就抓住一切可能的机会：比如，每天尽量以步代车，到远一点的地方买东西；以爬楼梯代替乘电梯；在家多做家务活；在办公室里趁着工作间歇适当活动，有意识地多做些转动手腕、扭动肩膀等简单的伸展运动，有助于缓解肌肉疲劳，活动骨骼和关节。

11 保健就从健脑操开始

教师其实是一个很辛苦的职业，既是脑力活动，又是体力活动。因此教师要注意保健，常常动一动，有利于身体健康。下面介绍一下健脑操，动动脑，动动手。

· 上下耸肩运动

两足分开而立，约与肩宽，两肩尽量上提，使脑袋贴在两肩头之间，稍停片刻，肩头突然下落。做八遍。

· 背后举臂运动

两臂交叉并伸直于后，随即用力上举，状似用肩胛骨上推头的根部，保持两三秒后，两臂猛地落下，像要撞到腰上（实际也可撞上）。做一遍。

· 叉手前伸运动

屈肘，五指交叉于胸前，两手迅猛前伸，同时迅速向前低头，使头夹在伸直的两臂之间。做五至十遍。

· 叉手转肩运动

五指交叉于胸前，掌心朝下，尽量左右转肩。头必须跟着向后转，注意保持开始时的姿势，转动幅度要等于或大于九十度。左右交替，做五至十遍。

· 前后曲肩运动

先使两肩尽量向后弯曲，状如两肩胛骨要碰到一起似的。接着用力让两肩向前弯曲，如同两肩会在胸前闭合似的，并使两只手背靠在一起。做五至十遍。

· 前后转肩运动

曲肘，呈直角，旋转肩部，先由前向后，再从后向前，旋转遍数不拘。

以上六节的目的在于充分让肩部活动开，从而改善脑部的供血。

健康叮咛

一个人如果能连续跳绳8分钟，就相当于跑1600米或滑冰1小时；连续跳绳9分钟，其运动作用相当于骑自行车跑5千米；连续跳绳15分钟，相当于单打3局网球。

跳绳对活跃大脑很起作用。人在跳绳时，身体以下肢弹跳和后蹬动作为主，手臂摆动，腰部也得配合上下肢活动而扭动，腹部肌群配合提腿，上下肢在不停地交替运动。同时，跳绳时呼吸加深，使胸、背、隔肌都参加了活动，大脑也处于不停地运动中。手握绳头不断地旋转，会刺激拇指的穴位，对脑垂体发生作用，进而更增加了脑细胞的活动力，提高思维和想象能力。中医学也强调脚是体之本，因为跳绳的确可起到通经活络和健脑作用。

12 在家也能做的毛巾健身操

这是为广大教师介绍一套毛巾伸展操，一起来学学吧。

· 臂部运动

坐在地上，挺直腰背，两手握住毛巾的两边，然后同时向上举，再分别向左右两侧拉伸，两侧交替重复动作。

· 臂腰运动

坐在椅子上，两手握紧毛巾，前举与两肩平行，腰背挺直，分别用力向左、右两个方向转动腰部，每做两次后换方向再做。接下来，两脚分开，两手握住毛巾，两臂上举与肩平行，弯腰，一侧手臂在两脚之间用力触及地板，另一侧手臂则要绷直在耳朵边上，两侧交替重复做。

· 臂腹运动

坐在地上，两腿伸直，两手握住毛巾，平举与两肩平行，然后直腿尽量上抬，身体呈“V”字形，再还原到原来位置，重复做。

· 臂背运动

俯卧，两手向前伸直，握住毛巾的两端，身体以背部为中心，腿脚绷直，与手臂和头部同时向上用力抬起。

· 伸展运动

两手握住毛巾，两臂同时上举，向后用力，一脚支撑地面，另一只脚与臂同步，向正后方踢。两脚交替进行，重复做。

在选择毛巾时，最好挑选那种比普通规格稍长一点的毛巾，至少要长于自己的肩宽。如果体力充足，可以完整地做完这套毛巾操；而如果身体较弱或平时不怎么运动的人，也可以挑选其中的几节来做。每做完一组，可以适当休息几分钟，以不感到身体疲惫为宜。

⑬ 教师“忙里偷闲”健身法

教书育人是一项十分艰苦细致的工作。教师也是职业病的多发人群。如何才能既不耽误工作又同时活动身体呢？现推荐几种锻炼方法可以让教师忙里偷闲，使身体随时得到锻炼。

· 弹脑

端坐在椅子上，两手掌心分别按两只耳朵，用食指、中指、无名指轻轻弹击脑部，自己可听到咚咚声响。每日弹 10 ～ 20 下。长此以往坚持，有解除疲劳、防头晕、增强听力、治耳鸣的作用。

· 练眼

用眼工作时，每隔半小时远望窗外 1 分钟，再以紧眨双眼数次的方式休息片刻，也可做转动眼珠运动。这样有利于放松眼部肌肉，促进眼部血液循环。

· 伸懒腰

当身体长时间处于一种姿势时，肌肉组织的静脉血管就会淤积很多血液，这时伸个懒腰，便会促使全身大部分肌肉舒张或收缩。在短短数秒钟的伸懒腰动作中，很多滞留的血液被送回心脏，这就可以大大改善血液循环。

· 梳头

用木梳从前额至头顶向后部梳刷，逐渐加快。梳时不要用力过猛以防划破皮肤。这样可刺激头皮神经末梢和头部穴位，促进局部血液循环，达到消除疲劳、强身和促进头发生长的效果，对脑力劳动者尤为重要。

· 脸部运动

工作间隙，将嘴巴最大限度地一张一合，带

动脸上全部肌肉以至头皮，进行有节奏的运动。这样可以加速血液循环，延缓局部各种组织器官的“老化”，使头脑清醒。

· 咬牙切齿

这里并不是真正意义上的“咬牙切齿”。常做咬牙叩齿的动作可以拉动头部肌肉，促进头部血液循环，进而起到清醒大脑、增强记忆的功效。

· 摇头晃脑

颈部由颈椎关节、血管、肌肉、韧带等组成，摇头晃脑可使这些组织得到活动。这样，不但可以增加脑部的供血，还可以减少胆固醇在颈动脉血管壁的积沉，从而有利于预防中风、高血压及颈椎病的发生。

· 抓耳挠腮

耳者，宗脉之所聚也。人体的各器官均有神经末梢聚集在耳朵上。拉引、按摩耳朵能通过神经末梢对各器官进行刺激，促进血液、淋巴的循环和组织间的代谢，达到强身健体的作用。

在办公室长时间工作，易产生腰背酸痛，下肢肿胀、坐骨神经痛等办公室“坐椅病”。下面这套椅上健美操，可使你10分钟内消除疲劳。

· 坐在椅子上，伸直身体，做一次深呼吸，紧腰收腹，保持姿势2～3秒，重复4～8次。

· 坐在椅子上伸直身体，两肩向后用力使背肌收紧，两肩、胛骨靠拢，保持姿势4～6秒，重复4～8次。

· 坐在椅子上，两手撑住椅面，用力支撑，尽量把自己身体抬起。保持姿势3～4秒，重复4～8次。

· 坐在椅子上，身体紧缩收腹，双手用力支

撑，收紧臀大肌，并使臀部从椅子上微微抬起。保持姿势4～6秒，重复4～8次。

· 坐在椅子上，双手叉腰，两脚踩地，左右转动腰部至最大幅度，重复8～12次。

· 坐在椅子上，双腿轮流屈膝向上提起，双臂屈肘于体侧，交替前后摆动，模仿跑步动作，重复30次。

· 坐在椅子上，伸直身体，两脚踩在地上，脚跟尽量提起，持续6秒，重复8～12次。

⑭ 简单易行的10分钟健身法

随着现代社会的发展，脑力劳动者越来越多，每天工作的时间经常超过8小时，很少有时间参加体育锻炼。长此以往，势必影响身体健康。下面介绍的“10分钟健身法”，不仅简单易行，效果也不错，教师们不妨试一试。

· 坐位健身5分钟

①旋转头部并自我按摩颈部1分钟。先坐直身体，让头向左、右旋转，再前倾后仰，左右摆动，交替进行。之后用左手按摩右侧颈、肩部，再用右手按摩左侧颈、肩部。这项运动能促进颈、肩部和脑部血液循环，对头痛、头晕和颈椎病有一定缓解作用。

②搓手1分钟。先是两手手心互相搓，直到手心感到微热，再将手背互相搓，最后两手指交叉，相互揉搓。这项运动可以舒筋活络，对内脏起一定的保健作用。

③上举手臂并握拳1分钟。将手臂伸直并上举，再用力握拳、张开，反复数次，速度由慢渐快。这样可以增强手的握力，通络强筋，促进上肢的

血液循环。

④提肛1分钟。先收缩提起肛门，停1秒钟，然后放松，如此反复多次。这项运动可促进肠道蠕动、增强性功能，对痔疮和脱肛也有辅助治疗作用。

⑤旋转踝关节1分钟。两腿伸直，抬起两脚，先左右旋转踝关节，再前勾后绷两脚，反复运动。此项运动可促进下肢血液循环，预防下肢静脉曲张。

·站立健身5分钟

①两上肢旋转1分钟。上肢按顺时针、逆时针方向交替旋转，由慢到快。此项运动可促进上肢血液循环，对肩周炎有一定辅助治疗作用。

②腰部侧转1分钟。将两上肢平举，使腰部向左、右做侧转运动。此项运动可促进腰部的血液循环，对腰肌劳损和肩周炎有一定缓解作用。

③弯腰1分钟。双脚站立与肩同宽，然后逐渐低头弯腰至两手触地，反复运动数次，动作由慢渐快。此项运动可促进腰部的血液循环，有利于增加脑血管的韧性，对腰肌劳损也有一定辅助治疗作用。

④下蹲1分钟。两手握拳并下蹲，站立时收回双拳于腋下，反复进行。此项运动可舒筋活络，对关节炎和骨质增生有一定治疗作用。

⑤跳跃1分钟。两手握拳，同时跳跃，脚落地时两拳收于腋下，反复进行。此项运动可活动全身筋骨，增强肌力。

⑮ 教师肩部保健操

有些教师常说，上班忙工作，下班忙家务，哪有时间来锻炼？其实，有些锻炼费时很少，如能每天坚持，同样可以收到良好的效果。下面介绍的这套肩部保健操，只需5分钟，而且不用器械，仅一张桌子甚至窗台或门即可，随时都可锻炼，非常方便。由于这套操对保持肩关节的功能、防治肩关节慢性病均有较好的效果，因此很适合那些工作家务较忙、抽不出时间锻炼的教师。

第一节：迈步后伸臂

预备：直立，体侧对着桌边或窗台，一手握拳支撑桌面或窗台，肘关节伸直。

动作：手固定不动，两腿向前迈一步，身体随之前移，使肩关节被动牵拉后伸。

第二节：下蹲后压臂

预备：背靠桌边或窗台边站立，两手握拳支撑在桌上或窗台上。

动作：两手及上身不动，屈肘，屈膝下蹲，使肩关节被动向后上方抬起。

第三节：下蹲上举臂

预备：面对桌子或窗台约一臂处站立，上臂伸直，手放在桌上。

动作：手及上身不动、屈膝下蹲，使肩关节被动向前上方抬举。

第四节：下蹲外展臂

预备：距桌或窗台约一臂处侧身站立，上臂伸直，掌侧放在桌上或窗台上。

动作：手不动，屈膝下蹲，同时上身稍向内侧倾斜，使肩关节被动外展。

第五节：转体内旋臂

预备：站在门框旁，屈肘，将左手放在门框内侧。

动作：手及前臂不动，身体左侧旋转，使肩关节被动内旋。

第六节：转体外旋臂

预备：与第五节相同，只是手放在门框外侧。

动作：手及前臂不动，身体向右侧旋转，使肩关节被动外旋。

需特别说明的几点：

• 做操时，尽量通过身体其他部位的主动活动来带动肩关节活动。

• 动作范围由小到大，逐渐增加。

• 每节动作可做 4 ～ 8 次，若单侧动作，应左右两侧交替进行。

在熨衣服、炒菜、插花等站着干活时，不妨张开双腿，站直身体，也是一种锻炼。另外，在做室内清洁工作时，如果手中只拿一把扫帚、拖把或吸尘器时，不要只动手臂，应全身都融于动作中，让踝关节、臀部、膝关节等一起跟着动起来。当你从高处取东西时，可以踮起脚尖，尽可能伸长全身，以强化大腿、小腿和臀部的肌肉。

16 女教师特殊时期特殊运动

不得不说的是，女人最麻烦的“好朋友”来临的时候，可要正确对待。碰到经期，女性就像是进入了一个短暂的休眠期，也有不少有运动习惯的女性会发现，进入经期，以及经期之后，运动的积极性会有所减退，需要重新调整才能再次进入运动状态，而下一个月经期来临之后又再次出现这种状况，所以我们要来看看，是不是经期真的就不能运动呢？

其实经期适量的运动不但是可行的，而且是很有必要的，尤其对那些已经具有一定的运动习惯的女性。运动医学专家的观点是，凡是身体健康、月经正常的女性，经期适当的运动有助于神经系统的平衡，有利于血液循环以及腹肌、骨盆肌的收缩与放松，使经血排出更顺畅。对缓解痛经也有一定的作用。可是，怎么样的运动才能称得上是“适当”的呢？

女性的生理周期可以分为三个阶段，受到荷尔蒙的影响，每个阶段都会有不同的生理和情绪上的反应。运动状态也是具有周期性的，女教师根据生理周期变化安排运动，可以更好地达到运动效果：

· 月经开始 1 ～ 10 天

这个时期是雌激素分泌旺盛的时期，大约会持续 14 天。这时情绪会相对低落，常有压力感。尤其是月经开始的前三天，状态最不理想。性腺的变化很容易影响到免疫系统，精力、体力以及抗病能力降低。运动的表现一般到第五天逐渐开始恢复。

这个阶段适合做较为轻柔和舒缓的运动，比如瑜伽、太极拳等相对缓和的徒手运动。它们能够帮助身体血液的顺利流通，缓解压力。但是要避免产生腹腔压力、腿位过高的动作。

月经的前 3 天根据自己的情况来决定运动形式，尽量以舒缓放松为主，避免力量性练习。运动期间感到疲累需要立即停止运动，进行休息，

避免造成出血过多或低血糖现象的发生。

月经后期可以看情况安排慢走、慢跑等有氧运动，但应避免技巧性和反应性要求过高的运动，如网球、壁球等。因为在这一阶段小小的失误都容易造成情绪的不稳定。长距离慢跑、跳跃、游泳、投掷、扣球等负重量较大的运动也应在此阶段避免。

有痛经史的女性，最好暂停运动。

· 月经开始 11 ～ 19 天

月经正常的女性，会在月经第 14 天时排卵，雌激素达到顶峰后会在这时回落，孕酮素分泌开始上升。排卵期之前的 4 ～ 5 天，身体里的碳水化合物、脂肪和蛋白质的吸收和消耗都较快，是进行有氧运动的最佳时间。在这几天里，雌性激素与雄性激素都会进入分泌旺盛期，有利于水分的保存。若不进行适当的有氧运动，很容易造成浮肿。

可选择跑步、骑自行车、游泳等有氧运动，持续时间可比平时长一些，因为这一阶段是热量消耗和体重减轻的最佳时期。韵律操等练习也将是不错的选择。

· 月经开始 20 ～ 28 天：

第三阶段的前 4 天应该适当增加运动量，延长有氧运动的持续时间。这样更有助于避免浮肿，促进血液循环，让卵子能够正常顺利地剥落，预防痛经现象的发生。而此阶段的后 4 天，运动的时间、频率和强度都应适当地减少，适当地休息，迎接下一次月经的来临。

整个经期，运动量适当减少，运动时间和运动频率都要减少，原本每周运动 4 次，经期运动 1 ～ 2 次即可。

科学的运动能锻炼身体，有益健康。但有些女教师在进行运动锻炼时，由于多种原因可能会发生下列几种疾病，应注意防范：

• 外阴创伤：运动中外阴部不慎与硬物（如自行车横档或平衡档、平衡木等）相撞，容易发生外阴部血肿。可行局部加压止血，若血肿增大或伴有尿道、膀胱、直肠损伤，应立即去医院进行急救处理。

• 卵巢破裂：剧烈运动、举重或腹部挤压、碰撞都可以引起卵巢破裂，而出现下腹部疼痛。其疼痛在休息后可稍缓解，一般不加剧，但痛感可能会漫及全腹。经采取有效措施后，出血少者有可能避免手术而保住卵巢。

• 子宫内膜异位症：经期剧烈运动有可能使月经血从子宫逆流入盆腔，随经血内流的子宫内膜碎屑就可能种植在盆腔器官。得了子宫内膜异位症后，患者常出现逐渐加剧的痛经，还可引起不孕。所以，月经期应避免剧烈运动。

第五章

生活起居细节：细节成就健康

生活起居也是影响人们健康的一个重要方面。每个人的生活方式都不同，健康的生活方式有利于预防疾病。教师们面临繁重的教学任务，很难做到始终遵循和保持良好的生活方式，久而久之，生活作息变得紊乱，各种健康隐患也随之而来。因此，教师们应该学会科学地安排自己的生活起居，建立符合自身生物节律的生活规律，以保证身心健康。

❶ 教师定期健康体检很必要

现在工作、生活压力大，很多教师处在亚健康状态，而有些疾病恰恰是由不良生活习惯造成的。一些疾病发病率逐渐升高，心脑血管病等也有年轻化的趋势。随着“健康是福”的观念深入人心，养成定期健康体检习惯是保持健康的一种重要手段。它可以成为健康隐患的红绿指示灯。但是，有些教师认为，自己身体很好，吃什么都香，自费体检是花冤枉钱。也有教师认为，这种做法过于“前卫”，没有必要。那么，健康体检究竟有没有必要呢？

体检的目的是为了发现一些健康中的隐患，使产生疾病的危险因素被及时排除。定期进行全面的健康体检，是自我保健的重要方式之一。医生建议，成年人应每年或至少两年做一次体检。在人们早已从原先的“要我健康”走向了“我要健康”的年代，从“找医生看病”发展到“找医生保健”的时代。完美幸福的一生必是你最终的追求，关注健康、投资健康已不仅仅是一种生活时尚，更是时代赋予我们的责任。有健康的身体才能获得最高尚的生活乐趣，有健康的体魄才能创造最大的财富，有健康的身心才能获得最完美的人生。

因此，教师同样有必要定期进行健康体检。只是要注意的是，不同年龄、不同性别的教师，在健康体检时的重点有所区别。

· 青年教师健康体检重点

测血压：血压值较高者常与原发性高血压、脑中风、动脉硬化有关。

验小便：可及时发现肾脏病、糖尿病。

大便隐血试验：可早期发现大肠癌、结肠癌及消化道疾病。

做心电图：可发现冠心病、心肌缺血改变。

· 中年教师健康体检重点

防癌检查：人的年龄越大，接触致癌物的几率越多，发生癌症的风险也就越大。另外，中年教师免疫系统功能衰退，防御能力相应降低，这就为细胞癌变创造了条件。

甲胎蛋白检测：检查甲胎蛋白对诊断早期原发性肝癌的准确率达 80%～90%。原发性肝癌多见于中年人，故教师 40 岁后，应每年检测甲胎蛋白 1 次。现症乙型肝炎或曾患乙型肝炎者，则应半年检测 1 次。

血脂检测：血脂过高对动脉粥样硬化的发生发展起着推波助澜的作用，动脉硬化可导致冠心病、心肌梗死的严重后果。教师步入中年后，每年 1 次的血脂检测不应忽视。

前列腺检查：人到中年，由于前列腺开始衰退，结缔组织增生，会出现不同程度退化，甚至产生恶性病变，中年男教师尤其要注意。

· 老年教师健康体检重点

严重危害老年人健康的是血黏稠度过高，很多老年人常见的高血压、心肌梗死以及糖尿病等大多与血液黏滞度高有关。老年人因自身的肌体组织功能下降，极易患上骨质疏松症，导致骨折。

· 女教师健康体检重点

未婚女教师：每半年检查 1 次乳腺健康，每半年请医生触诊乳房，做乳腺 B 超 1 次。每年查子宫附件 B 超 1 次。

已婚女教师：每半年检查1次乳腺健康，每半年请医生触诊乳房，做乳腺B超1次，35岁以上需要每年做乳腺钼靶照片1次。每半年查子宫附件B超1次，做妇科常规检查1次。每年宫颈涂片检查1次。

更年期女教师：每半年检查1次乳腺健康，每半年请医生触诊乳房，做乳腺B超1次，每年做乳腺钼靶照片1次。每半年查子宫附件B超1次，做妇科常规检查1次。每年宫颈涂片检查1次。每年查激素水平1次，每年查骨密度1次。

为了保证体检结果的准确，体检前教师应注意以下几项：

- 体检前三天禁酒，宜清淡饮食，避免高脂肪、高蛋白食物，避免使用对肝肾功能有影响的药物。
- 体检前一天晚上8时后避免进食和剧烈运动，保持充足睡眠，以免影响采血检验结果。
- 体检当日早晨要空腹，以免影响验血及肝胆超声等检查结果。
- 一般先做需空腹进行的项目（如抽血、肝胆B超），然后进食早餐，再完成其他项目的检查，做到合理安排。
- 女性妇科B超及男性前列腺B超检查，请保持膀胱充盈。
- 女性请避开月经期，最好选择在月经干净后一周内检查，检查前三天请勿同房或阴道用药。
- 女性体检当日请勿化妆，勿穿连衣裙、连裤袜。妇科检查前请排清小便再到妇科门诊。
- 做X线检查时，宜穿棉布内衣，勿穿带有金属纽扣的衣服、文胸。
- 发高热时不宜体检；孕妇不宜参加X光检查。
- 如实陈述病史及身体不适情况。

2 这些吃饭习惯你有吗

吃饭是一件大事，所以吃饭的习惯也是促进健康的大事情，养成良好的吃饭习惯，走出吃饭的误区，也是值得广大教师注意的。

·边吃饭边看书

教师的事情很多，因此有的教师经常一边吃饭一边阅读。这是一种不良的习惯。吃饭时，胃肠道在大脑的统一指挥下蠕动加快，消化液分泌增加，胃肠道血管扩张，循环血量比平时增加数倍。这时候阅读，必然会加重大脑工作量，因而需要增加血液供应量，这就势必会造成脑和胃“争血”。其结果是使胃肠供血得不到充分保证，消化液分泌减少，消化能力减弱，久而久之，就会造成消化不良。其次，边吃饭边看书，会使大脑中产生抑制食欲的兴奋剂，使食欲减退，并常会使人忘记咀嚼，大大延长进食时间。

·饭后立即工作

很多教师工作繁忙，因此饭后立即工作的情况很常见。饭后不休息就立即工作是一种不好的习惯，容易影响身体健康。进餐后，胃肠道的血管扩张，流向胃肠器官的血液增多，这是有利于食物的消化和吸收的。如果餐后立即工作，就会迫使血液去满足大脑等器官的需要，进而造成胃肠道供血不足，消化液分泌减少。如果这种情况持续下去，还会引起消化不良和慢性胃肠炎等疾病。另外，如果餐后所从事的工作运动量较大，就很容易牵拉肠黏膜，引起腹部不适、腹痛、胃下垂等病症。因此，教师饭后不宜立即工作，最好休息半小时至1小时左右。

· 晚餐随意

教师常常需要加班，因此晚餐往往不规律，比如就餐过迟、进食过多等。

晚餐过迟是一种很常见的现象。有的教师加班之后还要吃宵夜，宵夜之后上床睡觉，不但因胃肠的紧张蠕动难以入睡，还会影响大脑休息，势必影响身体健康。晚餐进食过多，会使胃口机械性地扩大，导致消化不良及胃疼等症状。

晚餐不能大量饮酒，因为饮酒后血液循环加快，使人兴奋，影响睡眠。如果晚上经常饮酒，血糖水平就会逐渐下降，引发“神经性血糖症”。

如果晚餐进食大量蛋、肉、鱼等，饭后活动量较少且血液循环放慢，那么胰岛就将血脂转化为脂肪积存于皮下、心膜和血管壁上，人就慢慢胖起来，导致心血管系统疾病的发生。

多数人吃糖都喜欢把糖块放在嘴里慢慢地含化，特别是硬糖，其实这对身体是很有害的。原因是由于人们的口腔中有一种乳酸杆菌，能使糖发酵产生乳酸。糖在嘴里的时间越长，产生的乳酸就越多，发生龋齿的机会就越大。同理，其他甜食也是一样，在口腔里停留的时间越短越好。

而一些果类食品就不一样了，如苹果，其营养价值高，含有多种维生素及酸类物质。吃这些含有酸类物质的果类，要注意细嚼慢咽，这样不仅有利于消化，更重要的是保持了口腔的卫生。如果一个苹果在 10 ~ 15 分钟内才吃完，则苹果中的有机酸及果酸就可以把口腔中的细菌杀死。

因此，快吃甜食慢吃酸对人体健康是非常有利的。

3 好睡眠利于身心平衡

随着现代社会生活节奏加快，熬夜已经成为许多教师生活方式的一部分。然而经常熬夜对身体非常有害，人若经常熬夜，容易造成疲劳、精神不振。偶尔的睡眠问题会造成第二天疲倦和动作不协调，但是长期的睡眠不足则会使人体免疫力下降、抗病和康复疾病的能力低下，容易感冒，并加重其他疾病或诱发原有疾病的发作，如心脑血管疾病等。

药补不如食补，食补不如睡补。每个人都有这样的体会，在身体状态不佳或疲惫不堪时，良好的睡眠就会让体力与精力很快恢复。人的一生有三分之一的时间是在睡眠中度过的，所以，教师要用科学的方法养成良好的睡眠习惯，从而提高我们每天的睡眠质量，调整出一个健康的身心状态。

· 遵守规律的作息制度

入睡和起床的时间尽量规律，这是重要的睡眠习惯。上床时间以晚上 9 点～ 10 点为佳，不宜超过 11 时，起床时间为早晨五六点钟。每天规律的作息，有助于强化睡眠，起床后精神焕发，精力充沛。

· 营造舒适、安逸的睡眠环境

①选好床。首先是床的高度应略高于人的膝盖，选择适当硬度而又稍具弹性的床，以木板床上铺垫约 10 厘米厚的棉垫的软硬度为最佳，这样，可保持人体脊柱处于正常的生理状态，从而保证睡眠舒适。

②用好枕。人的颈部是人体最柔弱的地方，枕头太高或太低都会影响颈部肌肉的自然放松，

因此，枕头只能使头部比身体稍高一点即可，高度控制在 9 ～ 15 厘米为宜。

· 选择正确的睡眠姿势

很多人都没有固定的睡眠姿势，有时随便坐椅而眠或靠沙发而眠，还有些人趴在桌子上甚至席地而眠。也许大家并不清楚，疾病最易在这种状态下发生。

中国古代中医就对睡眠姿势有相当多的研究，大多强调右侧卧位。身体脊柱向前弯曲，正是所谓卧如一张弓。为什么在种种睡姿中偏好这种右侧卧位呢？

这是因为从人体的生理结构来看。胃肠道的开口都在右侧，肝脏也位于右侧肋部，因此右侧卧睡不仅使全身肌肉得到最大程度的松弛，而且不会压迫心脏，还可以帮助胃肠消化。右侧卧位能使心、肺、肝、胃、肠都处于自然通畅的位置。

但孕妇的睡眠姿势则有所不同，应采取左侧卧位，以减少或避免胎位异常和分娩异常。而对于在成长发育中的婴幼儿，小儿的头部骨骼尚未完全骨化，若是长期侧卧容易使头部变形。所以，应该仰卧、右侧卧和左侧卧交替进行，这样才有利于头颅发育。

· 养成良好的睡前习惯

①睡前情绪应平稳。睡眠之前必须保持思想安静、情绪平和，切忌忧虑、恼怒。古人有“先睡心，后睡眼”的说法，夜间思虑太过，不仅影响睡眠，而且伤神。

②尽可能不选择能导致失眠的药物。常见的有：中枢兴奋药，如苯丙胺、利他宁、皮质类固醇；支气管扩张药，如含麻黄碱、去甲肾上腺素的制剂；β－肾上腺素能阻滞药，如普萘洛尔（心得安）；某些抗抑郁药，如米帕明、单胺氧化酶抑制剂；其他如甲基多巴、甲基麦角酚胺等。

③健康的饮食习惯。忌饱食，晚餐七八成饱即可，睡前不要吃东西，以免增加胃肠负担；晚上不要饮用浓茶、咖啡等饮品，以免因精神兴奋或尿频影响正常的睡眠；忌喝酒，酒在新陈代谢的过程中会释放一种天然的兴奋剂，破坏我们的下半夜睡眠。

④用热水泡脚。每晚用温水泡脚 10 分钟，并用手按摩脚底以促进血液循环，可促进睡眠，预防失眠。

⑤适当的运动。睡前进行适度的运动，有助于睡眠，能缩短入睡时间。临睡前半小时，应进行适当的调整，停止读书，不看过分刺激的电影、电视节目，不思考问题。可进行 15 ～ 20 分钟的散步，或打太极拳等。

中国有这样的民谚：“睡前开开窗，一夜睡得香。”这是有根据的。

一个人的生活至少有 50% 的时间在室内度过，而我们每天呼出的气体中有 25 种有害物质。再就是做饭取暖时烧煤产生的一氧化碳、二氧化碳等有害气体，以及黏合剂、油漆家具散发出的甲醛，墙壁、砖块、混凝土、自来水中散发出来的氡和浮尘中的微生物。二氧化碳虽然本身无毒，但空气中二氧化碳的浓度超过 0.5% 时，人就会头痛、头昏脑涨、心慌、呼吸急促、脉搏变慢、血压升高等等。因此，多开门窗，让室外清新空气流进屋内，与室内空气发生交流，减少室内空气污染的程度，提高空气清洁度，既对身体健康有益，也能让你安然入睡。

4 衣着得体：拉近你与学生的距离

一位数学老师上课，他一登上讲台，学生立刻就活跃起来。有的学生看着老师嘻嘻笑，有的相互交头接耳，窃窃私语。原来老师衣服的扣子扣错了，衣服的下摆一边高一边低，长短不齐，学生们联系到当堂讲课的内容“不等式”，立即与教师身上的“不等式”挂上了钩。这位教师的教学还是受欢迎的，就是生活上的不拘小节，致使一堂课没有上好，也影响了自己在学生心目中的威信。

在人际交往中，人们经常根据衣着来判断一个人的身份和人品。威武的军装、笔挺的西服、轻便的运动装、简洁的白大褂，其身份不言而喻。正如意大利的著名影星索非亚·罗兰指出的，“你的衣服往往表明你是哪一类人物，它代表你的个性”。教师的服饰是教师仪表的重要方面，也是教师精神面貌的直接体现，对学生会产生影响。虽然教师没有统一的服装，但在具体穿着时，还是要注意以下几点：

· 端庄稳重，忌奇装异服

不管是教师自制的还是买的服装，不管布料好坏，只要得体端庄，都会给人留下一个自然美观的好印象。而那些社会上流行的超短服装、暴露服装、带亮片的布料、过多的装饰等款式，容易给人轻浮、躁动和肤浅的感觉，都不适合教师穿着。

· 干净得体，忌不修边幅

俗话说“笑脏、笑破、不笑补”，即使不高档，即使有些发旧，只要干净整洁，都可以作为教师的服装。相反，一个整天衣服皱皱巴巴、粘满污迹的人，即使他满身高档名牌，也会给人一种龌龊、拖沓的感觉，纵使他学识再渊博，课讲得再好，在学生中也不会有威信。

· 简洁大方，忌过多装饰

教师身上的饰物过多，很容易分散学生的注意力，影响教学质量。比如有些女教师佩戴很长的耳坠，随着头部的转动，耳坠来回摆动，这就不适合教师。还有项链、戒指、领结、胸针手链等饰物，作为教师，不是不可以佩戴，但一定要适当、适量，否则不仅影响教学效果，有损教师形象和自身在学生中的威信，还容易使学生盲目模仿，走入比穿戴的误区，影响学业。

· 衣着朴素，忌时装“展览”

有这么一位年轻女教师，她非常追逐流行，衣服一天三换，学生背后叫她“校园模特”。在她的课上，同学们的一项任务就是评价教师今天的穿着。这样的教师，在学生中的威信和教学效果是可想而知的。当然，不是说教师的服饰一年到头不应有变化，但要适度。

职业装是教师必不可少的装扮，西装加西裤的搭配，似乎太过于保守、墨守成规。

现在孩子们都有自己的审美观，如果老师始终保持一个传统保守的形象，学生就会觉得老师很“老土”，会与这样的老师保持距离。女教师的服饰色彩应该是明快的、温暖的。有研究表明，儿童乃至青少年，对明快、温暖的色彩特别感兴趣，所以，白、苹果绿、柠檬黄、天蓝、粉红、湖蓝、橘黄等颜色，是女教师的首选。

5 放“慢”你的生活节奏

现代人生活节奏加快了许多，很多人每天都在一种“快”的状态下生活，吃饭快，走路快，把自己放在一个飞速进行的生活状态下，长期处于这种生活状态很容易让自己“快”出病来，或者让自己进入亚健康状态。所以，教师要学会偶尔放慢脚步，用“慢”帮助自己调养身心，这对人体健康有非常大的帮助。

简单地来说，教师慢节奏的生活可以从下面几方面来实现。

· 慢餐饮

慢节奏生活的支持者们反对快餐，认为应该在轻松的环境下吃精心烹制的食品，讲究饮食的营养搭配和制作工艺，从头到尾地享受食物带来的乐趣。

· 慢读书

“细嚼慢咽”地读书可以完全沉浸在书籍的氛围中，给予细节更多的关注，这样做不仅阅读效果好，也能够带来更多心灵上的愉悦。

· 慢运动

如今，一种“每天一万步”的健身运动相当流行。医学研究表明，每天步行 1 小时以上的人，心脏局部缺血症的发病率比很少参加运动的人低 4 倍。中医认为，脚掌是人体的“第二个心脏”，人体的五脏六腑都与两只脚息息相关。人类脚踝以下有 51 个穴位，其中脚底有 15 个穴位。日行万步，就等于不断地在按摩第二个心脏。那么，请试想一下，在离家还有三站地距离的时候，如果改乘车为走路，你觉得如何？或许你会不假思索地说：“又耽误了宝贵的 15 分钟。”但换个角度想，在这 15 分钟里，你的全身都在运动，你所获得的远大于付出的这 15 分钟。

· 慢休闲

去迪厅蹦迪，到练歌房狂喊，这种大肆宣泄的现代休闲方式为崇尚慢节奏生活的人敬而远之。不接受任何大规模聚会邀请，而选择看一盘轻松愉快的影碟，预约一次美容护理，和家人外出野炊郊游，就是他们心目中理想的休闲方式。

· 慢旅行

缓慢旅行强调的并不是去哪里，而是在哪里。除了从历史遗迹入门，了解历史、宗教对当地人的影响外，还可以到街巷中去品味当地人表现在日常生活中的美感意识。缓慢的旅行更需要缓慢的步调。你可以不搭电车、巴士，而选择骑自行车或步行。你会发现，有缘接近当地人世世代代传承的幸福，是多么的幸运。

· 慢心态

你只要记住，人永远只能停留在一个时空中做一件事情，着急于事无补，心情就会平静下来，就不会被时间“捉住”，成为时间的奴隶。

当你的脚步慢下来，自然会发现生活的美好。

细嚼慢咽看似简单，真正做起来却很难，尤其是那些已经习惯了“速食”的人，让他细嚼慢咽地吃顿饭会更加困难。但这也是可以改变的。那么，吃饭时怎样做到细嚼慢咽呢？

· 把握好吃饭的时间。人处于饥饿状态时，吃饭速度就会非常快。为了能细嚼慢咽，最好在感到有点儿饿时开始吃饭，不要等到十分饥饿时再吃。而且每餐在固定时间吃，这样可避免因饥饿而过食。

·用小汤匙代替筷子。吃饭时，我们大多习惯用筷子。为了养成细嚼慢咽的习惯，不妨用小汤匙代替筷子。这是因为我们不习惯用小汤匙吃饭，吃饭的速度自然会慢下来。你可以按照这样缓慢的节奏来进食，一次只吃一小口，你会发现没等自己吃完一碗饭，就已有饱的感觉了。

·换左手拿筷子。大多数人都习惯用右手拿筷子，为了养成细嚼慢咽的习惯，不妨换左手拿筷子。夹菜速度变慢了，吃饭速度也会减慢，再也不能狼吞虎咽了，长期坚持下去，吃饭的速度自然就能慢下来了。

6 健康身体"洗"出来

民谚中有"冷水洗脸，美容保健；温水刷牙，健牙固齿；热水泡脚，胜吃补药，若要身体好，经常要洗澡"的说法。教师经常坚持洗浴洁身，可清除污垢、疏通气血，促进机体的新陈代谢，是卫生保健、防病祛病的重要方法。

·冷水洗脸

教师若每日晨起和午睡后用冷水洗脸，可使面部和鼻腔内的血管收缩。等冷水的刺激消失后，这些血管又会迅速产生反射性的充血扩张，这一张一弛，被人誉为一种良好的"血管体操"，促进了面部的血液循环，改善了局部皮肤组织的营养，大大提高了对寒冷的适应性。这种"血管体操"还能增强皮肤的弹性，增加皮肤的光泽润滑，减缓或消除面部皱纹，同时，冷水洗脸对大脑神经有较强的兴奋作用，可使人头脑更清醒、精神振奋、视力增强，对教师很有好处；对神经衰弱、神经性头痛、头晕脑涨也很有益处。此外，用冷水洗脸，可通过冷水对面部及双手的刺激，增加机体的耐寒能力，对预防伤风感冒、气管炎等呼吸道疾病，防止面部及双手冻疮也有一定作用。所以，俗话说"冷水洗脸，美容保健"是有一定道理的。

·温水刷牙

在日常生活中，有些教师认为刷牙水的温度高低无所谓，事实并非如此。医学研究表明，牙齿进行新陈代谢的最佳温度为35℃～36.5℃。倘若刷牙时不注意水温，经常使牙齿受到骤冷或骤热的刺激，不仅容易引起牙髓出血和痉挛，还会直接影响牙齿的正常代谢，从而发生牙病，缩短牙齿的寿命。尤其是患有牙齿过敏、龋齿、口腔溃疡、舌炎、咽炎的病人，冷或热刺激都会诱发或加重病情。而温水则是一种良性保护剂，对口腔、牙齿、咽喉都有保护作用。用温水漱口，还会感到清爽舒服，使口腔内的细菌、食物残渣更易清除。

·热水泡脚

晚上睡前洗脚以热水（不低于45℃）为好。我们知道，脚远离心脏，血管分支为最远端末档，皮下脂肪层又薄，加上冬天寒冷侵袭，人们活动量减少，致使足部血流不畅，血液供应不足，代谢产物不能及时排出去。如每天晚上睡觉前，用热水泡一泡脚，就能有效地促进局部血液循环，增加下肢营养供给，保持皮肤柔软，清除下肢的沉重感和全身疲劳。同时，热水对大脑皮层也是一种良好的刺激，有利于促进睡眠。此外，热水泡脚还可防止足部冻疮和皮肤皲裂。所以俗话说"睡前烫烫脚，胜似吃补药"了。

· 温水沐浴

中医认为温水沐浴不仅可洁身除垢，而且可疏通气血、促进机体新陈代谢、防病祛疾。一般沐浴 30 分钟左右为宜，水温取 39℃～50℃。对于洗浴的注意事项，医圣孙思邈曾提出“勿当风，勿湿”，“不得大热，亦不得大冷”等。温水沐浴确实是很好的保健方法，有许多患有慢性疾病的人就是由于经常用温水沐浴法，摆脱了疾病的困扰。

· 冷水沐浴

用冷水沐浴全身、洗冷水澡，通过冷水对皮肤的刺激产生一系列适应反应，可增强皮肤对寒冷的耐受力，增强血管弹性，使血压下降，心率变慢，对神经衰弱、消化道疾病等有一定的防治作用。应用此法应逐渐降低水温，逐渐延长时间，以不出现冷战、口唇青紫为度。妇女经期及心脏病人，冷水沐浴时间不能过长。疾病刚愈不可冷水洗浴，盛暑太热也不可冷水频浴。

总之，沐浴洗漱虽为生活中之琐事，但其保健之理深刻，教师须身体力行，才能受益无穷。

健康叮咛

每次吃完食物，反复几次用温开水漱口，能够使食物残留顺畅去除，是口腔保洁的好方法；吃饭前，使用温开水漱口，可以去除口中部分污物；睡眠前，使用温开水漱口，可清除口腔异味，冲去口腔内食物残留，使你清清爽爽进入梦乡。用温开水漱口时，大口含水，用舌头在口中反复“搅拌”翻滚。鼻吸空气，纳入胸腔，再屏住气，使劲突发外喷，水气齐射，心胸口鼻顿觉爽快。

7 牙齿健康三做三不做

牙齿是我们消化系统的卫士，也是教师站在讲台前的“门面”。拥有一口健康洁白的牙齿，不仅可以给人美观，更可以咀嚼食物，利于消化，还可以帮助我们发音。但牙齿的健康需要我们终身呵护。报告显示，我国 80% 以上的成年人有牙龈萎缩现象，而牙龈萎缩正是引起牙齿疾病的根源。教师若想有一口健康的牙齿相伴终身，就要注意牙齿的保健。

· 呵护牙齿，做好三件事

①多多咀嚼。咀嚼能健齿，能防病。我们在咀嚼时，大脑皮层的细胞就会得到活化，经常做咀嚼动作能预防大脑老化和老年痴呆的发生；咀嚼还能促进我们身体胰岛素的分泌，调节体内糖的代谢，有效预防糖尿病，并对糖尿病的治疗有很大的帮助。此外，咀嚼时唾液会增多，这些唾液除了含有大量的淀粉酶帮助消化外，还含有足够的溶菌酶，能够杀灭口腔和食物中的细菌，中和或消除食物中的有害物质，因此多咀嚼还能防癌。

②定期洗牙。洗牙，医学上称为“口腔清洁术”，是指用手术器械和超声波洁牙机除去牙体上附着的牙石和牙垢，磨光牙面，消除牙菌斑，使牙周组织炎症消退而恢复健康的治疗方法。对于洗牙是否对牙齿有害，很多人抱有一定的疑虑。事实上，刷牙是不能代替洗牙的。这是因为牙刷只能刷到牙齿的正面和上面，却无法刷到牙齿的背面和侧面。而洗牙可以通过一些物理和化学的方法祛除牙齿各个面上的牙菌斑和牙石，从而达

到彻底清洁牙齿的目的。

③睡前一定要刷牙。人的口腔是细菌最多的部位。据实验证明，每一克牙垢就有100亿个细菌，而当夜间人们睡眠时，它们繁殖得最快，其原因是睡眠时口腔保持静止，最适合细菌的繁殖。如果睡前不刷牙，白天的食物残渣附着于牙齿表面，特别是堆积在牙缝里，容易发生龋齿或牙周炎。医学专家指出，晚上刷牙比早上刷牙更重要。

· 牙齿健康，别做三件事

①饭后立刻刷牙。口腔学专家发现，饭后立即刷牙有害牙齿健康。这是因为在牙冠的表面有一层釉质，进食食物特别是吃酸性食物或喝果汁后，其中蕴含的酸性物质能够使釉质晶体变得松弛，如果此时立即刷牙，就会把釉质晶体轻易刷去，久而久之，牙齿釉质逐渐减少，牙齿就容易受到损害。因此，饭后宜漱口，而不要立刻刷牙。

②剔牙。很多人喜欢在饭后用牙签剔除塞在牙缝里的食物残渣，这样对牙齿是不利的。经常剔牙，会使牙周组织长期受物理性刺激，造成反复溃烂和细菌感染，久而久之，会导致牙周炎、牙龈萎缩和牙齿松动。如果牙齿缝隙内塞有异物，可用漱口或刷牙的办法解决，最好不要剔牙。

③长期使用美白牙膏。美白牙膏的美白效果是因为添加了特殊的摩擦剂，只对抽烟、喝咖啡等引起的轻度牙齿变色者有用，对四环素牙、氟斑牙等深层着色者则基本没效。建议大家不要长期使用美白牙膏，特别是通过颗粒摩擦的牙膏会破坏牙齿表面的牙釉质，使牙齿表面变得粗糙，牙渍更容易沉积在牙齿表面。

牙膏的用量要把握一个度，不能过多，因为牙膏中含有一定量的摩擦剂，摩擦剂的主要作用是去除牙齿上的菌斑和一些外源性的色素，如果每次都用量很大，长年累月，对牙齿硬组织的磨损作用也较大，尤其是会磨损牙颈部的牙体组织而导致牙本质过敏。

8 家居健康的隐形杀手

缺乏锻炼和体重超标是导致背痛的两个常见因素，而错误的家具摆设也会增加患背痛的概率。以下是房子里最常见的引起背痛的“罪魁祸首”以及远离疼痛的解决办法，可供广大教师参考。

· 摆放不当的卫生纸架

如果坐在座便器上伸手拿卫生卷纸需要转身的话，对你的脊柱没有任何好处。

解决办法：提前备好卫生纸。你的卫生纸架离马桶远吗？在你坐下来之前备好手纸。如果忘了的话，伸手去拿时小心点，保持脊柱挺直。

· 造成损伤的家务活

擦高高的窗户或澡盆死角对你的背来说可能是一种无形杀手。旧金山整体脊椎矫正医生安·布林克利说：“突然的弯曲、伸长和扭动最不好，它甚至可能导致椎盘突出。”

解决办法：把家务活想象成一种运动，事先花几分钟热热身。为了举起重物，屈膝而不是弯腰。用整个身体推家具，不要只用背和手臂推。在用吸尘器打扫的时候，来回移步，而不是用上身的力量来移动吸尘器。

· 枕头的摆放决定脖子舒适度

枕头太高或太低都会让你的脖子处在一个不舒服的角度。

解决办法：正确的枕头摆放。不管采用哪种睡姿，目标是让耳朵、肩部和臀部保持在一条直线上。如果仰卧的话，将另外一个枕头塞到膝盖下面，再在背下面垫一个小点的枕头。侧卧的话，在两膝之间夹一个平平的枕头。在床上看书时，在背后、膝盖下面分别垫一个枕头坐直，然后再在大腿上放个枕头，让书离得更近，防止颈部拉伤。

健康叮咛

在生活中，经常有一些人把卧室装修得非常豪华，在卧室天花板上装上漂亮的大吊灯，而且正好位于卧床的上方，这将直接影响人的潜意识。尤其是当睡意渐渐来临，人的潜意识逐渐失去防护的时候，悬吊在床上的吊灯会使潜意识感到紧张不安。因此，最好不要在卧床上方安装任何灯具，只用床头柜上的台灯和设在天花板四周的嵌入式牛眼灯。如果你一定要在床的上方装灯，就装吸顶灯，而千万不要安装摇摇欲坠的吊灯。

9 摆床位置影响健康

“明明床也很舒服，枕头也很舒服，怎么一觉醒来还是浑身难受，就是不解乏呢？”相信很多教师都有这样的困扰。其实，不要小看床的摆放，摆放位置不适当是会影响睡眠质量，甚至影响身体健康的。

· 床不要放在窗边

第一，靠窗会因光线影响睡眠；第二，由于窗户是通风的主要通道，如果在睡觉时，不关窗，或者窗户关闭不严，会引起中风或者感冒；第三，窗户附近往往噪音很大，从而影响睡眠。另外，床的位置最好不要正对卧室门，否则同样会使卧室缺乏宁静感，影响睡眠。

· 双人床最好只有床头贴着墙，方便上下床

为了避免睡着时不小心碰到墙面受凉惊醒，床的两侧一般不靠墙。如果怕家中小孩从床上滚下去，或者是单人床，或者其他原因迫不得已需要床侧贴墙，最好在装修时，做一些墙面软包，或是在墙上围上软垫、床单。

· 床的任何一边都不要靠卫生间

现在很多卧室附带卫生间，摆床的时候要注意不要贴着卫生间那侧的墙。这是因为墙面易滋生细菌和霉菌，同时卫生间的管道噪声容易影响睡眠，对健康不利。

· 床的对面不要放置镜子

为避免夜晚起来时猛地看到镜中朦胧活动的身影而受到惊吓，床对面不要放置镜子。

· 床边不要放置玻璃器具和台灯、音响

床边放置带有大块玻璃的家具，起夜时可能因不小心碰到划伤。而台灯、音响等电器所产生的噪声和电磁辐射可能会影响人们的健康。

· 床不要对着空调风口

很多人装修的时候把空调装在床对面墙上，这对健康非常不利。空调直吹会引起中风、偏瘫，甚至面部神经失调等病症。

· 摆床时不宜东西朝向

这是因为地球本身具有地磁场，地磁场的方向是南北向（分南极和北极），磁场具有吸引铁、钴、镍的性质，人体内都含有这三种元素，尤其

是血液中含有大量的铁，因此睡眠东西向会改变血液在体内的分布，尤其是大脑的血液分布，从而会引起失眠或做梦，影响睡眠质量。

· 床下不要放置杂物

床下往往是不太透气的阴暗处，放上杂物，容易受潮发霉或滋生细菌。另外，平时也难清理，造成卫生死角。而在空间越来越小的今天，带有床屉的床成了很多家庭的最佳选择。专家提醒，床屉里往往阴暗不透气，行李被褥放在里面易受潮发霉滋生病菌，因此不宜长期放置。在取用床屉里的东西时，特别是新购买的人造板带床屉的床，要注意甲醛污染问题，尤其是放在床屉里面的毛毯、被褥，一定要先漂洗晾晒以后再使用，防止吸附在上面的甲醛损害健康。另外，平房和一楼因更贴近地表，更易受潮，所以不建议在床屉里放置杂物。

时尚永远不会被人们遗弃，健康当然更不该忘。在你为自己精心选择、装扮温馨的家时，健康细节一定不要忽视，否则真就变成“看上去很美却不中用”。请一定留意以下健康细节：

• 卫生间太潮易得病：潮湿的卫生间容易使真菌滋生、繁殖，诱发呼吸道疾病。所以，湿墩布应晾干后再放入卫生间；保持下水道的畅通；勤开排气扇。

• 巧除家中异味：花盆中掺一些鲜橘皮，壁橱、抽屉内放一包晒干的茶叶渣，炒菜锅中放少许食醋加热蒸发，都能去除异味。

• 屋里花多眼睛累：室内摆放植物要少而精，太多会破坏环境的整体感，不仅难以起到调节心情的作用，还会造成视觉疲劳。

• 选对窗帘睡个好觉：植绒面料的窗帘较为厚重，吸音、遮光效果好；选用红、黑配合的窗帘，有助于尽快入眠。

• 买家具，样品最环保：家具样品在空气中置放时间较长，甲醛、苯等有害物质释放比较彻底；样品多使用真材实料，有些厂家还会进行除醛处理。

⑩ 别让手机“伤”了你

如今是智能机普及的时代，其功能的全面和携带的方便，已经取代了电脑。手机控无处不在，无论是等车，吃饭，甚至躺在床上都不离手机。孰不知手机的危害是潜移默化的。

· 伤害眼睛

当在床上侧躺着玩手机时，会对左右眼造成较大的压迫力，压迫血管，造成供血不足，很快就会导致左右眼视力偏差。在黑暗的环境下看手机屏幕，由于屏幕的强光，对眼睛造成强烈的刺激，使眼疲劳，这样不出一个月就会近视，甚至散光。有关资料表明，用手机看文字图片相比书本报纸内容更费眼，也就是手机看东西需要更大的聚焦。

· 影响智力

在人体的血液循环中，需要保持正负电荷的平衡。而手机不断向外发射电辐射，会对这种平衡状态造成影响，长期这样就会使免疫力下降，容易疲劳，使身体处于亚健康状态。由于正负电荷的平衡与神经传导密不可分，所以当脑部神经传导受到损害时，就会导致智力下降。

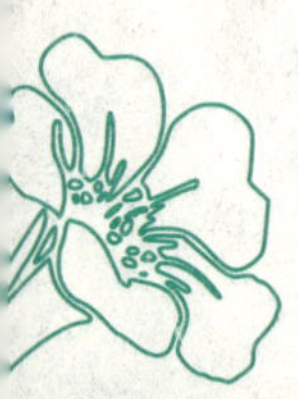

· 睡眠减少

充足的睡眠是健康生活的必要保障。因为玩手机时，人体褪黑素（由垂体分泌，直接影响睡眠质量）的生成就会减少，导致我们睡眠减轻，甚至睡不着。相信那些玩手机到半夜甚至更晚的人都有深刻的体会吧——根本就不困，不想睡。

· 易患疾病

手机会发射电辐射，其辐射强度与剩余电量无关，而与信号强度有一定关系。信号强度越大，辐射强度越高，对身体危害也就越大。电辐射会使细胞不能进行正常的代谢活动，对神经机能、心血管系统均有损伤，会导致肿瘤、心脏病、老年痴呆、耳鸣、听力下降等。

· 损害皮肤

手机辐射对细胞有很大影响，长期下去会使黑色素沉积，导致长斑。也会使免疫力下降，细菌生长，皮肤粗糙，甚至长痘痘。

长期玩手机会造成健康危害是一个老话题了，可是现在不少教师尤其是年轻教师对手机也是越来越依赖，很多人出门的头等大事就是记得带上手机，所以说健康玩手机变得尤其重要。可以尝试以下 5 招：

· 睡前玩手机屏幕调夜间模式

晚上躲被窝玩手机，尽量把手机灯光调低，智能手机一般都会有夜间模式。当手机屏幕过亮，与夜晚环境对比度过大，会使眼睛产生疲劳，建议玩手机时不要关掉房间所有的灯。

· 手机屏幕向下倾斜 45°

玩手机时不要把手机屏幕正对着眼睛，最好向下倾斜 45° 左右，也不要向上倾斜，否则脖子施力久了会酸痛。建议眼睛与手机保持 30 ～ 50 厘米的距离。

· 不要侧躺着身体玩手机

侧躺玩手机对眼睛的压迫最大，这样玩手机会造成左右眼睛的视力偏差，而且受压迫的眼睛容易造成供血不足，时间长了眼睛会出现膨胀感，出现短时性影像重叠。

· 不要俯卧身子玩手机

俯卧姿势玩手机，会影响手肘和脑部的血液循环，还可能造成颈椎以上慢性缺血。另外俯卧姿势容易引发疲劳，使人难以进入睡眠状态。建议仰着玩手机，但是时间久了双手会酸麻，可以在手肘下垫个枕头支撑，但要注意别让手机滑落砸到脸。

· 不要低头玩手机

如果长期低头玩手机，颈椎曲度会逐渐变小，导致神经受压迫，血管扭曲，身体局部供血不足，以至于患上颈椎病。早期往往是颈、肩酸胀不舒服，严重的会出现双手麻木。建议低头玩手机时隔半个小时活动一下颈脖和手臂。

手机越来越智能化，使我们的生活变得更加方便、快捷，可以增进我们与朋友间的交流，但不应该让手机主导我们的日常生活，而且如果沉迷于此，那么手机将会给我们的身体健康带来危害！

11 “二郎腿”跷不得

跷二郎腿是个人的自由，虽说不雅观，也算

不上“不良行为”。但从健康角度看，长期习惯久跷二郎腿，却可能“跷”出一些疾病来。对教师来说，久坐的时间不少，如果经常以跷二郎腿的姿势坐着危害就更大了。针对现代职业女性爱跷二郎腿的越来越多的情况，美国医生还曾专门为此发起过一项运动，要求妇女“停止交叉双腿一天”。

有人认为，跷二郎腿只是一种戒备或矜持心理的表现，有的人则把它看成是一种优雅的姿势，更多的人只是觉得这样比较舒服一些罢了。

事实上，跷二郎腿与性别、年龄并无多大关系，而且这种姿势对男女造成的伤害是相同的。长时间跷二郎腿的主要害处有：

· 影响精子生成

男子睾丸维持相对偏低的温度，有助于精子生成。高温会阻碍精子存活和生成。跷二郎腿时，下身因双腿叠压不透气，生殖器官周围的温度会升高，特别是在夏季，男性下身若是闷潮不透气，就可能导致精液质量下降，进而会影响生育。曾有调查显示，10个男性不育症患者中，有3～4个有跷二郎腿的习惯。

· 加重前列腺疾病

前列腺肥大患者，长时间跷二郎腿会压迫盆底肌肉收缩，使增生的前列腺向尿道管扩张，从而压迫尿道，由此造成排尿困难，严重者可导致闭尿。此外，跷二郎腿还会影响前列腺局部的微循环，使前列腺腺管排泄不畅，有可能加重慢性前列腺炎。

· 引起阴道炎等妇科病

女性跷二郎腿也会导致局部温度升高，引起出汗，这样在会阴处形成温暖潮湿的环境，引起致病菌大量繁殖，从而引起外阴炎或者阴道炎。久跷二郎腿，还容易造成盆腔内气血循环不畅，引起附件发炎。如果病原体经生殖道上行感染并扩散，有可能影响整个盆腔。另外，有痛经史者，如果常跷二郎腿，还可能加重痛经。

· 下肢静脉曲张

跷二郎腿时，膝盖受到压迫，影响下肢血液循环，两腿长时间保持一个姿势不动，血液运行受阻，很有可能造成腿部静脉曲张或血栓形成。严重时会出现腿部青筋暴突、溃疡、静脉炎、神经痛等。另外，个别人会因腓总神经长时间受压缺血，导致运动和感觉功能受损，可出现下肢麻木、酸痛，甚至突然不能行走的后果。

· 引起脊柱变形和腰背痛

人体正常脊椎从侧面看应呈“S”形，常跷二郎腿，脊椎有可能变成弧形状（“C”字形），造成腰椎与胸椎压力分布不均，引起脊柱变形，有的则会导致腰椎间盘突出，形成慢性腰背痛。经常跷二郎腿，还是加重颈椎病、腰肌劳损的重要原因之一。

· 诱发心脑血管病

跷二郎腿会导致血液上行不畅，使回流心脏和大脑的血液量减少或速度减慢。这会影响大脑和心脏功能，也容易诱发高血压、心脏病等，尤其是有心脑血管病的教师，更应警惕。糖尿病患者血液循环功能差，久跷二郎腿，还可能导致糖尿病加重。

所以，长期久坐的教师，或者有上述慢性疾病者，最好少跷二郎腿。如果一时改不过来，也

要有意识控制跷腿的时间，两腿切忌交叉过紧，坐一段时间后站起来走动一下。

健康叮咛

大多数教师的肌肉疼痛，与他们不正确的坐姿和不健康的工作习惯有关。科学家们把这些不正确的坐姿形象地分为三大类。第一类是“懒洋洋型”：这类坐姿的标准形象是弯着腰瘫坐在椅子上，后背的中部抵住椅子靠背，两手前伸握住鼠标。这类坐姿容易导致腰疼和消化不良。第二类被称为“电脑迷型”：人们常常在电影和电视里看到这类电脑迷的形象，他们的脸紧紧靠向电脑显示器，两肩高耸，两只手缩在电脑键盘上。这类坐姿常常会引起后背和脖子疼，导致颈椎问题。最后一类是“绘图员型”：他们往往把一只手长时间地放在鼠标上，这会导致背中部痛。

教师们要避免这些健康问题，就要采取正确的坐姿。可以把椅子调低一些，然后整个身体在椅子上向后挪，使你的整个后背可以舒服地靠在椅背上。另外，每20分钟离开桌子走几步也可以缓解肌肉的疲劳。

⑫ 教师应知“每天3分钟法则”

“不积跬步，无以至千里”，健康之道也是如此。3分钟，仅一瞬间，很不起眼，以下十个“3分钟”却能成就健康的生活方式，让你远离亚健康和疾病。

· 睡醒后养神3分钟

患有高血压、心脏病的教师，睡醒后应先在床上闭目养神3分钟再起床。这是由于在刚醒来的一刹那，大脑处于蒙眬状态，血液黏稠，脑部缺氧缺血，容易跌倒，是最危险的时刻。起床方式稍稍改变一下，即可减少发生脑中风的几率。

· 测温3分钟

许多疾病特别是感染性疾病往往都有体温的改变，测量体温也是教师自我保健技能之一。

· 每次刷牙3分钟

刷牙是为了把牙齿的外面、里面、咬合面等各个牙面上的菌斑都去掉。这个工作量不算小，大约有80多个牙面需要清洁。要常常改变牙刷的位置，慢慢地在每个牙齿的所有牙面上转动，一把牙刷在同一时间里只能刷到2～3个牙齿，因此每次刷牙3分钟才能把所有牙齿都刷干净。

· 开水泡茶3分钟

饮茶应当留意时间差，泡茶3分钟，茶中的咖啡碱基本上都渗出来了，这个时候喝茶，能提神振奋。如果人们要避免茶后兴奋，只要将第1道泡的茶水在3分钟内倒掉，然后再冲泡品尝，便可安心养神了。

· 吃热喝凉间隔3分钟

寒冬，亲友聚餐，吃完热菜、喝下热汤之后如果立即吃冷饮，血管会急剧收缩，使血压升高，可出现头晕、恶心等症状。所以建议大家如果吃完了热的想喝点冷饮解渴，最好间隔3分钟，以减少对胃部的刺激。

· 运动间隙3分钟

参加运动的人都有运动时上气不接下气的经历，这时应稍微歇歇。通过运动间短暂的3分钟停顿休息，人的肌肉就能完成足够的能量补充，以备下一次运动使用。而更长的休息时间不会带来多少益处。

· 蹲厕不超过3分钟

蹲厕时间过长，会引起直肠静脉曲张，长此以往自然会使直肠静脉长时间受压，导致淤血形成静脉团，诱发痔疮。一般认为，超过3分钟的蹲厕时间，就可能导致痔疮的形成，轻重程度也由时间长短决定。

· 滴眼药水后按内眼角3分钟

滴眼药水后要轻轻闭眼，用食指压住内眼角3分钟。如果不这样做，眼药水会很快流入泪管，随后进入鼻腔。这样不仅药液在眼球表面停留的时间短，药效作用不充分，而且眼药水流入鼻腔易被鼻腔微血管吸收，增加了药水的副作用。

· 生气不超过3分钟

按中医理论，“怒伤肝”。为小事而生气的人，生命是短促的。好心情比什么都重要，生气不该超过3分钟，尽快宣泄，保持情绪的稳定。

很多人因呼吸太短促，使空气不能深入到肺叶下端，导致换气量少，所以大多数人一生只使用了肺的三分之一。

在空气新鲜的户外，每天做3分钟的腹式呼吸。具体方法是：先慢慢地由鼻孔吸气，吸气过程中，胸廓上提，腹部会慢慢鼓起，再继续吸气，使整个肺充满空气，这时肋骨部分会上抬，胸腔会扩大。这个过程一般需要5～10秒，然后屏住呼吸5～10秒，然后吐气，接着开始再一次的呼吸。

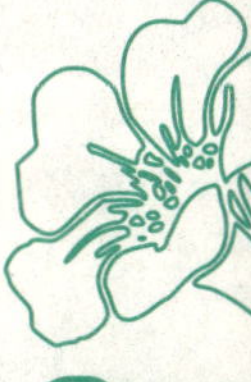

第六章

职场保健细节：健康教学每一天

教师要想保持健康的身体和良好的精神状态实在不容易。因为教师的工作需要长时间站立或是坐着，而这样的工作状态很容易导致生病。“蜡烛成灰泪始干”，这句话很多时候都被用来形容老师的无私奉献。作为辛勤的园丁，在培养祖国花朵的同时也不能忘了自己的身体健康。因此教师应该学会一些职场养生的小秘诀，并将它们运用到实际工作当中，不要让工作“伤”了自己。

❶ 不做拼命三郎，学会忙里偷闲

现实生活中，一些教师常常为如何工作得更出色、生活得更好而烦恼，无形中给自己施加无以复加的压力，终日愁眉不展，造成情绪异常。长期情绪不稳定易于造成具有攻击性的性格；有些人过去对自身的着装、仪表非常在乎，想要给他人留下一个好的印象。但随着自身压力的增大，对于这些也丧失了兴趣。与此同时，还出现注意力不集中、情绪不稳定、对自己沮丧、丧失信心、缺乏自我认同等状况。

要知道，人生不仅需要工作，也需要休息；不仅需要忙碌，也需要休闲。我们不能无休止地忙，人生如果没有休闲，就像一幅国画挤满了山水而不留一点空隙，看上去缺乏美感。人生没有悠闲，就无法体味和享受人生。

在一次大学课堂上，一位教授举起一杯水，问道："这杯水有多重？"有回答二十克的，有回答五十克的，还有的同学提出了计算的方法和具体步骤，答案各异。最后，教授说道："其实具体多重并非关键，关键在于你举杯的时间。如果你举了一分钟，即便杯子重五百克也不是问题如果你举杯一个小时，二十克的杯子也会让你手臂酸痛。"其实人生又何尝不是如此，有的教师总把压力压在肩上，总有一天会不堪重负。正确的方法就是，放下水杯，休息一下，以便再次举起它。

休息、放松、再举起。看似很简单的道理，可处于现实中的我们却总是参不透。如今我们因为繁重的工作压力而变得异常烦躁，有时会因为一点点小事而郁郁寡欢，我们的神经随之变得越发脆弱，不堪一击，进而对自己丧失信心，缺乏自我认同，对生活失去信心。

其实在我们面临紧张的生活时，不妨停下脚步，想一想人生这个看似深奥却不能不想的问题：人生不仅需要工作，也需要休息；不仅需要忙碌，也需要休闲。盈则亏，古人说的"一张一弛，乃文武之道"就是这个理。

鉴于此，教师应正确把握松弛之度，学会"忙里偷闲"，放松心情，把忙与闲有机结合起来，在人生的道路上，只有踏着轻松和谐的生活节奏前进，才有利于工作和身心健康。如果顾此失彼，不仅会影响工作效率，还会影响生活质量。

由于社会竞争、工作压力的急剧增加，越来越多的人有"工作狂"的倾向。同时，社会对于这些具有"工作狂"倾向的人还表示了"赞赏"。

"工作狂"往往忽视个人需要和承受能力，自视过高或过低，难以接受真实的自己，使人从心理上完全从属于工作。可以说，"工作狂"已是一种潜伏性很强的疾病了。有时他们为了达到对精神状态的刺激作用，对自己的强制性（即每天的工作时间、工作强度）逐日加强。渐渐地，这些"工作狂"便埋下了疾病的隐患。

❷ 伏案午睡伤眼又伤身

许多忙碌了一个上午的教师，吃完午饭后通常会在桌上趴着休息一会儿，缓解一下身心的疲劳，为下午的繁忙养精蓄锐。有些教师似乎很享受这种伏案午睡的方式，实际上这是一种伤眼又伤身的举动，危害健康。

伏案而睡会导致身体各部位出现不适，例如长时间把头部枕在手臂上，手臂的血液循环受阻，神经传导受影响，极易出现手臂麻木、酸疼等症状；经常趴着睡觉会压迫到眼球，造成眼压过高，等你醒来后会发现短时间内视力变得模糊，如果长期这样的话就会导致眼睛变形，严重的会患上青光眼；趴着睡觉还会压迫胸部和内脏器官，影响呼吸，加重心脏负担。

那么教师应该如何睡午觉，何时睡，什么睡姿，睡觉时需要注意什么呢？赶紧熟读以下的午睡要点吧，它们会让你的午睡变得健康起来。

· 充气颈枕是必备

正确午睡的睡姿，原则是不压迫内脏器官，这样才有利于休息，像伏案而睡这种睡姿是应直接否决的。由于条件所限，可以准备一个旅行用的充气颈枕，午睡时套在脖子上，再找一个有靠背的椅子，放松地坐着便可享受午睡了。

· 备上毯子以保暖

不要以为午睡时间短，而且又是夏天就可以忽略午睡保暖的步骤。人在入睡后肌肉松弛、毛细血管扩张，汗毛孔张大，保暖不当容易患感冒或其他疾病。所以在办公室午睡时要注意免受风寒，除了避免在空调、电扇直接吹向身体的地方睡觉，还要备上一条小毛巾被以保证睡眠时的温暖。

· 午餐后不能立刻午睡

中午短暂的休息时间对于教师来说是争分夺秒的，所以有些教师一吃完午餐，就马上躺下午睡。这是不可取的，其结果会导致大量的血液流向胃，血压下降，大脑供养及营养明显下降，易引起大脑供血不足。最好是午饭后休息十几分钟再午睡。还有，建议睡前不要吃得太饱或太油腻。

· 醒后要有缓冲时间

一般午睡后，人在初醒时会有些许恍惚感，此时不要着急马上工作。最好先喝一杯水，清醒一下后再投入工作。

有的教师乘车去上班时习惯坐在座位上打瞌睡，尤其是那些离学校较远的教师，睡得晚，起得早，上班途中往往在公交车或地铁里补觉。这种看似“分秒必争”的习惯，其实对身体有百害无一利。或许大家还不知道，每天的这一点点小睡，不但不能消除疲劳，反而可能会“酝酿”出很多疾病。

因为在车上补觉很容易受到噪声、光线、车体晃动等因素的干扰，难以进入深度睡眠，人的疲劳难以消除。同时，在车上耷拉着脑袋睡觉易使一侧脖子疲劳而落枕，长此以往损害颈椎健康。而车门开关和换气风扇吹来的凉风，还容易使人着凉感冒，个别人甚至会发生面瘫。突然的刹车或撞车，还容易导致鞭动性损害，伤及颈椎或脑干。

3 教师的两大解乏提神方法

天气闷热，不管是待在冷气房，还是阴凉的角落，不知不觉就会开始打瞌睡，特别是午后。当然，最棒的解决方式是小盹一下，但上班时间学校不可能容许你睡觉，那么教师该如何让自己通过简单的保健方法提振精神，避开昏睡高峰期呢？不管你是因为什么原因的昏睡，都可以试着用以下的方法获得舒解或放松，保障职场健康。

· 拳头按压释放疲惫

拳头握紧，放在耳朵斜后方，靠近颈部中央的头骨位置，闭上眼睛，头往后仰，感觉拳头支撑着头部的力量，会有一种放松的感觉，能释放疲惫感。

· 指弹轻敲赶走疲倦

①头昏眼花时，用手指头尖端轻轻拍（敲）打头部，是不错的提神法。先敲头顶部位，再将后脑勺分为左右两区，仔细地轻轻拍打。这没有特定的技法，但力道要轻柔，否则会越敲越晕。

②从颈部下方到乳头可划出黄金三角胸腺区，你可以用手指头轻敲这个区块，能够舒缓胸闷郁结之气，使胸阔气顺，充满精神。

呵欠是人在供氧不足、大脑运转迟钝时嘴自然张开的深呼吸，也就是说，是一种生理现象，它吸进氧气，吐出二氧化碳，使脑细胞的运转活跃。当身体感到疲劳或困倦时，就会情不自禁地打呵欠。这是一种信号，表明需要休息或换个环境了。

早晨起床后或者久坐后打呵欠，是要使自己迅速清醒过来，振作精神。发困或入睡前打呵欠，则表示大脑皮质的活动将进入抑制状态。长时间工作后感到疲劳时，如果打几个呵欠，大脑就会顿时觉得清醒。

打呵欠使人精神放松，这不仅是因为打呵欠时吸入的氧气增多，而且还由于头颅、胸腔及其他部位的肌肉伸缩活动增加，使循环系统得到改善。

4 别让厌职情绪伴随你

日复一日地重复相同而琐碎的教学事务，会让人有一种被掏空的感觉，职业疲倦便自然产生；如果再很少获得领导的表扬，或者经常得到不好的评价，他们就会出现无助感，进而产生厌职情绪。

其实厌职情绪也是一种“病”，它会让教师渐渐失去工作的冲劲、动力和兴趣，对工作的意义产生怀疑，甚至不相信自己的工作能力。如果不能及时找到走出厌职情绪的突破口，其职业生涯发展将会受到影响。

那么，教师应该如何进行自我调整，消除厌职情绪呢？

· 树立工作的使命感

只要在工作中树立起使命感，明确自身要实现的人生价值，就能在工作中产生前进的动力。教师不妨主动为自己出点难题，因为每天都有问题需要处理，自然就会感觉活得很充实。只要坚持不懈，你就能发现自己每天都在进步，也会感到非常快乐。

· 制定明确的职业规划

每天少想一些虚无缥缈的事情，多安排一点切实可行的工作任务。身为教师，更加需要考虑清楚有关职业发展的每件事情，将追求的理想职业划分成尽可能具体的各个阶段。

· 放松心情，赶走压力

情绪的高低起伏，也是导致厌职情绪产生的原因之一。心态调整不当，就有可能落入情绪抑郁的恶性循环中。

听听喜欢的音乐，是放松心情的有效方法，轻柔、明快的乐曲总能把思绪带回快乐老家。不管你的情绪有多不好，只要聆听一下喜欢的曲子，顿时就能感到神清气爽。想办法暂时告别工作中

的压力，轻松轻松，不仅能让你发现生活中的乐趣，也能为接下来的工作鼓足干劲。

· 妥善处理同事关系

如果你每天早晨一想到上班就会害怕，部分原因可能是你与周围的同事相处得不好。虽然你不喜欢与他们一起工作，但最起码也应该和他们和谐相处。当你在校门口对人微笑时，别人会报以微笑，在办公室也是如此。

以礼相待是人的本性。虽然你很难与互不理睬的人一夜之间就建立起亲密关系，但是如果你真诚地去改善关系，你的同事迟早会察觉到这一点。

· 让工作环境充满新意

若想改善厌职情绪，你可能需要把工作环境变得焕然一新。陌生的工作环境能够让人感到好奇、兴奋、新鲜，什么事情都想跃跃欲试；而当你逐渐熟悉了工作环境之后，这些心态将渐渐远去，体验到的更多是谨小慎微、程序化地完成工作任务。长期如此，工作积极性自然下降。

为此，你可以想办法为自己创造各种陌生环境，让好奇、兴奋、新鲜的心态永远存在，让心灵感到永远充实。除了工作环境，你还可以另外开辟学习的各种环境，为自身的进一步发展充电加油，比如积极参加单位或者社会的相关培训，努力争取在不同场合结识专业人士。

如果要消除厌职情绪，你就必须保持良好的工作心态，学会喜欢自己的职业，合理安排工作和生活的节奏，这样才能找回原本充满激情与活力的自我。

善于安排时间和精力的人，总是感觉到生活很轻松，工作非常愉快。为了达到这种境界，你应该对所有的工作都做好计划，并在规定的时间内完成。工作结束后，你就要充分享受自由的闲暇时光，切忌将工作再带回家。

对于个人的工作和生活进展可以定期进行“标记”，以便了解目前已经结束和尚未完成的工作内容；对于没有完成的任务，你应该规划好完成的时间，并在某个时间段内合理分配自身精力，使工作、学习、生活、娱乐变得更有效，并进入良性循环，从而让你实现自我提升。

5 “赶跑”办公室里的坏心情

由于生活和工作节奏的加快，教师的烦恼似乎也越来越多，有时坐在办公室会莫明其妙地发脾气，而这些无名之火又是不适合在办公室里蔓延的，那么如何才能赶走这些办公室坏情绪呢？

· 该发泄时就发泄

有时摆脱坏心情的最明智做法就是别抑制它，而是任其发泄 3 ～ 5 分钟。但要设定好自我放纵的界限，趁办公室无人时哭上几声，或拍打一下桌椅，跺一跺脚。

· 故作好心情

有时伪装好心情也会让你的坏情绪在不觉间悄悄溜走。当你的坏情绪涌上心头时，不妨努力伸一下懒腰，做几次深呼吸，去打一个短暂的电话，试着强制自己微笑 3 分钟。

· 迅速进入工作角色

当不愉快的事情降临到头上时，不妨迅速进入工作角色。实在不能投入工作，就去帮同事的忙，烦心事很快会被你的忙碌冲掉。

· 回忆美好时光

回忆美好时光是释去坏心情的一剂良药。如回忆你的衣着打扮赢得同事赞美时，你有多么骄傲啊。

· 暂时置身事外

被工作压得喘不过气来的时候，干脆暂时放下手上的一切，舒缓一下紧绷的心情，让自己放松一下。

· 品饮一杯茶

紧张得不知所措时，先泡上一杯茶，慢慢地一小口一小口地啜饮，在品味茶香的过程中，紧张顿消。

· 哼一首自己喜欢的曲子

很多资料表明，音乐能改变人的情绪。花 5 分钟哼唱你最爱的那首古老而经典的歌曲儿，感受新的自我。无他人在时可大胆地高声唱出来。

· 学会释然

有些问题根本没有解决办法，抽出三五分钟，试试下面的小窍门：静静地望着窗外，或闭起双目，想象轻松愉快的事。思想控制情感，如果你设想烦恼消失了，实际上就会感到心胸豁然开朗。

轻轻按摩头部、面部，尤其是眼睛四周与太阳穴。放节奏舒缓的轻音乐。用耳塞轻轻堵住双外耳，并闭目，然后在尽量减少外界刺激的情况下，任凭大脑做非主动的缓慢游思。就如同仰躺着飘浮在无人的海上，微风抚面，海水正蓝……在冥想中，到你想去的任何地方：阳光、沙滩、海浪，或者晴空、白云、草场……

专注地呼吸，或将意念集中于两眉之间，或丹田的位置，此时脑中若有出现杂念，不必刻意

不去想，只要专心致志，杂念便会自然溜走，或者可尝试想象杂念是一团云，然后渐渐散去……白日梦是一种放松及集中精神的过程，从而进入潜意识，并“输入”正面信息。

6 上班时“搞点”小动作

学校办公室地方虽小，空闲时间虽然不多，但教师完全可以将有限的资源利用起来，就利用这些狭小的空间，短小的时间，做做小运动，赶走身体的小不适。

· 咬咬牙

可拉动头部肌肉，促进头部血液循环，进而起到清醒大脑、增强记忆力的功效。反复紧咬牙齿，又能促进口水分泌，口水中含有腮腺素，而腮腺素有延缓衰老的作用。所以，经常“咬牙切齿”可使大脑清醒，延缓衰老。

· 抬抬腿

如果可能，将两腿高高跷起放在办公桌上数分钟，休息会儿，不仅可以减轻脚部和腿部静脉的压力，还可使头部的供血量大大增加，让你长时间绷紧了的神经得以放松，神清气爽。

· 摇摇头

脑袋由颈部支撑，颈部的作用不容小觑，颈部由颈椎关节、血管、肌肉、韧带等组成，摇头晃脑可使这些组织得到活动。这样，不但可以增加脑部的供血，还可以减少胆固醇在颈动脉血管的沉积，不仅有利于预防中风，还有利于高血压、颈椎病的预防。

· 摸摸耳

人体各器官均有神经末梢聚集在耳朵上，拉引、按摩耳朵能通过神经末梢对各器官进行刺激，调理人体脏腑机理，使肌体得以改善，达到强身健体的作用。同时，人的面部也有丰富的毛细血管和淋巴管，有供血充足的动脉，有高度警觉的神经，有三十多个穴位，摩擦面部等于刺激穴位，按摩经络，可以促进血液循环和新陈代谢，使人心情愉快，头脑清醒。

· 伸伸腰

教师活动的机会少，常常一坐或一站就是一两个小时，这时你不妨伸个懒腰，这虽是一个简单的动作，却会给你的健康带来意料不到的效果。当身体长时间处于一种姿势时，肌肉组织的静脉血管会淤积很多血液，这时伸个懒腰，会引起大部分肌肉舒张和收缩，很多淤积的血液被赶回心脏，将肌肉中一些废物带走，从而消除疲劳。

人一旦紧张时，可以通过调整呼吸放松情绪。我们可以掌握一些呼吸方法，哪怕工作再忙，也可以利用喝水间隙给自己一个缓冲。

• 腹式呼吸：缓缓吸气，使腹部鼓起，然后再把气慢慢呼出。动作从容舒适，像熟睡之态，具有安定神经的作用。

• 上胸式呼吸：将两手掌按在锁骨上，然后上胸部扩张吸气，待吸气后再向外呼气。呼吸要均匀，节奏可逐渐加快。

• 节律呼吸：走3～4步用鼻吸气，再走3～4步用鼻呼气。步速与呼吸节律要很好地配合。

• 强烈呼吸：先吸足气略憋片刻，然后将嘴噘成圆形向外急速呼气3次。其动作似吹口哨一般。

• 激励呼吸：先吸足气略憋片刻，然后通过齿缝向外呼气，并发出“嗤嗤”声。

7 警惕办公室里的隐形“杀手”

经常无缘无故地感到疲劳，常感冒，胸闷、头晕脑胀、眼睛干涩、喉咙不舒服……别把办公室空气污染不当回事儿，每天好几个小时待在办公室，教师更需要有健康呼吸的办公环境。除了打印机、复印机等办公设备隐患外，以下几种办公室污染也是教师健康的“杀手”。

· 空气

隐藏细菌：细菌有很多种类。

危害：空气混浊，会引起多种疾病。

危害来源：大家都在这里办公，办公室的空气质量不好。

避免方法：开窗换气。

· 电脑键盘

隐藏细菌：大肠杆菌。

危害：大肠杆菌的危害主要是腹泻，最严重的后果是肠出血。一般是因为食物被污染或者是用不干净的手抓东西吃。

危害来源：电脑键盘是很不好清洁的，吃东西掉下的碎屑，抽烟的烟灰等都躲在键盘的缝隙里。

避免方法：少在电脑前吃东西、抽烟。有空的时候就拿出来抖抖，用布擦干净。下班的时候用布盖住。

· 电话

隐藏细菌：葡萄球菌。

危害：主要感染呼吸道。近年来因为感染葡萄球菌生病的人多了起来，这种细菌虽然不是很容易感染，若感染到下呼吸道，就可能导致比较严重的肺炎。它还是一种耐药菌，普通青霉素对其没效果，很难被清除。

危害来源：打电话和打手机时多贴在脸上，我们对着话筒说话的时候，经常会有一些飞沫、流痰喷溅在上面。

避免方法：勤洗手；打电话的时候声音放低，避免口水喷溅；缩短打电话的时间。

· 饮水机

隐藏细菌：副流感病毒。

危害：一旦发病，可就是重感冒了。

危害来源：主要是肠道疾病，使人上吐下泻。虽然每天都换饮用水的桶，可机器内部、出水口的清洗都容易被忽视，长时间下来，会堆积水垢。

避免方法：及时清洗饮水机，如果发现不舒服一定要尽早就医。

· 饭桌、办公桌

隐藏细菌：沙门氏菌。

危害：主要是肠道疾病，让人上吐下泻。

危害来源：有的教师中午在办公室吃饭，用餐后的食物残渣、零食包装袋、饮料罐子都是沙门氏菌的好居所。

避免方法：吃完饭后要清理干净。

对于很多教师来说，除了家里，大部分时间几乎都在教室和办公室里度过，所以教室和办公室的环境很重要。那么，教师该如何创造健康的“大环境”呢？

· 开窗通风，这是净化空气最好的方式。教室和办公室应保证每天开窗换气不少于两次，每次不少于15分钟。还可以增加一些空气净化、加湿设备。

· 在保证工作效率的前提下，打印机、复印机、传真机数量越少越好。这些设备最好放在走道、独立房间或其他通风较好的地方，别放在办公桌上。

· 教室和办公室不要堆放过多杂物，纸张最易沾染灰尘，不用的及时清理。

· 办公室应该多摆放一些有净化效果的绿色植物，最好保证每人有一盆小绿植，每5人有一盆大叶植物。

· 全办公室教师达成共识，把手机调成静音，说话、接电话尽量轻声细语。中午关灯，拉上窗帘，休息20～30分钟。

8 用绿色植物装扮办公环境

绿色代表生机与希望，办公室摆上几盆绿色植物，不仅可以营造清新美观的小环境，调节心情、缓解压力，还可以吸收电磁辐射和有害气体、净化空气……随着教师健康意识的增强，用绿色植物装扮办公环境成为了一种潮流，市场上也随之出现了各种适合在办公室或办公桌上摆放的绿色植物。如今，在学校办公区，在办公室桌上、窗台放盆花花草草已屡见不鲜。

· 办公室放绿色植物好处多

对于教师来说，每天有8小时以上的时间是在教室和办公室里度过的。日复一日面对着相同的办公环境，忙碌着重复性很高的工作，人们难免会产生烦闷和压抑情绪。

此时，若在办公桌上摆放一盆清新淡雅的绿色植物，不仅能时时调解心情，还能让办公环境富有生气，从而缓解压力，提高工作效率。

· 选购绿色植物有讲究

要想在办公室里养好绿色植物，首先需要了解植物的特性，然后再根据办公室的环境进行挑选。养花专家介绍，植物特性主要包括习性和功能两方面，其中习性分为喜阴和喜阳两种。因此，在挑选绿色植物时要充分考虑办公室的光照情况，如果光照条件好，则可以选择需要经常浇灌的植物，并将其放置在向阳的位置上；如果光照条件较差，则最好购买喜阴的蕨类植物，这样才容易养活。

办公室最适宜选择四季常青或能吸收有毒气体的花，如吊兰、君子兰、万年青、仙人掌（球）、芦荟、常春藤等。这些花能较好地清新空气和杀毒，比如吊兰能清新空气，杀菌，有效吸收甲醛和二氧化碳，还能分解复印机、打印机排放出来的苯，并能吸收尼古丁，有较强的净化空气功能；芦荟对一氧化碳、二氧化碳有很强的吸收作用，还能吸收烟雾，净化室内空气；仙人掌（球）放在电脑旁边有防辐射的功能。

· 养好绿植，勤于打理是关键

办公室花卉、绿色植物要做到精心养护才能美观漂亮、生机盎然。首先保持绿色植物适宜生长的温度，一般在15℃～20℃，要定量施肥和浇水，防止因浇水过多导致死亡；其次要学会换盆移植，生长三年后，就要换大盆移栽，通过换土换盆，提高其生长空间和所需养分，从而保证植物的长势，恢复其生机活力；最后是做好枝叶修剪，修剪不仅能保证花长势美观，也能有效预防病叶病枝的出现。

对于粗肋草、尖叶芋、观音莲、发财树、福禄桐、石菖蒲、龟背竹等观叶植物，都可以小盆栽，也可随意剪取水培、瓶插。虽然它们基本上不开花，但很漂亮，都适合在室内半隐蔽环境下生长；喜欢周围空气湿润，但盆土不能水涝。所以，有时间对叶片喷一点水，盆土干透了（叶子发蔫）浇一次透水，或者一个星期浇透水一次即可。

对于红掌（花烛）、凤梨、白鹤芋等开花植物，花期长，四季常绿，适合半隐蔽环境生长。因此，在室内长期栽培，可以花开不断。它们的护理方法与观叶植物基本相同。不过，因为要开花，对日照、光线有一定要求，最好放在靠窗户边的地方，并要经常开窗透气。

园艺因其具有活泼的生命力，在工作与保健上有想不到的助益。白色的花具有促进人际关系、净化气体的力量；黄色的花可激发向上的力量，助于工作；蓝色的花带来祥和、冷静的判断力；红色的花是活力与精神的代表；绿色的花有助于健康，代表安全与安心，对心脏跳动的安定性有帮助；紫色的花则可使头脑清楚，增加艺术感。在花的应用上，若平时总易焦躁不安、抑郁悲观，则非常适合摆设绿、白、紫色相搭的花。

9 教师电脑操作“六规范”

电脑已成为现代教学不可缺少的工具，但同时也给教师健康带来了很多问题。长期使用电脑不仅对眼睛，对颈椎、心理等等都会产生很大的副作用。那么教师在使用电脑教学时应该如何保健呢？

· 注意保护眼睛

电脑产生的辐射会伤害眼睛，引起眼干涩、视觉疲劳。我们应该做到：每操作电脑 1 小时，到户外活动活动，举目远眺；做眼保健操；多吃富含维生素A和 β－胡萝卜素的动物肝脏、蛋、鱼、牛奶、胡萝卜、菠菜、枸杞子等，以补充在荧光屏前工作时视网膜消耗掉的视紫质。

· 合理膳食，多喝水

早餐吃好，营养要充分。中餐多吃富含蛋白质的禽、蛋、鱼、肉和豆制品，晚餐宜清淡。多吃新鲜蔬菜和水果，多喝茶，因为绿茶中的茶多酚具有抗辐射作用。

· 操作电脑的姿势要舒适

应选用可调节座位高低的靠背椅，坐时腰部挺直，紧靠椅背，保持最佳舒适姿势。屏幕下缘的高度应比眼睛的平行线低 20 厘米，屏幕上缘应与前额的高度基本持平，眼睛与屏幕的距离应在 40 ～ 50 厘米，使双眼平视或轻度向下注视荧光屏，这样可使颈部肌肉放松，并使眼球暴露面积减小到最低程度

· 室内光线要适宜

室内照明应柔和，光线不过亮也不要过暗。电脑屏幕的位置应与窗户成直角，不要面向窗户或背向窗户。窗户应挂窗帘或百叶窗，避免光线直射到荧光屏上。

· 保持皮肤清洁

开机时，荧光屏产生大量静电，吸附空气中的粉尘、污物，落在皮肤上堵塞毛孔；电脑产生的辐射会使皮肤发干，出现红疹、红斑。因此，工作结束时，应彻底清洁面部和手等暴露部位。

· 保持室内良好的工作环境

室内温度和湿度要适宜，最佳温度为 21℃～ 24℃，湿度为 55% ～ 60%。天气干燥时，可在室内摆些花草或放一盆清水。在天气晴好的时候，应定时开窗通风换气，促使室内空气中的正离子和其他有害气体排出，增加室内新鲜空气。

资料表明，有 35% 以上的在电脑前工作的女性出现痛经、经期延长等症状，少数妇女还发生早产或流产。世界卫生组织的研究指出，孕妇每周使用 20 个小时以上电脑，其流产发生率会增加 80% 以上。同时，也可能导致胎儿畸形，这些与电脑的 VDT（视屏显示终端）的极低频电磁场有关。此外，长期从事电脑作业，精神紧张、心理压力大、易全身疲劳，乳腺癌的发病率也比一般人要高出 30% 左右。

因此从事电脑作业的女教师应定期进行职业健康监护。在操作时，注意与屏幕保持一定距离，与电脑后侧和两侧的距离不应短于 100 厘米。教师妊娠头三个月内应避免电脑作业，三个月后应限制操作时间，同时加强营养，增加高蛋白饮食。

第七章

心理调护细节：给教师心理“松松绑”

很多人都认为教师这个职业工作轻松，假期相对较多，是一份不错的工作。其实，大家看到的只是外表，教师每天都要承担较大的教学压力，导致不少人患有失眠、焦虑、抑郁等症状。面对压力我们要勇于卸下沉重的思想包袱，打开心中那道阀门，泻出烦恼的洪水，在人生的道路上走得更轻松、更长远。也唯有学会调整，学会为心灵减压，才能将郁闷阻隔在心门之外。

1 教师心理健康不容忽视

教师承载着教书育人的重大责任，他们总是关心孩子的健康成长，却忽视了自身的心理健康问题。不可否认，由于受到各方面压力的影响，教师的心理健康问题并不乐观。因此，我们应该要多关注教师的心理健康。

· 教师心理健康问题的原因

教师心理健康问题的原因有三，分别是过高的期望值、超负荷的工作、职业适应不良与倦怠等。

①过高的期望值：古人云，“德高者可以为师”。这反映了社会对教师的期望是很高的。人们通常认为，理想的教师是学识渊博、灵魂高洁、品行堪称为典范的人。这种期望使教师往往以“清高”自居，过分注重树立自己在学生心目中的高大形象，过分限制自己并关心各种细节，这都是躯体化、强迫症的直接诱因。

②超负荷工作：教师的工作性质使得他们常常在下班之后还要继续工作，同时由于师资紧缺以及升学压力的存在，大部分教师都在超负荷工作。这样的结果使得教师身心疲惫，脾气暴躁。另外在市场经济浪潮的冲击下，相对较低的工资待遇极易导致教师心态失衡。

③职业适应不良与倦怠：教师职业适应不良的问题主要包括两个方面，职业观念上的问题和职业行为上的问题。有的教师对自己所从事的教师职业不喜欢，缺少职业自豪感，他们将教师这个工作当作谋生的手段，而非自己理想的追求。持有这样职业观念的教师在工作中缺乏积极的情绪体验，心理上患得患失。教师在教书生涯中面对的常常是同样年龄的孩子，做着具有一定重复性的工作，“一支粉笔、一本教参、一本教科书”统领10年乃至更长时间的现象并不鲜见，这样有些教师很容易产生职业倦怠，而教师的职业倦怠往往会伴随各种心理偏差，导致教师缺乏积极进取和负责精神，凭自身的经验、感觉去处理复杂多变的教育现象。

· 教师心理不健康的表现

了解教师心理不健康的表现，能够促使教师尽快地察觉到自己是否患有心理疾病，以便及时治疗。

①压抑、苦闷：教师因为工作压力大，易产生厌教情绪，甚至觉得整个人生都没有什么意思。厌教、厌世、悲观、无趣、无奈、无望。

②过分自责：当自己能够全心全意投身于工作时，就能在其中得到快乐、安慰、自我实现感。相反，如果不能用心去工作，或由于种种原因而未能尽心尽力，就会感到自责，进而感到痛苦。严重时甚至有自罪心理，有明显的强迫感。

③烦恼、生气：一般来说短时间的烦恼、生气是正常的，但若长时间频繁烦恼、生气，就是一种不健康的心理表现。比如，因学生调皮捣蛋或某些自己也认同的“小事”气得头疼。一旦“头疼”，就不是“小事”了。

④焦虑、精神空虚、心理失衡：由于纯自然的社会比较，只看到自己“不如人”的方面，而失去基本的心理平衡。占据心理生活主要地位的是不满、失落、自卑、自怜等消极情绪。

教师群体正面临着巨大的心理挑战，教师的心理健康问题已经不容忽视。社会应给予教师更

多的理解和帮助，加大对教师心理健康的调节、疏导工作，帮助他们克服心理问题。

心理健康标准是评价人们心理健康水平的标尺。我国的心理学工作者提出了以下六项教师心理健康的指标：

·正确的角色认知。即能恰当地认识自己，并能愉快地接受教师的角色。

·具有健康的教育心理环境。即在教育中教师的情绪稳定，心情愉快，反应适度，情绪自控，积极进取。

·教育的独创性。不人云亦云，能创造性地工作。

·抗教育焦虑程度高。能忍受困难与挫折的考验。

·良好的教育人际关系。能正确处理学生、家长、同事与领导的关系。

·能适应与改造教育环境。善于接受新事物、新理念，不断适应改革与发展的教育环境。

2 教师心理压力的不良反应

教师心理压力所可能引发的不良情绪反应有：

·攻击

攻击是指对因心理障碍而导致的苦闷、烦躁、激动等情绪产生的歇斯底里、冲动等行为，并且这种行为往往会指向引起心理障碍的外在因素进行宣泄。攻击可以分为直接和间接的两种行为方式。直接性攻击是对造成心理挫折的因素表示不满、敌意、对抗和反对。间接的或转移性的攻击是当某人受到挫折时，他能意识到直接地表现出自己的愤怒和不满，不仅有损于自己在他人心目中的形象，而且对今后进一步去实现自己的预期目标会造成不利的局面，因而就将内心的不满朝着其他的方面发泄出来，或者指桑骂槐。

·忧郁

忧郁是由多方面的不良感受组成的一种心理压抑的情绪。如自卑感、认同危机感、失落感、孤独感、负罪感、自责感、失望感等。这些方面的不良感受往往会使人表现出郁郁寡欢、疾首蹙额等神情，以及产生忧心忡忡、伤感、烦闷和愁苦的心态。

·焦虑

焦虑是指人内心的不安、恐惧、困扰和紧张的感受，有时还伴有生理上的不适，如心跳加速、肌肉紧张、呼吸急促、胸闷、淌汗、恶心、不思饮食、注意力涣散、尿频、失眠等现象。

以上这些不良情绪反应说明，如果人们在日常生活中心理压力过大，又不能及时排除，势必就会对自身正常的社会生活和适应力造成不良的影响。

临床心理学的研究表明，心理压力若长时期得不到缓解和消除，那么就会产生多方面的不良后果。首先是对身心健康的影响，如心脏病、冠心病、头晕等，都与心理紧张和心理压力有关；其次，心理压力负担过重所引起的各种不良心态，也会影响到人们的日常生活、工作和学习。心理压力产生时，如果不作调适与疏导，就会产生不良反应。

下面是一个简易的心理压力自测评估，你可以问问自己，根据自己在过去12个月内的经历和感觉来回答这些问题。

· 你是否在嘈杂的环境中工作或者生活？
· 你是否有时候很难集中注意力？
· 你是否经常有失眠的困扰？
· 你是否对工作不满意或觉得责任太重？
· 你是否为计划进展不顺利而恼火？
· 你是否和某些人包括亲人经常争吵？
· 你是否常对家人或者小孩没有耐心？
· 你是否常无法安静下来，并且容易感到紧张？
· 你是否常有头疼或者胃疼？
· 你是否经常忘记东西放在哪里？
· 你是否有家人健康状况不良？
· 你是否常考虑家庭的经济状况？
· 你是否觉得做什么事情都提不起兴趣？
· 你是否有暴饮暴食或过度抽烟的倾向？
· 你是否常觉得没有可以倾诉的对象？

这些问题中，如果你只有2～3道题回答“是”，表明你所感受到的心理压力程度不高；如果你有4～8道回答“是”，则表明你的心理压力较大，这时如果能够了解引起自己心理压力的根源是十分重要的。如果这些题目中间有8道以上你都回答了“是”，则表明你目前正承受着较大的生活压力，这时，你就要冷静下来好好想想如何减压了。

3 教师自我心理压力调节法

教师的压力其实很大，不仅要承受来自于家长的压力，还得承受来自于学校乃至来自于学生的压力。因此，在重重压力的压迫之下，有的教师自然觉得难以承受。那么，教师在生活中该如何来调节自身的压力呢？

· 换位思考认同法

正确认知压力，灵活调整自己的心态。例如，当你遇到不公平的事情、不协调的人际关系、不愉快的情感体验时，试试换位思考。

· 推移时间遗忘法

时间是解决问题的最好办法，积极忘记过去的、眼前的不愉快，随时修正自己的认知观念，不要让痛苦的过去牵制住你的未来。

· 顺其自然自我解脱法

学会自我放松，在适当的情况下，找信得过的人想说便说，想休息便休息，想娱乐便娱乐，实在不想做事时可暂时放下。可以追求卓越，但无需追求十全十美。

· 注重过程淡化功利法

建立合理的、客观的自我期望值。例如，对待学历、职称、职务，乃至人生，都应注重努力的过程而淡化结果。对此需注意两点：一是你的奋斗目标要合理，二是有时做事可往最坏处着想，向最好处努力。

· 众人面前理智法

在众人面前最好多观察、多思考，少表现自己。人人都会有这样的心理体验，当自己盲目地在众人面前展示过后，常因后悔自己的言行举止有损自己的形象而忧心忡忡。

· 更新环境自我调节法

在压力太大、心情不佳时可以变换一下环境。例如去室外观景、在室内养花、想象美好的事物、回避恐怖的事件（耳不听、眼不见、心不烦）。

· 音乐与生理保健法

各种声音通过耳朵被人感受，如他人的赞扬声、指责声、议论声等都会影响你的心态，因此，你可以多听些优美的音乐，缓解不愉快的心情。

养成良好的生活与自我保健习惯极为重要，同时，创造和谐的家庭氛围更不容忽视。

· 自信自主激励法

即相信自己是最好的、最可以依赖的，每桩伟业都由自信开始。

健康叮咛

当感觉工作压力大时，最重要的是放松心情，工作期间多进行几次短暂的休息，做做深呼吸，呼吸一下新鲜空气，防止压力情绪的形成。千万不要压抑自己，任由压力情绪发展下去影响到自身的健康。

4 放松情绪，减轻压力感

心理压力一旦产生，必然伴随着情绪上的焦虑和高度紧张，而高度紧张的情绪又作为一种刺激反馈到人的身上，使人产生更强的压力感，情绪紧张和心理压力就是这样相互影响，逐步升级、逐步增强的。因此，放松情绪对于缓解压力非常有效。教师可以采用以下方法放松自己的情绪：

· 放松训练

这是国内外广泛应用的控制紧张情绪的常用方法，主要是通过肌肉、骨骼关节和呼吸的放松以及神经放松等基本动作来降低机体能量的消耗，从而达到控制情绪强度的目的。神经放松，尤其是大脑的放松一般需要进行专门训练，其中颈部的放松动作对于消除紧张情绪十分重要。颈部位于中枢神经系统的中间位置，是联系大脑和脊椎的桥梁，颈部肌肉和骨关节的放松可以导致来自内脏器官的兴奋冲击力降低或中断，从而使得紧张的情绪状态失去激发的物质（神经能量）基础，进而降低情绪的紧张性。

· 转移注意

心理学研究发现，人们在很多情况下产生的紧张情绪是由于他们过分注意那些令人担心的事物或情境所造成的。由于他们的注意力“固定”在这样的事物或情境上，因此注意和紧张就构成了一个互相强化的系统，越注意越紧张，越紧张越注意，恶性循环，使心理压力不断加强。当情绪处于高度紧张时，转移注意不失为一种消除紧张情绪的有效方法。所谓转移注意，就是指人有意识地变换活动方式，使意识离开引起人们紧张情绪的刺激情境，暂时脱离长期关注的事物。当人们变换活动方式时，大脑皮层的优势兴奋中心就从一个区域转移到另一个区域了，人的情绪也就从一种状态转化为另一种状态了。

转移注意的具体方法很多。如经常进行体育锻炼、适当从事家务劳动、丰富业余生活等。肌肉放松可以调节情绪紧张度，减轻压力感；肌肉紧张（运动）也能减轻情绪紧张，缓解心理压力。肌肉运动不仅可以转移注意，而且可以使体内的紧张情绪得到宣泄和释放，降低情绪紧张度。另外，肌肉运动还能够有效地增强人的信念，发现自身的潜能，履行自己的社会义务，从而使人感受到生活的美好。因此，教师在紧张的工作之余，利用学校体育场地、设施的便利条件，经常进行体育运动不仅必要，而且可行。开展丰富多彩的业余活动可以调节教师紧张的生活节奏，使情绪得到松弛，减轻心理上的压力感。同时，又能陶冶性情，使人心胸开朗，增强心理承受能力。

· 与人交谈

教师因为工作方式的相对独立性，容易造成人际交往范围狭小、人际协作有限和自我封闭。因此，当教师出现心理压力和紧张情绪时，他们常常感到孤独、无援、痛苦。与人交谈不仅可以使教师内心的消极情绪得到一定程度的宣泄，把积郁在心里的能量及时释放出来，也可以使教师获得朋友、亲属及社会上其他人的理解和支持，从而帮助教师抵御沉重的心理压力，消除紧张情绪。

· 情绪对比

情绪对比就是使两种对立的情绪发生冲突，使正面的积极情绪战胜消极的反面情绪。具体做法就是当教师感到紧张、压力大时，找来一些极幽默的笑话、相声、漫画、书籍等来听或看，一笑解千愁。人在笑时，体内心、肺等内脏器官得到了短暂的运动锻炼，一方面增强了有机体的免疫力，另一方面刺激大脑产生出一种叫做儿茶酚胺的激素，这种激素是人体内的一种天然麻醉剂，它的作用就是帮助人们减轻疼痛和不舒服感，消除厌烦、忧郁和紧张的心理状态。

不要把受到的批评个人化。当受到反面的评论时，你就把它当成是能够改进工作的建设性批评。但是，如果批评的语言带有侮辱性，比如对方说脏话，那你就需要向你的领导反映情况，这样的批评是不能接受的。

5 改变自己的生物节律

专家研究表明，人体内有各种生物钟，并有各自的循环周期。如智力生物钟为33天一循环，情绪生物钟为28天一循环，体力生物钟为23天一循环等。所以人有时感觉情绪波动和心情烦躁是很正常的。虽然我们不能改变自己的生物节律，但可以通过调节缓解不良情绪，缩短情绪波动的时间，减少心情烦躁带来的不良影响。下面介绍几种常用的方法，供广大教师参考。

· 事前准备

在做事前应做好思想准备。世界上一蹴而就的事是极少的，要做好一件事，就会面对一定的难度，就要付出艰辛或代价。即使是日常生活小事，想要做好，也并非轻而易举。我们如果这样想，遇到难事时，心情自然也不会烦躁了。

· 立即行动

当你决定做某件复杂的事情时，可暂时不要想太多，要沉下心，耐着性子，只要选准了目标，认真、踏实去做，事情就一定能做好。

· 分解过程

做比较复杂的事情时，可先把它的过程分解一下，变成若干个相对独立的阶段后，再一段一段地有序地做下去，这样每个阶段就不那么复杂了，做起来也容易得多了，心情当然不会烦躁了。

· 排列顺序

倘若手头上要做的事较多，可以先把这些事一件一件地写下来，排一排顺序，看看哪一件事最要紧，哪一件事其次，哪一件事可暂且缓一缓，或者从逻辑意义上考虑一下，看看应该先做哪一

件事，这样才能有条不紊。

· 说出心事

有些人不想让别人知道自己的心事，不愿意把心里的苦恼、委屈和悲伤说出来，这样不仅无助于问题的解决，而且会加重自己的烦躁，久而久之还可能产生心理障碍。正确的做法是找一位知心朋友交流、谈心，或者对着家里的某一件物品说话，倾诉自己的心事，以起到逐渐消除烦躁的效果。

· 运动释放

通过消耗体能来达到消除烦躁的目的。心情烦躁时，可以到操场跑上几圈，打一场球，活动一下筋骨，或者对着远方吼上几声，高歌一曲，让自己全身放松。这些做法经实践证明很见效，也印证了“生命在于运动”这句名言。

当你发怒时，试着推迟一下发怒的时间，第一次10秒，以后逐渐延长。如果你能将发怒时间推迟一天的话，你就会发现愤怒已经基本消失了。另外，当你感到愤怒充满胸腔时，请花几秒钟冷静地描述一下自己的感觉。当你能够以一个“第三者”的身份来描述现实情景时，愤怒就会慢慢地消失。

6 告别“周一恐惧症”

由于生活和工作压力的不断增加，人们早已把双休日当作了放松身心的日子，但是在过了双休日之后，很多人都会对周一感到恐惧或者厌烦，这就是所谓的“周一恐惧症”。心理学家认为，由于人们对单调工作的厌倦和对美妙假日生活的留恋，到了星期一自然会引发这些现象。从人的生理来看，也有一个适应过程，尤其是脑力劳动者，当大脑松弛后，想再紧张起来需要有一个适应过程。此外，很多单位会在星期一安排一周工作，给人的感觉是比平时压力要大一些，因此精神也相对紧张一些。“周一恐惧症”的具体症状是：精神萎靡不振、身体疲乏、焦虑易怒等，严重者还往往伴有心悸、盗汗、精神恍惚等症状。

虽然很多教师或多或少都有“周一恐惧症”的心理状态，但日常工作还是必须进行的，那么，为了不影响工作的正常进行，教师应该如何克服“周一恐惧症”呢？下面我们就来谈谈如何减轻对周一或者说对工作的恐惧心理，希望能对广大教师有所帮助。

· 找到恐惧的原因

如果较长时期都出现“周一恐惧症”，那么这就要引起重视了。这是一个重要的标志，显示你对于工作感到不满意，你需要解决这个问题，或者寻找另一份工作。要想从根源上克服“周一恐惧症”，就要尝试积极地找出问题所在，并且思考解决方案。

· 周五为周一做准备

有时候，在上一周留下很多未完成的工作，所以新的周一就会让人感到棘手或者恐惧。为了避免周一早上的焦虑，请确保周五下午离开的时候尽量少留下困难的任务。

· 周末不谈工作

周末尽量和亲朋好友聚在一起，放松自己的身心，不要把工作上的问题带到生活中，要专注享受休息时间。有时候，周一回去上班会特别令人感到沮丧，这是因为你让工作偷偷跑进了你的休息时间，所以这让你甚至感觉不到自己过了一个周末。

· 获得足够的睡眠并且早点起床

周一的早上起床是最困难的，因为我们都会在双休日睡睡懒觉，而到了周一又要很早地起床，这会让人身体不适应。所以建议，星期天晚上稍微早一点上床，确保获得充足的睡眠，这样你周一起床时就会感觉获得了充分的休息。

· 积极地调整自己

周一的工作量也许是一周中最大的，这就要求我们在工作时要积极调整好自己的工作状态，消除抵触情绪。安排自己在周一做一些喜欢在办公室做的事情，在感到疲倦时可以和办公室里的同事聊聊天，分享周末的趣事。这样既能让自己放松下来，又可以加强你在办公室里的人脉关系。

· 制订下班后的计划

合理地制订下班后的放松计划，能够让内心有所期盼，有助于提高工作效率。比如，下班后和朋友去逛街，或者回家自己做顿好吃的饭菜。避免在周一整天都忙于工作，要让自己的潜意识放松下来。

常言道：“大吼解千愁。”倘若你由于各种原因引起情绪上的波动，精神上的抑郁，或胸中忧愤，或食物积滞时，只要大吼一声或几声，顿时会感到心平气和、精神振奋、胃口大开、充满活力。这是因为人们通过大吼，吐出了胸中的秽气，呼出了肺部之浊气，吸入大量氧气后，在增

加肺活量的基础上，改善了呼吸功能，加快了血液循环，增强了胃肠蠕动，提高了机体功能，并能使大脑皮质处于中等兴奋状态，令身心健康处于最佳水平。

大吼可随时进行，但最好到公园、草地、森林、旷野、河边等地。在吼啸时，要仰面朝天，张大嘴巴，放开喉咙，做到无拘无束，尽情放声，并尽量延长尾声，以利吐净秽气。如果认为吼啸不太雅观，可以放声高歌，也能收到同样的效果。

7 别让生气伤了你的身

人在生气时身体会有哪些变化？生气时还伴随着哪些不利健康的因素产生？看了如下介绍，你就会努力远离不良情绪，开心过好每一天。

· 长色斑

生气时，血液大量涌向头部，因此血液中的氧气会减少，毒素增多。而毒素会刺激毛囊，引起毛囊周围程度不等的炎症，从而出现色斑问题。

建议：遇到不开心的事，可以做深吸气，双手平举，来调节身体状态，把毒素排出体外。

· 脑细胞衰老加速

生气时，大量血液涌向大脑，会使脑血管的压力增加。这时血液中含有的毒素最多，氧气最少，对脑细胞不亚于一剂“毒药”。

建议：同上一条建议。

· 胃溃疡

生气会引起交感神经兴奋，并直接作用于心脏和血管上，使胃肠中的血流量减少，蠕动减慢，食欲变差，严重时还会引起胃溃疡。

建议：每天多按摩胃部，缓解不适。

· 心肌缺氧

大量的血液冲向大脑和面部，会使供应心脏的血液减少而造成心肌缺氧。心脏为了满足身体需要，只好加倍工作，于是心跳就变得不规律。

建议：尽量微笑，并回忆愉快的事，可以令心脏跳动恢复节奏，血液流动趋于均匀。

· 伤肝

生气时，人体会分泌一种叫“儿茶酚胺”的物质，作用于中枢神经系统，使血糖升高，脂肪酸分解加强，血液和肝细胞内的毒素相应增加。

建议：生气时喝杯水。水能促进体内的游离脂肪酸排出，减小毒性。

· 引发甲亢

生气令内分泌系统紊乱，使甲状腺分泌的激素增加，久而久之会引发甲亢。

建议：放松坐下，闭眼，做深吸气。

· 伤肺

情绪冲动时，呼吸就会急促，甚至出现过度换气的现象。肺泡不停扩张，没时间收缩，也就得不到应有的放松和休息，从而危害肺的健康。

建议：专注、深而缓慢地呼吸 5 次，让肺泡得到休息。

· 损伤免疫系统

生气时，大脑会命令身体制造一种由胆固醇转化而来的皮质固醇。这种物质如果在体内积累过多，就会阻碍免疫细胞的运作，让身体的抵抗力下降。

建议：回忆自己做过的好事，尽量平和心态。

为了你永远的美丽和健康，教师，请笑吧！微笑是你最好的灵丹妙药，祝你每天都笑口常开！

人在职场，同事间总会有些摩擦，特别是女性同事之间，常会为些小事斤斤计较。在工作中不被理解、认可，导致情绪波动、感情脆弱。因此，你需要让自己保持一个平和的心态，心胸开阔，用积极乐观的态度处事。接受你可能不被别人喜欢或你不喜欢别人的现实，把它作为一件很平常的事，多剖析自己，每个人都有优缺点，不必非得要求别人迎合自己。对于其他女同事计较的地方，可以大度一些，在力所能及的情况下，可以替她分担一些工作。人际关系是双方的，要想改变别人的想法需要一点时间和耐心。

8 拒绝抑郁，做个快乐教师

现代教师压力大，每天都要面对很多烦心事，但受传统观念影响，教师总要表现出坚强的一面。最终，教师被这些压力压垮了，从而变得抑郁。

教师想要对付和预防“抑郁”，除了做专业的心理辅导和药物治疗外，最重要的当然是自己调整心情了。让自己快乐起来，什么抑郁情绪都会被一扫而光。想要快乐，不妨试试以下“偏方”吧：

· 保持友善的心态

快乐的心态能使人体神经系统的兴奋水平处于最佳状态，促进体内分泌出一些有益的激素、酶类和酰胆碱，把血液的流量、神经细胞的兴奋调节到最佳状态，提高机体的控病能力。在春天这个容易发病的季节，除了要调整和保持良好的生活习惯外，不妨给自己开一张“快乐处方”。

早上出门前对着镜子大声说：“我很美，我是最棒的！”出门时别忘了在温暖而充足的阳光里面带微笑。

· 积极参加运动

每天适当参加一些力所能及的运动，比如快走、慢跑、散步、踢毽、体操等，坚持1～2个小时，可以排解阴霾的心情，将所有的烦恼都抛之脑后。

· 快乐食物对抗抑郁

有时候，吃也是一种快乐！吃一些“快乐食物”，保证能让你快乐起来。

①深水鱼：有研究显示，全世界住在海边的人都比较快乐和健康。不仅因为大海让人神清气爽，最主要的是他们常吃深海鱼。鱼油中的一种脂肪酸有抗忧郁作用，能阻断神经传导路径，增加血清素的分泌量，减轻心理焦虑。

②香蕉：香蕉含有一种称为生物碱的物质，可以振奋精神和提高信心。而且香蕉是色胺酸和维生素 B_6 的超级来源，这些都可以帮助大脑制造血清素，减少忧郁。

③葡萄柚：葡萄柚不但有浓郁的香味，更可以净化繁杂思绪，提神醒脑。至于葡萄柚所含的高量维生素C，不仅可以对红细胞的浓度，使身体有抵抗力，而且也可以抗压力。

④菠菜：菠菜除含有大量铁质外，更有人体所需的叶酸。人体如果缺乏叶酸会导致精神疾病，包括抑郁症和老年痴呆等。研究也发现，无法摄取足够叶酸的人，不仅入睡困难，还容易产生健忘和焦虑等症状。

⑤樱桃：樱桃中有一种叫做花青素的物质，可以对抗炎症。另有研究指出，长期面对电脑工作的人会有头痛、肌肉酸痛、心情郁闷等不适，也可以通过吃樱桃来改善状况。

⑥南瓜：南瓜能制造好心情，是因为它们富含维生素 B_6 和铁，这两种营养素能帮助身体所储存的血糖转变成葡萄糖，葡萄糖正是脑部不可或缺的“燃料”。

⑦全麦面包：吃复合性的碳水化合物食物，比如全麦面包、苏打饼干，它们所含有的硒等微量矿物质能振奋情绪，对抗抑郁。

· 慎用镇静类药物

正因为失眠是导致抑郁的罪魁祸首，所以不少人为了治失眠，就吃各种镇静药。据了解，超过八成的失眠人群存在药物依赖性，多数是靠镇静药物。不过，失眠是由心理、疾病、药物、环境、体质等五大因素引起的，一味靠镇静药物，只能适得其反。为此，失眠人群应到医院失眠专科门诊就诊，由掌握专业知识的医生进行针对性治疗，千万不要滥用镇静药物。

· 快乐记事簿

即使你没有每天写日记的习惯也不要紧，只要准备个小本（最好是卡通一点的），记下每天的快乐心情和使你快乐的人和事，不开心的时候就拿出来看看，留住生活中美好的时光，千万不要将不愉快的情绪留到明天。

· 享受音乐

辛苦工作后，利用短暂的休息时间，听听自己喜欢的音乐，好好地奖赏自己一番，陶醉在优美的音乐旋律中，就算是只有短短的十分钟，也能帮你减轻疲劳，带给你不可思议的美妙感受。

健康叮咛

如果以心境低落为主要特征且持续至少两周，在此期间至少有下述症状中的四项，建议到医院就诊：

- 对日常活动丧失兴趣，无愉快感。
- 精力减退或无原因持续疲乏感。
- 自我评价过低或自责，或有内疚感，可达妄想程度。
- 联想困难，或自觉思考能力显著下降。
- 反复出现想死的念头，或有自杀行为。
- 失眠，或早醒，或睡眠过多。
- 食欲不振，或体重明显减轻。
- 性欲明显减退。

9 远离焦虑，善待自己

在教师这个群体中，有这样一些人：他们在工作中有时会突感心脏疼痛，于是怀疑自己得了重大疾病，到医院检查后，却没有任何疾病；他们在生活中，经常忧心忡忡，总担心自己或家人遭遇不测，出现紧张、出汗、肌肉发抖等症状，到医院检查后，仍旧是没有任何疾病。这些人实际上身体并没有任何异常，他们的病魔在心里，这就是焦虑症。如今的教师，面对空前的工作压力和错综复杂的现代社会环境、人际关系和激烈的竞争，难免会产生紧迫感、焦虑感和不被重视感，并引发焦虑、烦闷、忧郁、自卑、情绪低落等种种不良情绪。处于这种精神紧张状态下，如果心理承受力不够强，则心理疲劳与焦虑在所难免。亚健康状态中，情绪与情感因素最为突出。处于亚健康的人情绪与情感的自我调节和控制力比较弱，容易出现焦虑情绪。

焦虑症的危害不可小觑，它对现代教师的身心健康、生活质量和社会功能的发挥构成了重大威胁。早在20世纪90年代初，美国医疗负担中与焦虑障碍有关的费用就已经高达466亿美元，占全年精神卫生费用的31.5%。由此可见，焦虑症不仅仅是关乎个人身心健康的问题，更是一个社会问题。

为了健康的身体，为了高效地工作，为了实现优质的生活，教师必须要积极地控制焦虑症的发生。

· 保持乐观

当你缺乏信心时，不妨想想过去的辉煌成就，或想象你未来的成功形象。你将会很快地化解焦虑与不安，恢复自信。

· 肯定自己

当焦虑袭来时，可以反复地对自己说，“没有问题”“我可以对付”“我比别人行”……这样做可使你渐渐消除呼吸加快、手冒冷汗的本能反应，使你的智能反应逐渐表现出来。结果，你果真平静下来了。

· 深呼吸

当你面临情绪紧张时，不妨做深呼吸，有助于舒解压力、消除焦虑与紧张。当你感到焦虑时，你的脉搏加速，呼吸也加快。而深呼吸可以迫使你减缓呼吸速率，使身体相信焦虑已过去。正确的腹式呼吸是，当你一吸一呼时，腹部将随之一起一伏。

· 活动你的下颚和四肢

当一个人面临压力时，往往会咬紧牙关。此时不妨放松下颚，左右摆动一会儿，以松弛肌肉，缓解压力。你还可以做扩胸运动，因为许多人在焦虑时会出现肌肉紧绷的现象，引起呼吸困难。而呼吸不顺会加重原有的焦虑。欲恢复舒坦的呼吸，不妨上下转动双肩，并配合深呼吸。举肩时，吸气；松肩时，呼气。如此反复数次。

· 幻想

这是缓解紧张与焦虑的好方法。幻想自己躺在阳光普照的沙滩上，凉爽的海风徐徐吹拂。试试看，也许会有意想不到的效果。

· 转移注意力

如果眼前的工作让你心烦、紧张，你可以暂时转移注意力，把视线转向窗外，使眼睛及身体其他部位适时地获得松弛，从而暂时缓解眼前的压力。你也可以起身走走，暂时离开让你心情低落的环境。

大部分人在处于焦虑时，会发生某部位肌肉紧绷的现象。这有点类似恶性循环：焦虑产生肾上腺素，使肌肉紧缩，结果导致更多肾上腺素生成，使肌肉更收缩。改变之道是找出受害的肌肉——通常是颈背肌肉及上半部背肌，然后按摩数分钟。

11 懂得幽默的教师更健康

幽默的意思是有趣或可笑而意味深长。幽默可以消除我们生活中的紧张与焦虑，减轻压力，润滑人际关系，帮助我们摆脱窘迫和困境，增强信心，从而促进人的健康，所以说幽默是健康的“催化剂”。为此，教师也应该学会幽默。

· 幽默是健康生活的艺术

生活中幽默无处不在、无时不有，问题在于你如何捕捉和寻找。英国作家萧伯纳有个精辟的比喻：“幽默像马车上的弹簧，没有它，人生路上的每一块小石子都会让你颠簸得难受。”幽默是一种高级的谈话艺术，一个人格成熟的人常懂得在适当的场合使用恰如其分的幽默，把一些原本很尴尬的场面变得轻松，使冲突在风趣中得到缓和。例如：有一天，古希腊哲学家苏格拉底正在和一群学生谈论学术问题，他脾气暴躁的妻子突然冲了进来，不由分说地大骂一通，接着又提起装满水的木桶，把苏格拉底全身浇了个透。学生们以为老师一定会大怒，然而出乎意料，苏格拉底只是笑了笑，风趣地说：“我知道，雷声过后，一定会下雨的。”大家听了，不禁哈哈大笑，苏格拉底的妻子也不好意思地退了出去。在日常生活中，绝大多数人都难免会与家人或同事发生不愉快，在这种时候倘若能像苏格拉底那样，就往往能化紧张为宽松，保持互助友爱、平等协调的人际关系。

· 幽默是健康的源泉与标志

医学研究表明，人的大脑皮层有个“快乐中枢”，当其因受到适宜的刺激而呈现兴奋状态时，能使人体发生一系列的生物化学反应，调节中枢神经，改善血液循环，促进免疫功能，而幽默就是最好的刺激剂，因此科学家把幽默生动地比喻为“心理按摩”。幽默不仅能调节心理平衡，而且能延缓衰老。一个人要想生活得愉快、健康、长寿，不妨多点幽默。当然，并不是所有的人都能学会幽默的，只有那些热爱生活、胸襟博大、乐观豁达的人才会幽默，而一个忧心忡忡、愁眉苦脸、悲观失望者是不具备幽默感的。

· 幽默是一种优美、健康的品质

幽默往往是有知识、有修养的表现，是一种高雅的风度。幽默，人人喜欢，因为它会给人带来欢乐和幸福；幽默，人人向往，因为它能使人气质非凡、魅力独具。幽默来自良好的心态和乐观的个性，一个具有幽默感的人在与别人的交往过程中更容易获得信任和喜爱。德国作家布拉尔说："使人发笑的，是滑稽；使人想一想才发笑的，是幽默。"一个具有幽默感的人能从自己不顺心的境遇中发现某些"戏剧性因素"，从而使自己达到心理平衡。难怪有的科学家把幽默生动地比喻为强壮体魄、调节情绪的身心解毒剂，是最忠实、最省钱的贴身保健医生。学会幽默可减轻心理上的挫折感，有益于内心的安宁。

· 幽默是一剂健康"良药"

幽默总是和笑连在一起，笑不仅仅使人心情舒畅、精神振奋，而且能消除忧虑、稳定情绪。生理学家通过研究发现，笑可使大脑分泌出一种快活物质——脑啡呔，该物质能使人产生愉悦感，能调节神经功能，增大肺活量，促进血液循环，改善心肺功能，加快全身代谢。幽默还能激活处于抑制状态的脑细胞，扩张血管，有效地改善大脑的供血供氧功能，增强脑细胞的活力。因此，幽默常被应用到医疗实践中。例如，国外有些医生常关照患抑郁症的病人多看幽默小说和滑稽戏，或每天进行一次"笑疗"。笑既是良好情绪的反应，也是心理健康的表现。古人有训，"寿向乐中求"，能笑者健康，能乐者长寿。可见幽默是一剂健康良药。

教师要保持愉快的情绪，欢乐的笑容，首先要培养乐观的精神，知足常乐。只有心理上达到平衡和稳定，才能笑颜常驻、笑口常开。现实生活有很多忧愁烦恼，多来自名利和享受方面的不知足。因此，要常体会"比上不足，比下有余"、"知足常乐"的道理，如此才能精神焕发，笑逐颜开，身心健康。

第八章

旅游保健细节：快乐与健康应同行

到陌生的地方去旅行，开阔眼界，看看整个世界，这对于假期相对较多的教师来说，是一种向往，有着巨大的吸引力。难得的假期要好好放松出去玩一玩，但是出门在外肯定不如在家里那么方便，一些问题如果解决不好，宝贵的出游不但不能带来欢乐，还有可能会对健康造成影响。那么，教师该怎样做才能快快乐乐游山水，健健康康度长假呢？

❶ 旅游亦养生

旅游是人们与大自然直接接触，并从中感受其丰富内涵的一种娱乐行为。人们通过游山玩水、探古涉奇、临宫览寺等诸种形式的活动，不仅满足了好奇心，增长了知识，而且促进了身心健康。利用旅游来调节情绪、解郁强身，人们称之为旅游养生。

旅游养生以中医理论为指导，根据阴阳五行原则，可分为动游、静游、怒游、思游、悲游、险游等类别。下面就给大家详细介绍一下各种旅游的养生特点，以供准备出游的教师参考。

· 动游

动游指的是活动量较大的旅游活动，其对机体能量的消耗也较大，比如登山涉水、长途旅行、漂洋过海、探险览胜等。“动游”具有阳刚之美，适合于青年教师及体力较好、体魄强壮者。

· 静游

静游指的是旅游时活动量较小的活动。其对机体能量的消耗较小，比如欣赏园林风光和小桥流水、泛舟湖泊、品茗赏月等。静游具有阴柔之美，最适合中老年教师及体质较弱者。

· 怒游

怒游指的是导致人们产生不平之情的旅游活动。比如游览杭州西湖的岳武坟、北京的圆明园旧址、卢沟桥等，这些均能激起人们的愤怒情绪。根据中医愤怒治病之说和五行五志所属治病的原理，怒游适合于思虑过度、情绪郁结者。

· 思游

思游指的是引起人们怀古思绪的旅游活动，比如观游赤壁遗址，往往能激起人们思古之幽情，又如游览西安的骊山，人们则有凭吊古代四大美女之一的杨贵妃之思。思游具有镇静作用，宜用于患有恐慌症的人群。

· 悲游

悲游指的是引起人们悲愁情绪的旅游活动。比如，汨罗江之游使人追思屈原而生悲情；隆冬时节，万物萧条，大地枯黄，观之也有悲感。悲游具有制怒平肝作用，宜用于情绪易怒者。

· 险游

险游指的是导致人们产生惊恐情绪的旅游活动。比如，游览四川巴东的丰都鬼城、探黄山奇峰险景等。险游具有镇心降火的作用，能调节情绪过度的兴奋，适用于心火过旺者。

不同类别的旅游，可使人的意念与自然达到某种默契，使心神与尘世形成某种和谐，从而渐渐升华到天人合一的境界。当然，真要“修炼”到这一程度，非得要点文化内涵和素养不可。俗话说触景生情、情随景变、人景交融、浑然一体，就是这个意思。

健康叮咛

与长途旅游相比，无论从生理还是从心理方面，短途旅游更加适宜于教师。

利用休假时间作短途旅游，可以保持旺盛的精力。对大多数教师来说，从作出旅游决定那刻起就已经开始受益了，因为制订度假计划本身就要考虑到方方面面的事情，从而使眼界开阔。短途旅行还可以使教师振奋精神，归来后更能集中注意力和提高工作效率。

对于经济条件一般的教师来说，短途旅游更适合作为首选。到周边城市游玩，花费少、行程短、携带行李简单，也是避开高额花费的好办法。

❷ 旅行前应做一次健康检查

外出旅行，一路上能不能过得轻松愉快、顺利达到预期的目的，除了相应的物质条件和必要的准备工作外，还必须有健康的身体。身体是否健康，一般自己心中有数，但也有不少人对自己的健康状况并不十分了解，因此建议准备外出旅行的教师最好做一次健康检查，决定是否适合外出旅行。

· 耳鼻喉科检查

判定是否患有耳鼻喉慢性炎症，以了解是否可以乘坐飞机、游泳，是否要特别当心预防上呼吸道感染。

· 内科检查

包括血压、脉搏、呼吸、体温测量、物理检查、心电图检查（对中老年人应做负荷试验）。有条件的必要时做超声心动图、肺功能、腹部超声波检查。血液生化检查，主要包括检查空腹血糖、肝功能、转氨酶；必要时还可检查乙性肝炎表面抗原、血脂、肾功能、酶、免疫球蛋白、尿酸等。做X胸透或摄片，血、尿、大便的常规及大便的潜血检查。有条件的还应做尿和痰的细胞学检查（查癌细胞）。根据这些检查，医生可以确定是否患有不适合旅行的重要疾病，并对患有一般疾病的人提出建议和预防措施。

· 中老年教师应进行神经科及眼底检查

需要注意有没有发生脑动脉粥样硬化，尤其需要警惕有没有发生短暂性脑缺血、脑出血及脑栓塞的先兆。据此，医生能事前指出可能发生的危险，或提出意见、建议和防治措施。

· 外科检查

是否患有痔疮、前列腺肥大、疝气、慢性阑尾炎等疾病，以便提前采取防治措施。

· 骨科检查

中老年教师尤需注意有没有颈椎病、腰椎骨质增生症、足跟骨刺等疾病。一般人应注意是否患有腰椎间盘突出症、扁平足等，以便对可能发生的情况采取措施。

· 单科检查

针对个人所患的疾病进行单项或单科复查，以便判明是否具备旅行的条件。妊娠女教师外出旅行应特别慎重，应经妇产科医生检查，并听取医生的意见和建议。

适合旅行的健康条件包括：

· 身体健康，没有发现重要的慢性疾病。

· 没患任何急性炎症或慢性炎症急性发作，不发烧。

· 心、脑、肺、肝、肾、胃肠道及血液系统机能良好，没有明显的病症。

· 神经系统、精神机能正常。

· 骨、关节等运动系统活动无障碍，没有明显的骨质疏松症。

· 没有任何传染病。

· 不存在任何表面上看来正常，却有可能随时爆发的危险病症，如癫痫、主动脉瘤、周期性麻痹、慢性肾炎、肝硬化等。

❸ 旅游饮食要注意健康

在旅行生活中也要时刻提醒自己维持正常的生活规律和饮食习惯。下面几种疾病是在长假旅游期间容易出现的，外出旅游的教师一定要增强健康防范意识，一旦发生疾病，应及时到正规医院进行对症检查与治疗，以免发生意外。

· 急性胃炎：多吃清润食物

症状：有不洁饮食、暴饮暴食、酗酒等病史的人容易患急性胃炎。轻者仅有上腹部不适、恶心、呕吐，较重者伴有上腹部疼痛或腹泻等症状。严重者，上述症状加重，呕血、脱水，少数可致昏迷。轻症患者可进稀软、清淡食物，停用一切对胃有刺激的食物、刺激物；重症患者应立即到医院诊治。

注意事项：旅游在异地他乡，风味小吃琳琅满目，美味佳肴到处都是。因此，要管好自己的嘴巴，注意饮食卫生，切勿嘴馋贪吃、暴饮暴食。所以，在旅途中，合理调整饮食结构，多吃一些如豆浆、西红柿、梨、香蕉等生津清润的食物，不吃或少吃辛辣食品，以增加抗病能力。

· 急性细菌性痢疾：不吃生冷食物

症状：急性细菌性痢疾起病急，突发高热，以腹痛、腹泻、明显的里急后重感和黏液脓血便为特征，大便每日数次至十余次。任何足以降低旅游者抵抗力的因素，诸如在旅途中受凉、过度疲劳、暴饮暴食等，均有利于菌痢的发生。急性菌痢严重腹泻可引起脱水、酸中毒、电解质紊乱，甚至低血压与周围循环衰竭，孕妇可致流产，偶尔可并发关节炎。

注意事项：要注意饮食卫生，不吃生冷蔬菜、饮食，不吃不洁瓜果，不吃腐烂变质食物。养成饭前便后洗手的良好卫生习惯。

· 细菌性食物中毒：杜绝不洁饮食

症状：夏季病菌繁殖快，食物极易腐败变质，是细菌性食物中毒的高发季节。人们吃了被细菌或细菌毒素污染的食物均可发病，尤其同餐人群可集体发病。该病潜伏期短，以恶心、呕吐、腹痛、腹泻等急性胃肠炎表现为主要特征。出现中毒症状时应立即就医，轻者可以对症处理，危重者向急救中心呼救，需住院治疗。要特别注意保存导致中毒的食物，提供给卫生部门检疫。如果身边没有食物样本，也可保留患者的呕吐物和排泄物，因为查明食物中毒的原因对及时和有效地救治患者非常重要。

注意事项：严格做到防止食品污染，不吃腐烂的和未煮熟的食物；随餐佐食适量生大蒜、生葱头等；吃水果等生冷食物前要清洗消毒；加强饮食饮水卫生意识，实行“分餐制”。

· 急性胰腺炎：饮食有节制

症状：持续性上腹部剧痛、压痛、恶心、呕吐、发热，血、尿淀粉酶升高。急性胰腺炎病情发展迅猛，一旦出现应立即到医院住院治疗。

注意事项：急性胰腺炎多由暴饮暴食和酗酒引起，因此，出门在外要经得起美食的诱惑，多为自己的健康着想。

在外旅游不要贪食特殊风味菜肴，用餐不要饱一顿饥一顿；为避免“生火”，少吃大鱼大肉等肥腻的食物，多吃一些蔬菜和水果，多饮绿茶或白开水；少吃生冷食品，尤其不要吃生鱼片、毛蚶之类菜肴；吃海鲜时要适量，多吃点蒜醋、喝点酒，以防腹泻，肠胃不好的人千万要谨慎；对当地吃不惯的调料和菜肴，宁可少吃或不吃，以免肠胃不适影响整个游程；对有些卫生较差的饭店，最好使用一次性杯筷和盘碗，记住饭前饭后要洗手。

④ 郊游野炊要讲卫生

野炊是郊游时不可缺少的一个活动项目，无论是全家老小同去还是同学挚友聚会，野炊实为一件快事。然而，在野炊的欢乐情趣中，如果不注意卫生安全，很容易染上疾病，这不仅会影响你的健康还会影响郊游心情。因此，教师郊游野炊时一定要注意卫生安全。

· 少吃烧烤类食物

野炊时，很多人都喜欢带上一个一次性的烧烤炉，这样就可以在野外自己架火，享受一次美味烧烤。

其实，烧烤类食物最好还是少吃，尤其是在野炊时，这类食物很容易引起肠胃不适。另外，吃烟熏火烤食品对人的身体也不好。

大量研究表明，食物经过烟熏火烤以后，可以生成多环芳烃。这种多环芳烃主要来自食物本身焦化的油脂，还有一部分来自熏烤时的烟气。烟熏火烤食品中还有一些亚硝胺化合物，这些物质对人的身体都有一定的害处。

野炊主要是为了享受美好的大自然，如果刚出门不久就患上疾病，那就得不偿失了。

· 注意饮水

野游尤其是到山林中游玩，有时会发现一些山泉，这时可以向当地人打听，确认水是安全的再喝，千万不要自认为水很干净，喝了没什么问题。

野外的水源，有的看上去的确很清澈，实际上这些地方的水很容易被病菌污染，如果喝了这样的水，就容易患上肠炎等疾病。

· 注意食品卫生

外出野餐时，人们都要准备一定数量的食品，很多人都会准备一些诸如卤菜、熟食等等方便食品。

我们野游时一定要注意这些食品的卫生安全状况，很多食品在天气比较热时容易坏，吃了这样的食物同样会生病，卤菜、熟食类食品最好当天购买，如前一天购买应放在冰箱内，出门前最好加热后再带走。

· 不要食用野菜

无论是春季野游还是秋季郊游，山林里都会发现有一些城市中卖价昂贵的野菜，但对不熟悉的千万不要轻易食用，否则有可能引起中毒。

春季，山林中有各式各样的山野菜，这些山野菜中有些有毒，不能食用。秋季，风景区的山边、草丛、树林中常有野蘑菇。有一些游人见了往往情不自禁地去采摘，或烩菜，或烧汤，味道确实鲜美。然而，因误食有毒蘑菇导致中毒事件也不少见，若中毒严重，处理不及时还可导致死亡。因此，野炊时一定不要轻易采摘野菜。

· 注意消毒

外出郊游野炊时，还应注意个人卫生和环境卫生，最好随身携带消毒纸巾和已经消毒过的餐具，这样可以更好地保障你的健康。

另外，野餐后要注意保护环境，不要乱扔瓜皮果壳、饮料瓶罐、食物的包装袋等等，还要及时将野炊用火扑灭，以免引发火灾。

旅途中保持身体健康的首要问题就是时刻注意饮食卫生，防止“病从口入”。旅行中的饮食卫生，主要有以下几个方面：

·注意饮水卫生。一般来说，生水是不能饮用的，旅途饮水以纯净水和消毒净化过的自来水为最理想，其次是山泉和深井水，江、河、塘、湖水千万不能生饮。

·瓜果一定要洗净或去皮吃。

·慎重对待每一餐，饥不择食要不得。高中档的饮食店一般可放心去吃，大排档要有选择地吃，摊位或沿街摆卖（推车卖）的不要去吃。

·学会鉴别饮食店卫生是否合格。合格的一般标准应是：有卫生许可证，有清洁的水源，有消毒设备，食品原料新鲜，无蚊蝇，有防尘设备，周围环境干净，收款人员不直接接触食品且钱票与食品保持一定距离。

·在车船或飞机上要节制饮食。乘行时，由于没有运动条件，食物的消化过程延长、速度减慢，如果不节制饮食，必然增加胃肠的负担，引起肠胃不适。

5 外出旅游须防“旅游病”

每当假期临近，很多教师都计划着出门旅游。然而，由于旅行中自然环境、气候条件以及饮食和作息时间发生改变，会令许多出游者患上“旅游病”。对此应对一些常见的“旅游病”的发病条件及预防方式有所了解。

·腹泻

旅途中的人们由于受凉、水土不服或是食物及饮水不洁等原因，极易出现呕吐、腹泻和剧烈腹痛等各种急性胃肠道疾病症状。症状较轻时，可以服用一些淡盐水，以补充失去的水分，同时可服用黄连素等药物。如果出现严重的上吐下泻、腹痛等食物中毒症状，应及时去医院催吐、导泻、解毒。可参阅本书相关内容。

·骨折

外出旅游时，由于不小心跌倒、摔伤而造成骨折的情况十分常见。人们习惯用手去揉捏伤处，以为可以减轻疼痛。其实，这样做很危险。骨折时其折端可能较锋利，按、揉、挤、捏都会刺破局部血管导致出血，或是刺伤周围神经、肌肉、韧带等，从而进一步加重伤情。救护骨折病人的关键是：不要随便翻动病人，搬运护送伤员要采用木板或门板等硬担架，并用绳子或绷带把伤肢固定住。

·失眠

有些教师在旅程中会出现失眠现象。原因之一是初到新地入睡环境改变，加上噪音、光感和气味变化导致入睡困难；原因之二是过度兴奋、疲劳或者由慢性病引发的身体不适影响睡眠。

要克服旅游失眠，首先应保持情绪愉悦，尽可能保持平时的饮食、起居、睡眠等习惯，每到一处新地方应尽快适应当地的气候环境，克服生疏感。如果条件允许，出行时最好带上一两件日常陪伴自己睡眠的物品，比如抱枕或者放在枕边滴滴答答走个不停的闹钟。

·花粉过敏症

旅游区域多花草树木，对花粉敏感的人容易此时诱发疾病。花粉过敏多表现在呼吸道及眼部，常伴有鼻塞、流涕、打喷嚏，鼻腔、眼角以及全身发痒，症状与支气管哮喘相似；有的皮肤上还生出一团团的风疹块，严重者还会胸闷、憋气等，如不及时治疗，有可能并发其他更严重的肺部疾

病。此病重在预防，知道自己有花粉过敏史的人应尽量避免到花草繁茂的地方去，更不要随便触摸花木，尤其不要选择风天出游，因为风可加速花粉的播散，风速只要达到2～3米/秒，就可使已经降落的花粉重新扬起，使病情加重。如必须外出，要备好脱敏药物，如息斯敏、开瑞坦、扑尔敏等。出现较严重的过敏症状，要立即到医院诊治，不可小看过敏带来的危害。

· 紫外线辐射症

预防紫外线辐射症，要合理安排旅游时间，尽可能避免中午（特别是中午11点至下午3点）外出；同时尽量穿颜色浅、吸汗性强的长袖衣服为好。如果必须在中午外出，要涂抹防晒护肤品，并戴上遮阳帽以及太阳镜。

· 高山、海滨综合征

攀登海拔较高的山时常常会伴有高山反应症，表现为头痛、脉搏加快、呼吸急促等症状，因为随着海拔的增高，气压、气温、氧分压都随之降低，降到一定程度，就会让人感到不适应，所以患有严重心血管病、高血压、低血压、哮喘病、肺气肿的人，一般不宜攀登高山。海滨空气中的水汽含量较高，相对湿度较大，钠离子含量也偏多，故急性风湿症、渗出性胸膜炎及糖尿病患者不宜去海滨旅游。

· 经济舱症候群

经济舱症候群猝死病例时有发生。这是由于乘客长时间处在高压、低氧和干燥的机舱环境内久坐不动引起的。任何年龄段的人都可能发生经济舱症候群，出现下肢僵硬、发麻、血流不畅乃至血管栓塞等症状，一旦血栓随血液循环到心脏，就有致命危险。奉劝大家，6小时以上的飞行，最好每隔45分钟站起来走一走，做做深呼吸与简单的伸展操。另外，长时间站立、坐车、用电脑或打麻将也有静脉栓塞的危险。据了解，患有肥胖、糖尿病、高血压等心血管疾病者，均属于经济舱症候群的危险人群，外出旅游应特别小心，切记不要老是坐着不动，最好经常起身走一走。若条件不许可也应时常换换姿势，或穿着宽松衣服来预防。

晕车、晕船的症状包括头晕、疲倦、反胃，甚至呕吐。发生的原因是内耳半规管对速度的感觉与视觉接收到的信息不一致，所以若是在车上或船上能望向窗外，有开阔的视野，对缓解症状会很有帮助。出发前或晕车发作前服用新鲜姜汁，对晕车晕船的预防效果可能不错。若是不方便准备姜汁，姜糖也是不错的选择。

在饮食方面，要避免饮用过量的液体，尤其是产气的碳酸类饮料，酒及油腻的食物也不宜食用，以免增加饱胀感，加重反胃的症状。若是眩晕症状一向很严重，单靠以上方法无法缓解，则可请医师处方止晕药物，效果比较显著，但是会有嗜睡、口干等副作用，服用前要有心理准备。

6 旅游途中巧美容

春光明媚，风和日丽，正是教师出门旅游的好时机，但是，旅途中由于爬山涉水或乘车坐船比较劳累，再加上饮食不规律，长时间暴露在野外，风吹日晒，对于人的健康和美容影响很大，特别是对颜面的损伤尤其严重，这就需要教师在旅途中学会巧妙美容的方法：

· 旅途中多饮水

水分不仅使皮肤保持滋润，而且还能供给皮肤充足的营养。有的人在旅游中只顾观赏风景，往往忘记饮水，或者因饮食不太方便而节食节水，这对于皮肤的损伤很大。因此，旅游途中必须多饮水。自己带水比较方便，途中的小店茶舍也别有风味，有些地方的纯净山泉更是天然矿泉水。多饮水就能防止皮肤水分过多蒸发，防止容颜受损。

· 旅途中多吃水果

旅途中很难像在家中那样正常就餐，因而皮肤不仅遭遇到风吹日晒的伤害，而且还会因营养不足造成损伤。其实，多吃水果就可以得到弥补，而旅途中吃水果又是比较方便的，果园中有桃、杏、梅、李等各种水果。因为水果中含有多种维生素和矿物质，能够通过机体的生化作用，为皮肤提供丰富的营养，从而保持皮肤的健美。

· 旅途中可用蔬菜美容

旅途中的黄瓜、西红柿、胡萝卜等蔬菜不仅可以当水果吃，更可以当美容药品来使用。白天劳累一天，晚上睡眠之前，可以将以上这些新鲜蔬菜切成薄片，贴在脸部、颈部，过 10 ～ 20 分钟后取下，稍加按摩，使皮肤吸收这些蔬菜中有益的营养物质，就能起到保护皮肤和美容的作用。

· 旅途中常作面部按摩

旅途中乘车或途中小憩可以闭目养神，同时也可以利用这个机会，用手轻轻按摩面部，这样可以加快面部血液的流动，增加皮肤营养的供给，有利于皮肤恢复弹性，从而达到美容的效果。

· 旅途中用山泉洗脸

旅途中经常会遇到有山泉的地方，清冽纯净的山泉是天然的矿泉水，可以补充携带饮水的不足，如果用山泉水洗脸，还有美容的作用。因为山泉水污染少，且含有多种矿物质，能防止产生皱纹和皲裂，保持皮肤的柔润光泽，对保护面部皮肤极为有益。

· 旅途中要巧打扮

旅途中虽然比较紧张繁忙，但也可以巧妙地进行打扮，清晨洗脸时先用温水洗去面部的油污，再用冷水洗一次，可使面部皮肤增加弹性。洗过脸之后，可涂点香脂或防晒霜，淡淡地涂点口红，少洒一点花露水，这种轻妆淡抹，既能保护皮肤，又会增加你的风采神韵。

维生素 E 是近年来十分热门的药品，许多人为延缓衰老、美颜护肤，每天都要服用维生素 E 丸。殊不知这样做弊多利少。

临床上，普通成人使用维生素 E 的日常用量，口服是每天 1 ～ 3 次，每次 10 ～ 100 毫克。如超过剂量使用，会导致很多不良反应。早期过量，会使人体免疫功能下降，部分人会出现头晕目眩、视力模糊、口角炎，女性可能发生闭经；晚期过量，则可能导致激素代谢紊乱，诱发肌肉无力、妇女乳房肥大，甚至导致乳腺癌。另外，部分人在使用一些含有维生素 E 的美容产品时，如防皱霜、美容霜、面膜时，会出现红肿、丘疹等接触性皮炎症状，一旦出现上述症状，要立即停止使用。维生素 E 最好通过食物补充，维生素 E 主要存在于植物油、绿色蔬菜、动物脏器、豆类、蛋黄、瓜果、瘦肉、花生等食物中，如果需要特别补充，应在医生指导下进行。

⑦ 女教师出游保健不可忽视

在旅行旅途中，不仅可以观赏到大自然的美景，还可以放松心境，整理被生活、工作干扰得凌乱的思绪。但是，女性在出门旅游时需注意的事情要比男性多得多，因为大多数女性体质不如男性，身体柔弱，每月还有月事等问题，所以需要特别注意保养，以免病症缠身。

那么，女教师在外出旅游时应格外注意哪些问题呢？

· 出游不忘护肤

出游时应当随身携带防紫外线的太阳镜、阔边帽、遮阳伞以及防晒油。每次出门前的20分钟，应细心地涂抹一番防晒用品，裸露的双手、脚踝及颈后等部位最好也不要忽略，否则肤色就会黑白不匀了。

由于南方气温比较高，游泳时的防晒需要特别注意，应事先选用一些具有抗汗防水作用的防晒品，游泳过后用柔性香皂洗去身上的防晒品，然后再涂上润肤霜或晒后油即可。同时，海水中的盐分大，再加上阳光的暴晒，很容易对头发和肌肤造成伤害。游泳时要戴好泳帽，游过泳后及时用淡水将头发冲洗干净。皮肤也是一样，在海边游泳晒太阳后，皮肤也会感到灼热和疼痛，不过不管多疼都应用清水将皮肤清洗干净，以免海水的盐分吸收皮肤表面的水分，使肌肤变得干燥粗糙。冲澡时最好使用冷水，避免用热水。

需要特别提醒的是，一旦肌肤被晒伤，一定不要因为爱美或者怕羞而去刻意化妆修饰，因为晒伤后的皮肤其实已经发炎，如果再涂上化妆品很容易使它再次受到刺激，从而加重病情，皮肤康复的速度就会因而延缓或者变慢。

· 要注意头发护理

旅途中干燥的空气对头发的伤害是非常明显的，其主要表现是头发痒，梳理时会有静电，所以最好在出发前去一次美发厅，对头发进行一次全面的养护。外出时，尽量使用防静电的梳子。

· 蜜月游三注意

新婚燕尔，小两口一同出游，在游山玩水中享受蜜月，是很多年轻人的选择。为了蜜月旅行的圆满顺利，新娘子要在以下几个方面多加注意。

①穿戴舒适：旅游中少不了跋山涉水，因此出门时脚上最好穿双布鞋、旅游鞋或休闲鞋，这类鞋子穿着舒适，能减轻旅行疲劳。细高跟女皮鞋则应避免，以防发生摔伤、扭伤。旅游中出汗多，内衣裤最好是吸汗性能好、无刺激的棉织品。

②坚持避孕：旅游度蜜月，一路劳顿疲乏。下榻旅馆后，虽能洗个澡可使身体轻松一下，但不可能消除一天的疲劳。再说，第二日还要继续旅程。从优生角度讲，新婚蜜月不宜受孕。因为新婚后性生活频繁，精子质量不高，对胎儿的健康发育不利。一结婚就怀孕的女性，比婚后过一年再受孕的妇女易患妊娠中毒症。这与新婚夫妇过度疲劳、性生活过频有密切关系。所以，为了自身健康和优生优育，在旅游时应坚持避孕。

③防蜜月病：旅游度蜜月，既浪漫又开心，性生活自然比较频繁。此时，若不注意性器官卫生或正值新娘子经期，性交时就极易使新娘子感染上尿道炎、膀胱炎、肾盂肾炎、子宫内膜炎等蜜月病。所以应注意以下几点：蜜月旅游避开女

方月经期；性生活前要清洗外阴；勤换洗内裤；旅游要节制性生活；蜜月旅游最好安排在婚礼第三天之后，旅游时间勿过长，以3～7天为宜。

以上是女教师在出门旅行时要特别注意的问题，因为这些问题最容易被忽视，也最容易让女教师生病。

阴道炎、尿道炎和盆腔炎是女性最常见的妇科炎症，旅途中它们对女教师的健康威胁也最大。那么，女教师旅途中应该如何避免以上疾病呢？

·避免阴道炎。日常要勤洗手、洗澡，勤换内裤，尽量选择棉质、透气性好的内裤，同时也要多喝水，注意性生活的卫生。

·预防尿道炎。旅途期间应禁酒，避免劳累、熬夜，减少性生活，同时勤换内裤，保持阴部干燥，不与别人共用毛巾、盆具，性生活时使用避孕套也可减少尿道炎的传播。

·预防盆腔炎。注意休息，避免劳累；注意调整心态，保持心情舒畅，避免各种不良刺激；注意外阴清洁，勿洗内阴，不要人为地去破坏身体的天然屏障；月经期勤换卫生巾，经期及月经刚干净时不要急着过夫妻生活，同时注意膳食结构，加强营养，并少食辛辣刺激性食物。

8 老年教师旅游保健须知

旅游也是老年人所喜爱的活动项目。全国老龄委不久前进行的一项调查显示，目前我国每年老年人旅游人数已经占到全国旅游总人数的20%以上，其中独自或结伴出游的老年人越来越多，并且在很大程度上填补了旅游淡季市场的空白。

谁不热爱如画的风景和大自然的清新？何况人到晚年，心境悠然，更钟情于返朴归真。此外，旅游也是一项很好的健身运动，漫步于山间小径，融化于翠绿之中，既赏心悦目，又能活动筋骨、延年益寿。但是，老年人外出旅游要因人而异，不能过度劳累，否则适得其反。那么，老年教师旅游应该注意哪些问题呢？

·以观光休闲和慢游养生为主要目的

旅游养生的理念不仅景区经营者必须牢记，老年游客也须牢记——应选择节奏较慢的旅游项目，注重游玩和休息相协调。如果属于有组织的景区活动，老年教师应尽量在同一小组活动，以便组织者可以根据老年人的特点安排活动日程。如有条件，应安排专职保健医生随队。

·要结伴而行

老年教师外出旅游，最好带上自己的老伴，老夫老妻，并肩远行，既可嘘寒问暖，又能互相关照。随团出游，尽量与原单位的老同事、左邻右舍的老知己或其他老朋友结伴而行，因为大家早已相识，在旅途中无所不谈，有说有笑，自然其乐融融。

·避免过度疲劳

老年教师长途旅行最好选择卧铺或飞机，也可分段前往。旅行日程安排宜松不宜紧，活动量不宜过大；游览时，行步宜缓，循序渐进，攀山登高要量力而行，以免因劳累过度加重心脏负担，造成心肌缺血缺氧，引起旧病复发。若出现头昏、头痛或心跳异常时，应就地休息或就医。

·住处舒适安静

为保证每天6～8小时睡眠，住宿条件不求豪华，但求舒适安静，选2～4人间，与陪同人或旅伴在一个房间，便于照顾。不要图省钱住潮

湿、阴暗、拥挤的房间，以免影响睡眠，体力不支，或诱发疾病。每晚睡前用热水泡脚 ，睡时将小腿和脚稍垫高，以防下肢水肿。

· 随身携带药品

随身带一些晕车宁、感冒灵、清凉油、驱风油等轻便药物为宜。高血压患者，勿忘带降压药;心脏欠佳者，更应携带速效救心丸或救心丹。人在旅途，一旦因水土不服或引发小病小痛，这些药品即可应急。

· 注意饮食卫生

老年人的肠胃吸收功能相对较差，旅途中应选择清淡饭菜为主，对于大鱼大肉和过甜过咸的食品，则应敬而远之，更不可过量抽烟饮酒。饮食有度，调节有方，身心健康就有保障。

因为旅游时的车船颠簸、跋山涉水而引起的疲劳以及游览胜景时精神振奋等易引起心情激动，从而使原有的心血管疾病加重或导致乐极生悲，如急性心肌梗死、猝死、严重心律失常等。因此，患有严重心绞痛、高血压、心律失常及未被控制的心功能不全的教师，在疾病未完全控制前忌旅游。已被控制的心血管病患者参加旅游时，也要注意休息，避免过度兴奋，一旦感到过度疲劳时，应马上休息。千万不能勉强，更不能有情绪上的大起大落，以免刺激心脑血管。

9 外出旅行必备药品

外出旅行时，由于到了一个新的环境，饮食结构不同，作息时间不规律，而且休息不充分，极易引起疾病。因此，教师外出前，一定要带上一些小药品，以备不时之需。

· 防蚊液：防止疟疾

如果去热带地区旅行，疟疾不得不防。疟疾是被某种热带蚊子咬伤感染病菌而引起的红血球病变。初期症状和流行性感冒非常相像，会发高烧、怕冷和头疼。潜伏期从一个星期到数月不等。目前仍未研制出有效的疟疾疫苗，所以最佳的预防方法就是在暴露的肌肤上涂抹防蚊液。

· 皮炎软膏：防止皮肤病

如果去气候温和潮湿的地方旅游，旅行箱里绝不能少一支皮炎软膏。潮热的环境容易滋生尘螨、昆虫，容易引发皮炎。另外，在潮热中，人的油脂分泌相当旺盛，难免皮肤会出现油腻的鳞屑和红色丘疹。一支皮炎软膏能起到及时止痒的功效。

· 盐：杀灭饮用水中的有害细菌

如果要去偏远地方旅行，有时需要自己制作洁净的饮用水。有的地方水质不佳，可以在水中加点食用盐改善味道。

· 口香糖：避免飞机起降时耳朵不适

当飞机起降时，压力会有所变化，此时负责中耳和咽喉之间气体流动的欧氏管可能发生阻塞，导致中耳压和外在环境的压力无法平衡，于是有的人感觉耳朵疼痛，暂时丧失听觉。最简单的解决方法就是嚼一片口香糖。

· 外伤药包：及时处理小外伤

旅途中难免磕碰，准备一个外伤药包有备无患。药包内应该有创可贴、棉花棒、无菌纱布，同时也要放入消毒药水。

· 复合维生素：避免旅途饮食不平衡

外出旅游时饮食难免欠周到，时常以快餐充饥或是大鱼大肉的飨宴。营养摄取难以做到均衡。所以最好带上一瓶复合维生素，只要一天一粒，就能满足每日的身体需要。

· 助睡眠药物：主要应付时差

如果你要去国外旅游，时差会弄得人非常疲惫。生理时钟的紊乱不是一时半会儿能调整过来的，所以抵达目的地后，第一夜就寝时最好服用助睡眠药物。

· 抗生素：防止腹泻

据调查，30%的旅行者有过腹泻的经历。因为人一离开本土到外地，容易水土不服而腹泻。治疗轻微腹泻的最佳方法是用盐和糖混合冲水饮用，但严重腹泻就不得不向药物求助了。

· 太阳镜和眼药水：有效保护眼睛

如果去风沙大的地方旅行，太阳镜能阻隔沙尘，防止眼睛受风沙侵害，如果眼睛发红或得了结膜炎，抗菌眼药水就派上了用场。

· 抗感冒药：及时治疗感冒

在旅途中感冒发烧是屡见不鲜的，所以感冒药算是镇箱之宝了。及时服药可帮你消除头疼或肌肉疼痛的症状，还能减轻鼻塞。

· 防晕车药：预防晕车

预防晕车的常规方法是选择靠窗的座位，旅途中不吃油腻的食物，避免喝酒和阅读。如果这还不足以缓解晕车症状，不妨在出发前半小时服用一粒防晕车药。

· 十滴水：芳香化浊、和胃导滞

可用于中暑、急性胃肠炎、肠痉挛等症的治疗。

教师朋友外出旅游不妨带些蒜，这是因为出游带蒜有如下好处：

· 上车前，用大蒜切一小片贴于肚脐上，再用胶布或伤湿膏固定，能使晕车现象减轻或消失。

· 若天气炎热，不幸途中中暑，将大蒜捣汁用凉开水稀释滴鼻，有醒脑益神之效。

· 如果流鼻血，把大蒜捣烂成泥敷脚心（涌泉穴），能即时止血。此方对咯血、吐血也有效。

· 因饮食不洁而致腹泻，可取独头蒜一个，捣烂成泥用开水或蜂蜜水送服，能止呕吐。

· 取生大蒜 3 ~ 5 瓣，连服数日，能预防肠炎、腹痛、腹泻等。

· 若尿潴留，可把大蒜捣烂如泥，加菜油数滴，敷肚脐。

⑩ 巧妙减轻时差反应

由于地球自转一圈等于一天，所以我们的白天在地球对面的美国却是夜晚。因此地球按经线划分为 24 个时区，我们属于北京时区。在几十年前，去美国要乘船横渡太平洋，需要约一个月的时间，人在船上逐渐适应了各时区，不会有不适。

自从发明了长途客机后，到美国只要十多个小时，上海起飞时是晚上，飞到纽约仍是当天晚上，就会出现几天不适，这就叫时差反应。

时差是一个常见的恼人问题，它往往使人到了目的地后头痛、昏昏欲睡、注意力无法集中，甚至免疫力降低，易引发病毒或细菌感染。这一方面是因飞越时区，打乱了生理时钟所造成，另一方面是机舱的舱压比正常环境低，空气又比较稀薄、干燥，造成生理上的不舒服。这种时差反

应一般只要适当休息、睡眠及饮食，一二天内疲乏即消失。但时差的症状一直要等到体内生物钟适应了当地时间才会消失。

要知道每个人体内都有个“生物钟”，一天约为 24 ～ 25 小时。这与激素有很大关系，首先是松果体分泌的褪黑素在天暗时分泌，天亮了就不分泌。另外多数激素在睡眠时分泌，如生长激素及催乳素等。但肾上腺分泌的皮质醇，却是早晨分泌最多，夜晚最少，似乎是大自然为了我们应付白天的工作而安排的。但激素不因睡眠改变而立即改变分泌周期，往往要一周左右才转过来。

一般来说，飞行经过时区多、向东飞行（向西要好些）、在机上睡得少、到达后见不到自然光等都会导致时差反应。

那么，怎样可以巧妙减轻时差反应呢？

在出发前几天，向东飞行者可每天提早睡一两个小时，早晨晒晒太阳；而向西飞行者则延后一两小时睡眠，傍晚见见阳光。出发前几天的睡眠要充足，不要什么事都临时抱佛脚。在飞行途中尽量舒适些，能坐头等舱则更好，要充分喝水或饮料，少喝含咖啡因的饮料。必要时可服小剂量速效安眠药以帮助入睡，勿用长效安眠药，以免到达后还是昏昏沉沉的。到达目的地后，白天如感到困就打个盹，但时间要短，20 ～ 30 分钟即足，以免影响晚上睡眠。在头几天睡前可用安眠药帮助入睡。白天可喝咖啡因饮料，但下午以后不要喝。

11 旅游活力保养 DIY

外出旅游最难受的就是长时间地坐在飞机或火车上。更尴尬的是，路途的劳顿把你折磨得灰头土脸，根本找不到原有的自信。很羡慕明星们走下舷梯依旧神采飞扬、楚楚动人地面对媒体的镜头吧？

下面介绍的旅途活力保养方面的小技巧，通过这些小窍门，相信教师朋友也能像明星一般光彩照人。

· 保持皮肤湿润

机舱或车厢内的湿度通常维持在 8% ～ 12%，十分干燥，有些人因此觉得皮肤瘙痒难耐，此时不妨涂抹些含油量较高的润肤霜，症状会改善许多。

多喝开水或果汁，酒精类刺激性的饮料最好少喝，因为酒类会使脱水干燥的情形更加严重。

可以放一条湿毛巾在座位旁边，或是携带小瓶的喷雾式矿泉水，随时喷喷脸颊、身体或是头发。

许多明星有在旅途中用面膜的习惯，你也可以试试看：选择保湿滋润的单片携带式面膜和眼膜，成分必须是生化提炼的，含胶原蛋白或维生素 E，因为只有这样的高纯度，养分和水分子才能真正渗透到毛细孔里，达到迅速苏醒肌肤的功效，最好是植物性的，可以减少过敏反应的产生。做完面膜和眼膜后，再搽点乳霜或精华露、美容液即可。

· 预防口唇干燥

只要觉得口渴就喝水，有些人担心如此一来

得常上厕所，不太方便，可以试试无花果或罗汉果之类的点心零食，效果也不错。护唇膏的使用，可以改善嘴唇干裂的情形，有时嘴唇的角质层太厚造成干燥脱皮，也可以利用护唇膏反复摩擦嘴唇。先清除唇部多余死皮，再涂抹滋养护唇膏。还有，旅途中最好不要使用粉质唇膏，上一点滋润型的唇膏润色就行了，过重的唇彩加上长时间的飞行，对娇嫩的嘴唇来说是一种伤害。

· 促进血液循环

飞机上座位狭小，活动不便，对于血液循环本来就不好的人来说，更是难以忍受。因此，旅途的装扮应以宽松轻便为宜，避免太紧的袜子和鞋子。每隔一小时就起来走动 15 分钟或做做伸腿的运动，也可以用金盏花、甘菊等中药调制的乳液做按摩，可舒解腿部压力，促进血液循环，消除腿部肿胀不适的症状。

· 睡眠充足

不妨自己多带一个小抱枕，垫在腰部，飞机上的枕头可以拿来垫在头颈部，会比较容易入睡。如果担心黑眼圈的话，可以用热毛巾敷双眼，并轻轻按压眼睛周围皮肤。另外，用眼膜促进血液循环也不失为一种好方法。

外出旅游，每天的体能消耗比较大，如果缺乏运动，那么休息过后会感到全身酸痛，更加疲惫。因此，适量做些运动，使身体机能能够承受一定的负荷，也就不会觉得很累。

· 双手扶住椅子靠背，两膝弯曲 90°，重

心上提，两膝伸直，这样反复做 10 次，然后两脚轮换做抖腿放松动作。

· 两手或单手半握拳敲击左右臂部肌肉各 10 次以上，力量一定要集中。

· 身体坐直，将双手放到后脑勺，头尽量贴紧手心，做 10 次深呼吸，同时两肘随呼吸有节奏向后伸展。

· 尽量将双肩耸起，落下时，肩、双臂放松要完全，共做 10 次。

· 身体放正，两手扣住凳面下沿，做 10 次向上提的动作。

· 静坐，眼珠向左、右方向各转动 10 次，然后闭目养神 2 分钟。

· 伸直腿，用力做脚趾、脚腕的屈伸动作各 10 次。

· 屈腿，以脚尖着地，后跟提起，踝关节向左、右两个方向各摆 10 次。

12 外出旅游简易急救法

教师外出旅行途中有时难免会出现意想不到的急症，应如何应付呢？现教你一些简易的急救方法。

· 头痛

一般的头痛，患者自己可用双手食指分别按压头部双侧太阳穴，压至胀痛并按顺时针方向旋转约 2 ～ 3 分钟，头痛便可减轻。

· 胃痛

胃痛时，用双手拇指揉患者的双腿足三里穴（位于外膝眼下四横指宽，胫骨外侧一横指宽处），待有酸麻胀感后持续 3 ～ 5 分钟，胃痛可明显减轻或消失。

· 血压骤升

可按压劳宫穴（握掌时中指尖抵掌心处），可控制血压并使血压逐渐恢复正常。其方法为：用大拇指从劳宫穴开始按压，再逐个按压每个指尖，左右交替，按压时保持心平气和，呼吸均匀。有条件时应立即送医院。

· 晕阙

劳累、疲劳、中暑、饥饿等原因所致晕厥，可令病人突然昏倒，不省人事，面色苍白，大汗淋漓，病情紧迫，此时可用拇指捏压患者的人中穴、合谷穴（虎口中）持续 2 ～ 3 分钟，可望苏醒。

· 心绞痛

有心绞痛病史的患者，出外游玩应随身携带急救药品。如发生心绞痛，首先应让其坐起来，不可搬动，并迅速给予硝酸甘油含于舌下，同时服用麝香保心丸或苏冰滴丸等药物，以缓解病情。

· 胆绞痛

旅游途中若摄入过多的高脂肪和高蛋白饮食，容易诱发急性胆绞痛疾病。发病时首先应让患者静卧于床上，迅速用热水袋在患者的右上腹热敷，也可用拇指压迫刺激足三里穴位，以缓解疼痛。

· 胰腺炎

有些人在旅游时喜欢走到哪里就吃到哪里，暴饮暴食而诱发胰腺炎。发病后，应严格禁止饮水和饮食。然后，用拇指或食指压迫足三里、合谷等穴位以缓解疼痛，减轻病情，并及时送医院救治。

· 便秘

便秘者在大便时以左手中指压左侧天枢穴（位于肚脐旁开三横指宽处），至有明显酸胀感即按住不动，坚持 1 分钟左右，可望有便意，然后屏气，增加腹压，即可排便。

· 呃逆

呃逆发作时，指压少商穴即可自制。少商穴在大拇指外侧，距指甲根一分处。患者可以拇指和食指紧压少商穴，至有酸痛感为度，持续半分至一分钟，呃逆可止。

· 外伤出血

在野外备餐时如被刀等利器割伤，可用干净水冲洗，然后用手巾等包住。轻微出血可采用压迫止血法，1 小时过后每隔 10 分钟左右要松开一下，以保障血液循环。

· 食物中毒

吃了腐败变质的食物，除会腹痛、腹泻外，还伴有发烧和衰弱等症状，可采取盐水催吐的方法将食物吐出来。

· 被毒蛇咬伤

在野外如被毒蛇咬伤，患者会出现出血、局部红肿和疼痛等症状，严重时几小时内就会死亡。这时要迅速用布条、手帕、领带等将伤口上部扎紧，以防止蛇毒扩散，然后用消过毒的刀在伤口处划开一个长 1 厘米、深 0.5 厘米左右的刀口，用嘴将毒液吸出。如口腔黏膜没有损伤，其消化液可起到中和作用，所以不必担心中毒。

· 被昆虫叮咬或蜇伤

用冰或凉水冷敷后，在伤口处涂抹氨水。如果被蜜蜂蜇伤，用镊子等将刺拔出后再涂抹氨水或牛奶。

教师应该牢记以上这些简易急求方法，这样才能让自己的旅行更丰富。

出游时，人们往往携带很多东西，但如果忽略一些细节，就难免会造成意外伤害。例如，很多人喜欢把手机、笔、钥匙等一些日常用品放在上衣口袋里，行驶过程中一旦出现紧急状况，哪怕仅仅是紧急刹车，驾驶员的整个身体必然会猛然往前冲，在安全带的作用下，驾驶员会被紧紧地勒住，这会对驾驶员的身体产生很大的压力。如果此时上衣口袋里装有手机等硬物，就很可能造成肋骨骨折或是更严重的意外伤害。

⑮ *快速消除旅游疲劳的方法*

旅游是一件开心的事情，同时也耗费很多体力。外出游玩回来的教师可能要马上投入到工作中来，怎么才能快速消除旅游疲劳，发挥出好的工作状态呢？以下是几种常用的消除疲劳的方法，可供教师参考。

· 洗澡

洗澡可消除体表代谢的排泄物，使毛细血管扩张，有效消除疲劳。但要注意回到住处或活动后，要稍事休息，待心律恢复到平时正常的状态后再入浴。水的温度以 40℃左右最好，一般洗 15 ～ 20 分钟即可，不宜过长。

· 睡前热水泡脚

热水泡脚有解乏安眠的作用，水温可略高一点，以自身感觉微烫为宜。泡脚可以使血管扩张，血流加速，增强血液循环。中医认为，用热水泡脚，可以起到调整脏腑功能、增强体质的作用。

· 按摩

过量的体力运动会造成肌肉群产生乳酸堆积，按摩有助于乳酸尽快被代谢掉。方法是用手捏或用拳头轻轻敲打小腿、大腿及手臂、双肩、背部，使肌肉得到放松。在一天的旅行结束以后，很多人以睡眠或闲坐着作为恢复体力的方式，其实这是一个误区。

剧烈活动的第二天不要休息，一定要保持前一天一半的运动强度，给身体一个缓冲期，才能有效解除疲劳，尽快恢复体力。

· 舒展运动

①颈部伸展坐姿，双手抱头，稍用力下压使颈部前屈，然后颈部用力尽量后仰，做 8 次，每次静止 1 ～ 2 秒。

②肩部伸展坐姿，十指交叉上举，掌心朝上，然后由慢到快用力后振 10 次。

③胸背伸展坐姿，两臂屈肘前平举，含胸低头，然后两臂向侧后平行伸展，抬头挺胸，做 10 次。

④体侧伸展坐姿，一手插腰，另一手臂伸直上举，上体稍侧屈，手臂用力向侧上方伸展 5 次，然后换另侧做，每次静止 1 ～ 2 秒。

⑤腰腹伸展坐姿，两手抱头，体前屈，然后上体后仰，肘关节外展，尽量把身体伸直，

保持3～4秒，慢速做5次。

⑥腿部伸展坐姿，双腿屈膝置于胸前，然后两腿同时伸直，脚尖前伸，做10次，每次静止1～2秒。

长途旅行，游客很容易疲劳，在这里向您推荐一套缓解疲劳的保健操，非常适合在乘坐车、船或飞机时使用。

· 十指指尖相互挤压。

· 左手握拳，右手紧握左手腕，用力向外推，然后反过来做（注意双手心均向下）。

· 双手手指相互勾住，向两边拉5秒钟。

· 双手用力紧握拳头。

· 双手握拳，托住下巴，下巴用力往下压。

· 右手托住脸部，脸部用力向右手上靠，然后换左手重复。

· 双手抱住头部上方，头使劲往前用力，双手向后用力。

第九章

疾病防治细节：让教师远离职业病

教师是一个集脑力劳动与体力劳动于一体的职业，他们在繁重而辛劳的教学工作中，由于职业的特殊性，身体健康时时受到疾病的困扰。常年站在讲台前、伏案工作，许多教师患有不同程度的职业病，其中最常见的为慢性咽炎、颈椎病、下肢静脉曲张、肠胃病、眼疾等。如果不引起重视，日久天长它们将会进一步影响教师的身心健康，影响正常的工作和生活。因此，教师应该充分认识一下这些疾病，并积极地采取预防和保健措施。

1 教师职业病之慢性咽炎

咽炎是咽部黏膜、黏膜下组织的炎症，常为上呼吸道感染的一部分。依据病程的长短和病理改变性质的不同，可分为急性咽炎和慢性咽炎。急性咽炎常继发于急性鼻炎或急性扁桃体炎之后，或为上呼吸道感染的一部分。

教师平时为学生上课的时候用嗓是比较多的，由于这个原因很多教师都患有慢性咽炎。

教师在日常生活中做到以下几点可以预防慢性咽炎：

• 可以说教师就是靠嗓音来广播桃李的，因此要多加呵护嗓子。最好是坚持锻炼，增强体质，为吸气、呼气和发音奠定良好的基础。

• 教师要学会科学发音。在讲课说话的时候要根据音的高低适度打开口腔，下腭和舌根放松，软腭自然抬起，使共鸣位置抬高，使声音脱离开喉部，产生鼻腔共鸣。

• 要保持室内空气的流通和清洁，尽量不要使用粉笔板书。

• 如果本来就有慢性鼻炎、鼻窦炎等经常鼻塞的疾病，就要及时治疗，因为张口呼吸粉尘也会加重这两种疾病，引起慢性咽炎。

• 教师本身用嗓较多，为了保护嗓子尽量不要抽烟喝酒，少吃辛辣食物，养成上课饮水的习惯。

• 女教师在特别的生理期要注意谨防过度用嗓。

• 在日常的饮食上也要特别注意，忌食油炸、腌烤、辛辣食物。多吃小米、绿豆、荞麦和玉米等性凉质润，并有滋阴清热作用的主粮，还可食用萝卜、芹菜、菠菜等凉性的蔬果。

• 如果出现嗓子疼、声音嘶哑的症状要及时采取措施进行治疗。

教师在日常生活中要多注意自己的健康，只有这样才能更好地给学生带去更多的知识。

慢性咽炎患者平时生活要有规律，劳逸结合，养成体育锻炼的好习惯，如慢跑、打太极拳、游泳等，使机体的新陈代谢活跃；多进行室外活动，呼吸新鲜空气；吃饭要定时定量，如长时间饥饿或暴饮暴食，导致胃肠功能紊乱，影响消化和吸收，造成体质衰弱，会加重咽炎的病情；要做到不偏食，饮食有规律，避免营养失衡；不吃过热、过冷或辛辣刺激性食物等。

2 教师职业病之嗓音疲劳症

我们知道，当人在用嗓工作超过一定的时间和强度以后，音量和音质就容易出现下降，即嗓音疲劳。其中最具代表性的人群就是教师、歌手、演讲者等。

· 嗓音疲劳的原因

嗓音疲劳虽然不算疾病，但还是要引起教师的注意。引起嗓音疲劳是有原因的，这些原因如果在嗓音发生疲劳后仍不祛除，则成为嗓音疾病的病因。用嗓过度或发声方法不当，或妇女月经期，或在脑力、体力劳动强度较大而休息较少时连续用嗓，容易发生嗓音疲劳。

· 嗓音疲劳的特征

轻度嗓音疲劳多出现在连续发声时间较长以

后，感觉嗓音不清脆，讲话吃力，口干咽燥。检查声带轻微充血，闭合良好。休息一天即可恢复。

重度嗓音疲劳出现在连续发声或大声讲话、歌唱之后，症状为声音嘶哑，发音困难，咽喉干燥或有痰咳不出，但无发热、鼻塞流涕及咳嗽。休息两三天后可恢复。

· 嗓音疲劳的应对

轻度嗓音疲劳一般不需处理，也可以用胖大海、石斛之类中药泡茶饮服。重度嗓音疲劳则应服用中药茶剂或响声丸，也可以服用维生素B族、维生素C、维生素E之类药物，以加强营养。

· 嗓音疲劳的预防

下面总结了几条预防嗓音疲劳症的方法，希望对广大教师有所帮助。

①用嗓应量力而行，避免用嗓过度，出现轻度嗓音疲劳，就应当声休。

②在嗓音疲劳时尤其要注意冷暖气候变化，防止感冒。

③用嗓后宜饮热茶，忌冷饮，亦忌辛辣或过咸的饮食。

④在喉部做一些保健按摩，例如上下轻按人迎穴（位于颈部，前颈喉结外侧大约3厘米处），每次数十下，每日1～2次，可促进气血流通，消除嗓音疲劳。

健康叮咛

教师每天都要大声地该说话上课，对于那些嗓音常常沙哑的教师，更应该特别注意保养嗓子，以免造成如声带炎、声带息肉、声带结节等疾病。以下有10项保护嗓子的要点供教师参考：

· 讲话的速度要放慢，让呼吸顺畅，才可降低音量及音调，每七到十个字稍微停顿，换一口气，闭上嘴巴，用鼻子吸气。如果改不过来，可以试着边嚼口香糖边说话，或是嘴巴含着东西说话，虽然不太雅观，却是降低说话速度的练习方法。

· 保持轻松自然的姿势说话，放松嘴巴、舌头、下巴、喉部、肩膀和胸口的肌肉，采用腹式呼吸发音，不要弯腰驼背，注意鼻腔共鸣，而不是从喉咙发声。

· 不要说悄悄话，刻意压低音量反而更伤声带，可以小声说话。

· 常喝温开水，保持喉部的湿润，避免刺激性的饮食如酒、咖啡、浓茶及辣椒等，避免抽烟或二手烟，有胃酸过多现象的人应避免吃宵夜。

· 感冒时尽量少说话，因为声带可能已经水肿发炎，千万不可雪上加霜。

· 生活规律，保证充足的睡眠和休息，尽量放松心情，舒解情绪和减缓工作压力，多运动，通过增加肺活量来增加音量，以减小用力嘶喊强度。

· 多利用肢体语言、手势和脸部表情等帮助沟通，和讲话的对象距离不要太远，多用麦克风。

· 除上课以外尽量少说话，利用休息时间保养嗓子。

· 控制好自己的情绪，避免大声喊叫。

· 不要用力清喉咙或咳嗽，尤其是清喉咙的习惯一定要改掉。

3 教师职业病之下肢静脉曲张

下肢静脉曲张在教师中是种很常见的疾病，教师站立时间过长，下肢静脉中的血液长时间不能向心脏回流，聚积在腿和脚的静脉里，导致日积月累就会破坏静脉瓣膜而产生静脉压过高，血管突出皮肤表面。下肢静脉曲张的早期症状是腿部血管突出，并引发小腿胀痛、发痒、易抽筋等不适感，站立时间稍长腿部如同灌铅般沉重。下肢静脉曲张后期症状会出现小腿局部皮疹，瘙痒难耐，严重者皮肤发黑，甚至严重溃疡，经久不愈。

下肢静脉曲张是教师这一职业的常见病，因此在日常生活中教师可采取一些简便易行的措施，预防下肢静脉曲张的发生。

· 多运动

预防下肢静脉曲张的最好办法就是多运动。跑步可以使腿部肌肉活动增强，挤压静脉内的血液，使其流动更加通畅。长期坚持，静脉曲张自会痊愈。

· 平时要多做双腿上下摆动练习，多做腿部按摩

站立时，不要总用两条腿一起支撑全身重量，可有所侧重，让两条腿轮换休息。站立时，要经常踮起脚来，让脚后跟一起一落活动，或经常进行下蹲练习。上述动作都能引起小腿肌肉强烈收缩，减少静脉血液积聚。

· 做好腿部防护措施

每晚睡觉前，要养成用热水洗脚的习惯，忌用冷水洗脚。用热水洗脚，能消除疲劳，有利睡眠，更能活血化淤。

· 避免久站、久立，防止下肢负重

保持合适的站姿，不当的工作姿势可损伤肌肉骨骼的健康。如果出现轻度静脉曲张，临床症状又不明显时，可以长期应用弹性绷带或绑腿裹住小腿，以防止病情继续发展。

· 避免足部及小腿部碰伤

因为静脉曲张形成静脉结节，静脉结节的管壁较薄，并常与萎缩的皮肤相粘连，轻度损伤即引起破裂出血，且此种出血不易止住。另外，静脉曲张的局部血液循环受到阻碍，一旦皮损破裂，则不易痊愈，糜烂溃疡处由于久不收口而易于感染，引发并发症。

· 合理饮食，忌辛辣食品

下肢静脉曲张者，在饮食上应忌食辛辣刺激的食品，如葱、蒜、辣椒等，这类食物可生湿热，再加上长期站立，容易导致湿热下注，使脉络气血运行受阻，郁结于下肢，导致下肢静脉曲张。在饮食方面，应多吃高纤、低脂食物，加强维生素 C、维生素 E 的补充。另外，抽烟会使得血压升高及动、静脉内膜受损，静脉曲张的病人应尽量戒烟。

教师在课堂讲课时可尝试以下做法：根据需要，将身体重心交替由一只脚移到另一只脚上，始终保持一只脚处在休息状态；两脚轮流交替或同时提起脚后跟，抬高身体；由脚尖着地改为脚后跟着地，再由脚后跟着地改为脚尖着地；轮流屈伸双腿，使脚离开地面；每隔一段时间使背、颈部和腹部的肌肉绷紧 30 ~ 40 秒，以使背直、肩平、收腹，保持良好的体态。此外，要穿能支撑住脚弓的矮跟或中跟鞋，或贴身穿一双高弹的长筒袜，保护浅静脉，减轻压力。

4 教师职业病之痔疮

一般来说，教师的工作主要包括备课、讲课和批改作业三大部分，其中讲课往往需要长时间

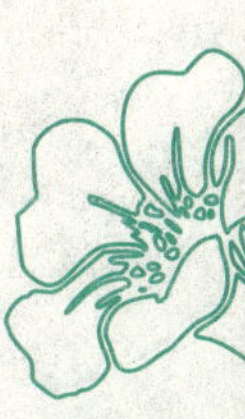

站讲台，而备课和批改作业又要长时间保持坐姿。这样久站久坐的工作习惯就导致绝大多数教师缺乏运动，进而导致血液循环不畅，肛门静脉血液容易淤积而使静脉扩张、直肠静脉回流发生障碍，最终引发痔疮等肛肠疾病来袭。中华医学基金会在全国筛查肛肠疾病的调查显示，久坐或久站者痔疮发病率为70%。教师因工作兼具久坐与久站两大特性，患病率更高。

痔疮是一种常见病、多发病，对人体的危害颇多，给工作和生活带来诸多不便。因此，预防痔疮的发生或复发就显得非常重要。教师预防痔疮要从平时做起，具体地说，应注意以下几个方面。

· 加强锻炼

经常参加多种体育活动，对痔疮有一定的预防作用。这是因为体育锻炼有益于加速血液循环，改善盆腔充血，促进胃肠蠕动，防止大便秘结。

· 预防便秘

便秘是诱发痔疮的原因之一，日常饮食中宜多食新鲜蔬菜、水果等富含纤维素和维生素的食物，少食辛辣刺激性食物，对顽固性便秘应尽早到医院诊治，治疗原发病。切不可长期服用泻药或长期灌肠，以免直肠黏膜感觉迟钝，排便反射迟钝，加重便秘，反使痔疮发生。

· 养成定时排便的习惯

纠正久忍大便的坏习惯，防止蹲厕时间过长，排便时闭口静思，不谈笑。

· 保持肛门周围清洁

注意卫生，防治感染，以免诱发或加重痔疮，平时应经常进行肛门的热敷，勤换内裤，尤其是痔疮发作时，每天至少进行两次肛门热水坐浴，可促进肛门部血液循环，及时治疗肠道炎症和肛门局部炎症。

· 多喝水、多吃纤维粗的食物

喝水可以软化肠道里的大便，粗纤维的食物可以促进肠蠕动，都可以帮助排便。

· 避免久坐久立

不可久坐，坐45分钟起来活动5分钟，可以有效地减轻痔疮症状。也不要久站，久站负重也会引起肛门静脉充血。

· 常做提肛运动

具体做法是：全身放松，或坐或立或卧均可，摒弃一切杂念，有意收缩肛门，缓慢上提，就像强忍大便一样，意想把下陷之气提至丹田，然后放松，如此反复数次。一般每次做30次，每天做两次。这项运动可随时随地进行，办公时、乘车时、看电视时、走路时、休息时都可做，效果很好。

· 自我按摩

痔疮是局部血脉瘀结的结果，按摩为我国传统健身祛病的方法之一。长强穴（尾骨尖前面）为治疗痔疮首选穴位，取长强穴按摩可明显改善局部血液循环，在预防和治疗上都是很有效的。

· 及时用药

一旦有痔疮发作先兆，如肛门轻度不适、疼痛、瘙痒、便血，应及时用药。

调查表明，痔疮患者以长时间坐着工作而少活动者居多，如教师、办公室文员、会计、电脑操作员、编辑、麻将爱好者、出租车司机等。其中，约占九成的患者平时都较为偏爱坐软垫坐椅和沙发。

长时间保持坐姿导致腹部血流速度减慢，会妨碍血液循环，下肢静脉血不能回流，血液循环受阻，直肠静脉丛易发生曲张，血液淤积，形成一个静脉团，这就是痔疮。当人们长时间坐在松软的沙发里时，身体陷在沙发里面，血液循环会受到阻碍，从而诱发或加重痔疮病情。

为了预防痔疮，教师应该多坐硬板凳。这是因为当人坐在硬板凳上时，由于臀部有两个坐骨节支撑，就不会妨碍血液循环。

5 教师职业病之颈、腰椎病

教师是颈、腰椎病的高发群体，发病率是其他职业的 4 ～ 6 倍。一项体检结果发现，教师的颈、腰椎疾患达到 31.4%，40 岁以上教师颈椎增生发病率高达 54.5%。每天坐在办公桌前几个小时，有的教师下班后还要批改作业，颈肩部、腰部的肌肉一直处于紧张强直状态，血液循环不畅，使颈、腰椎长时间处于屈位或某些特定体位，不仅使颈、腰椎间盘内的压力增高，也使颈、腰部肌肉长期处于非协调受力状态，久而久之，肌肉和韧带受牵拉劳损，很容易造成颈、腰椎病。按照常理，站着讲课是教师的工作状态，而坐下来备课和批改作业，则被当作是休息，教师本人大多也是这种心理，因而忽视了此种状态下的适当运动调整，于是，教师很容易受到此种疾病的侵害，出现头昏，头痛，颈肩背痛，颈椎及上胸椎棘突压痛，面部或半身麻木、发凉感等症状。

预防颈、腰椎疾病最佳的方法是调整工作时的姿势与时间长度，在坐姿上应尽可能保持自然的端坐位，适度的运动与充分的休息，才能预防骨骼肌肉的病变。例如伏案时间不宜过长，一般 1 个小时左右就要放松 3 ～ 5 分钟，做做扩展胸部、扭转腰肢、活动四肢、抬头远眺等运动；书写板书时，尽量不要超过眼睛水平线，需长时间书写时，中间应稍作休息或做转头、扭身活动；晚上睡觉时，尽量枕低枕。另外还要多做一些体育运动，如放风筝、游泳、做保健操等。

当前随着健身热的兴起，许多教师在休息时间通过健身来舒缓身心压力，预防颈椎和腰椎疾病。下面就给大家介绍几种适合教师在课余或者家中锻炼颈椎和腰椎的动作。

· 耸肩

放松肩颈，缓解肩颈疲劳。保持站立，双手下垂。两肩上下耸动，动作不能太快。有条件的教师可以双手拿着哑铃进行耸肩运动，使肩颈周围肌肉也能得到锻炼。

· 放松

转动头颈和左右回头。两组动作交替缓慢进行，放松头部和颈椎。

· 屈腿卷腹

增加腰腹力量，预防盆骨前倾。仰卧在垫子上，双腿弯曲，使大腿与小腿成 90 度。双手放在胸前或脑后，但不要用手拉动头部。收缩腹肌拉起躯干，保持下背部（腰部）紧贴在垫子上，仅使肩关节离开垫子。用力时呼气，还原时吸气，动作要缓慢。该动作每次锻炼可做 3 组，每组 20 个左右。

· 仰卧抬腿

平躺在垫上，抬起双腿使大腿与小腿成 90 度，抬起双腿往上勾，注意不要伤到脊背；停顿，复原。动作过程中，背、臂、手都保持固定。该动作每次锻炼可做 3 组，每组 15 个左右，增加腰腹力量，锻炼腰腹和腿部。

很多教师在办公室工作时驼背、哈腰，长时间低头伏案，使颈椎处于长时间向前屈伸的劳累状态，颈后肌处于强直状态，打破了颈椎前凸、胸椎后凸的生理曲线。请尽量拉近与工作台的距离，将桌椅高度调到舒适状态。腰部挺直，双肩后展。臀部要充分接触椅面，可经常用椅背顶住后腰稍作休息。工作间隙随呼吸做提肩动作，每隔 5 ～ 10 分钟应抬头后仰休息片刻，使头、颈、肩、胸处在一种微微绷紧的正常生理曲线状态，避免头颈部过度前倾或后仰。

6 教师职业病之肩周炎

肩周炎又称肩关节组织炎，是肩周肌肉、肌腱、滑囊和关节囊等软组织的慢性炎症，也是教师常见的职业病。教师需要每日写教案，上课写黑板字，耗力虽不大，但却需要肩臂许多肌肉参与协调，所以易引起肌肉、肌腱等软组织疲劳。日积月累，即可发生内部的慢性损伤，成为患肩周炎的因素。

肩周炎初发时表现为患者侧肩部一处或几处疼痛不适，夜间比白天痛得厉害，劳累后更易加剧。疼痛的程度差异很大，有的钝痛，有的似刀割样痛，也有的为针刺或牵拉样痛，疼痛范围较广，多数疼痛延伸到上臂和肩后。疼痛厉害时，肩关节周围肌肉呈明显痉挛，严重时自己无法梳头，甚至不能穿衣服。

防治肩周炎，最理想又简单的方法是坚持体育锻炼。下面给教师朋友们介绍几种能够有效防治肩周炎的运动体操：

· 摇肩法

忍痛尽量伸直患手，做大回环动作，幅度由小到大，速度由慢到快，次数由少到多。按顺时针方向做过再按逆时针方向做，每天坚持数次（运动次数视身体状况而定）。

· 提重物法

分腿站立，未患病的手扶在桌子的一端，弯腰约 90 度，患病的手握 1 ～ 2 千克的重物如哑铃、沙袋，也可用熨斗等家庭日常用品替代，活动时肩部应尽量放松，然后依次做肩关节前后摆动、左右摆动和顺时针及逆时针地画圆摆动，摆动的幅度由小逐渐增大。每组摆动练习可反复做 15 ～ 20 次，每天做 2 ～ 3 组。

· 拉毛巾疗法

拿条长毛巾，两只手各拽一头，分别放在身后，一手在上，一手在下，跟搓澡似的拽它。刚开始活动时，人可能会受到一些限制，但不要着急，动作慢慢地由小到大，感觉也越来越好。每天坚持做几次，肩周炎的状况就会逐渐改善。

· 单手触肩

让高抬的左手臂，经过脑后触摸右肩头，再让右手臂经过脑后触摸左肩头，两臂交替多次重复进行。肩周炎严重者可以循序渐进，争取触到肩头。

· 徒手爬墙

面对墙壁站立，用患手手指沿墙缓缓向上爬动，使上肢尽量高举，到能忍痛的最大限度，在墙上作一记号，然后再徐徐向下返回原处，反复进行，逐渐增加高度。

· 拉伸法

把一只小滑轮吊起来，两手拉着滑轮下绳的两端，双手做不断来回拉伸运动，次数要逐步增加，并由慢到快，每天坚持数次。

· 上肢绕脖子

没事坐着的时候，将两只胳膊分别从前向后，或从后往前用力做绕脖子的动作。别看这种办法简单，对肩关节却有一定的锻炼作用。

对于经常伏案工作的教师来说，坚持以上几种体育锻炼是防治肩周炎很有效的方法。

7 教师职业病之腕管综合征

腕管综合征现在很常见，主要和以手部动作为主的职业有关。得了这种病会出现手部逐渐麻木、灼痛，腕关节肿胀，手动作不灵活、无力等症状。到了晚上，疼痛还会加剧，甚至让人从梦中痛醒。

长时间接触并使用电脑，每天重复在键盘上打字和移动鼠标，手腕关节可能会形成“鼠标手”，也就是腕管综合征。其中，键盘、鼠标是最常见的“腕管杀手”。对于频繁使用双手的职业，比如教师、音乐家、编辑、记者、建筑设计师、装配工等，都可能会遭遇腕管综合征。以往，批改作业多半会使教师常感手腕不适，而如今，随着电脑教学的普及，教师更是成为腕管综合征的主要患病人群。

腕管综合征医治比较困难，病情严重者甚至需要手术治疗，而手术之后仍有可能会出现手麻现象。值得庆幸的是，教师可以在日常生活中采取多种措施预防腕管综合征。

· 注意休息

研究结果表明，哪怕休息时间只有短短的30秒钟，也会大大有利于减轻患部的疲乏和增强其忍耐力。因此，对于教师而言，可以将那些需要患部用力的工作和无需使用患部的工作进行穿插安排，以便患部不致过度劳累。此外，还可以在工作间隙多进行几次短暂的休息。

· 正确的办公姿势

在工作岗位上保持不动的姿势是违背人体生理学的。当你坐下时背部应尽量与座位的椅背贴合，以便减少对身体的束缚。理论上眼睛应保持在离电脑屏幕60厘米远的地方，而鼠标离键盘越近越好。不要长时间保持任何一种交叉腿的姿势，因为这种姿势会让关节处于不自然的状态。

· 使用顺手的工具

日常生活中的任何工具都有可能使腕部受到损伤，因此应尽量避免使用那些需要小心夹紧、腕部弯曲的工具。同时，握具的大小也十分重要。对于大多数男性而言，最适宜的握宽大约是5.8厘米。

· 冷热敷并按摩患部

沿腕部和臂部来回摩擦冰袋，每次持续40～60秒，让皮肤表面呈现红色并有麻木感，而热水袋敷患部有助于减轻疼痛。每天坚持冷热敷并按摩患部，可以促进血液充分循环，促使腕

部功能得到改善。

· 保持良好的精神状态

心理压力大和心情沮丧有可能导致肌肉群因紧张而受损。因此日常生活中教师要以平和的心态对待一切事物，保持乐观情绪。同时，还要清心养神，尽量排除杂念，以达到心神宁静的状态。

教师使用设计不当的鼠标或使用鼠标方法不当，都可能引起腕管综合征。在购买鼠标时，应选用弧度较高、面积较宽的产品。在使用鼠标时，应保持正确的姿势：手臂尽量不要悬空，以减轻手腕压力。一旦得了腕管综合征，也不必过分紧张。对于早期症状较轻患者，休息是最重要的。若病情较严重，则需实施治疗，千万不要置之不理，否则可能导致神经受损。

8 教师职业病之慢性支气管炎

教师授课时要用粉笔在黑板上写字。在书写和抹擦过程中都会引起粉尘飞扬，长期吸入粉尘，容易引起慢性支气管炎。此外，慢性支气管炎还和多种外界及自身的致病因素有关，比如过敏、吸烟、上呼吸道感染等。特别是吸烟，长期繁重的教学任务，使吸烟成为很多男教师提神醒脑之剂，但吸烟却损伤了支气管黏膜上皮组织，严重削弱了呼吸道自身的净化作用，造成呼吸道感染，出现咳嗽、咳痰、气喘等症状，严重的还能引起肺炎。

如果你不幸患上了慢性支气管炎，那么千万别再抽烟喝酒了，否则会加重病情。不妨多吃点新鲜蔬菜、水果，尤其是菇类食物，补充点维生素和胡萝卜素。平时上课的时候可以把粉笔沾湿一点再写，用湿布擦黑板。此外，患有慢性支气管炎的教师平时还应注意以下事项：

· 促使排痰

对体弱无力咳痰的患者或痰量较多的患者，应以祛痰为主，不宜选用镇咳药，以免抑制中枢神经，加重呼吸道炎症，导致病情恶化。

· 保持良好的家庭环境卫生

室内空气应流通新鲜，保持一定湿度，控制和消除各种有害气体和烟尘。加强个人保护，避免烟雾、粉尘、刺激性气体对呼吸道的损伤。

· 适当体育锻炼

增强体质，提高呼吸道的抵抗力，防止上呼吸道感染，避免吸入有害物质及过敏原，可预防或减少本病发生。锻炼应循序渐进，逐渐增加活动量。

· 注意气温变化

严冬季节或气温突然降低时，要及时增加衣服，不要由于受凉而引起感冒。冬季寒冷季节室内的温度应在18℃～20℃为宜。

支气管炎患者不仅要在发病期进行治疗、加强疾病的控制，而且在病情不重的时候还要积极预防。夏天的游泳运动就是预防支气管炎的有效措施之一。据医学资料显示，每天坚持游泳超过30分钟，持续90天以上，患者的肺活量就能够提高至少500毫升。常进行击打按摩也能够有效防止慢性支气管炎的复发。比如双手握拳分别敲击自己的胸部和背部，重复交替敲击。每天至少敲击2轮，每轮至少敲击200次。敲击的力度可以根据自身的情况逐渐加重，敲击频率也可以适当加快。

9 教师职业病之眼疾

眼睛是心灵的窗户，每个人都希望自己有一双健康明亮的眼睛。很多教师由于长期用眼过度，导致患上了各种各样的眼疾，影响到平时的生活。

作为教师，应该要懂得适时地休息、合理地使用眼睛。接下来，我们一起来看看教师容易患上的眼疾吧。

· 慢性结膜炎

除了近视，慢性结膜炎也威胁着教师的眼睛健康。中小学教师平均每天有 2 ～ 3 小时在课堂与粉尘为伴，由于粉尘的作用，很多教师都患上了慢性结膜炎。

教师的慢性结膜炎和普通人群的结膜炎大不一样。一般的结膜炎是由于细菌感染所致，表现为眼睛发痒、流泪、局部发红等症状；而教师的慢性结膜炎以物理刺激为主，刺激教师结膜的罪魁祸首就是粉笔的灰尘。

对于慢性结膜炎的治疗，目前也仅限于眼药水。虽然没有非常有效的方法，但慢性结膜炎必须引起教师的重视，如果长期不进行治疗，可能引起炎症扩散、不适感增加、眼睑内翻等更为严重的病情。

· 干眼症

教师因长时间面对电教设备和网络，再加上每天都要批改作业，导致视觉疲劳，出现视觉模糊、视力下降或眼睛干涩、发痒等症状，有的人还伴有头痛的症状。其实，这就是我们所说的干眼症。

大约有一半以上的教师患有视疲劳，它是不可逆的，也就是说视疲劳只能缓解症状，不能治愈。它是花眼的前兆，如果不能及时发现和治疗，很快就会花眼。而长期视觉疲劳，就会导致干眼症。如果干眼症不能及时治疗，严重的会损伤角膜，导致严重的眼病。

出现视疲劳症状时先要去医院检查，以排除眼病和其他疾病引起的视疲劳。其次，消除引起视疲劳的各种因素。教师出现干眼症时更应引起重视，应及时到医院查清原因，及早治疗。此外，可适当滴用一些解除眼疲劳和治疗干眼症的眼药水。与此同时，加强体育锻炼，保持良好的身心健康也有助于预防视疲劳。

秋冬季节气候干燥，人体的泪液分泌不足，蒸发加快。如果经常使用电脑，为了保障视物清晰，眼睛要不断调节焦距，平均眨眼次数会减少，导致泪液供应不足，泪膜稳定性降低，更易患上干眼病，影响日常生活。

因此，秋冬季节要格外让眼睛“保湿”，每隔 1 小时左右就要让眼睛休息 5 ～ 10 分钟，适当用一些润滑眼睛的眼药水，如人工泪液、透明质酸钠等，并多喝水，及时补充丢失的水分，同时注意治疗眼表的慢性炎症。

10 教师职业病之肠胃病

据一项研究发现，在压力较大的状态下，人体的新陈代谢较快，血液中的糖分、脂肪酸、乳酸等增加，蛋白质、碳水化合物代谢增加。由于大量的能量消耗，有机体的平衡被打破，免疫系统受到破坏，很容易患上疾病。为了弥补身体对

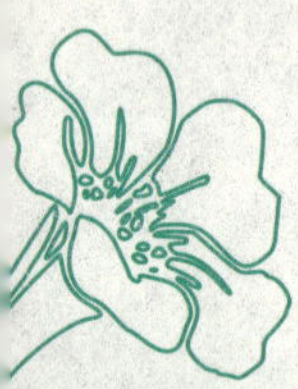

营养物质的需求，需要从食物中大量补充营养物质才能维持身体各个方面的平衡。

教师在学校往往独当一面，承担繁重的教学、管理任务，而在家中又是家庭的支柱，心理压力大，精神及体力的负担都很重，再加上经常因专心备课、处理班级事务等原因不能按时吃饭，因此很容易患上肠胃病。有资料显示，教师的消化系统疾病发病率高，其中胃病患病率为15%～25%，这与教师平时精神紧张有密切的关系。

教师的疾病是忙出来的，这句话并不过分。因此，教师要想远离肠胃病的困扰，必须从改变生活习惯入手，积极预防。

·规律的生活

教师平时一定要保证生活有规律，睡眠要充足，同时还要避免过度劳累，注意劳逸结合。

·按时进餐

教师一定要保证按时进餐，切不可为了加班完成任务而忍饥挨饿，辛辣、过咸的食物以及浓茶、咖啡等都不宜多食。不要贪烟酒，能戒烟最好。少吃大鱼大肉等酸性食品，以免体内酸性物质积聚，从而造成胃酸过多。胃酸过多会引起胃不适感、胃部疼痛、恶心、腹胀、腹泻、“烧心感”（即心窝部烧灼感）等症状及全身倦怠感等，如果出现了这些症状应该及时治疗。

·愉悦的心情

心理学家认为，消化性溃疡是一种身心疾病，因此保持愉快的心情是防治肠胃疾病的良方。平时要努力自我调节和缓解生活、工作中的压力，保持愉快的心情，如遇到令人紧张或焦虑的事情，要尽快通过与他人沟通或转移注意力等方式消除不安情绪。

·适当的运动

教师通常早出晚归，有时周末都忙碌得没有时间参加体育运动，这种生活方式是十分不可取的。平时应当多运动，从而有效地改善肠胃血液循环，减少脂肪堆积和胃酸分泌，减少肠胃病的发病率。

教师平时可以按以下要点进行肠胃疾病自检：

·时有胸骨后受阻、停顿、疼痛感，且时轻时重。这往往提示可能患有食管炎、食道憩室或食管癌早期。

·饭后饱胀或终日饱胀、嗳气但不反酸、胃口不好、体重逐渐减轻、面色轻度苍白或发灰，出现这些情况要考虑慢性胃炎，特别是慢性萎缩性胃炎、胃下垂。

·饭后上中腹痛，或有恶心、呕吐、积食感；疼痛有规律，如受凉、生气、吃了刺激性食物后发作。这类情况提示可能患有胃溃疡。

·经常在饭后2小时左右出现胃痛，甚至半夜疼醒，吃点东西可以缓解，常有反酸现象；秋冬季节容易发作，疼痛在上腹偏右，有节律。这类情况提示可能患有十二指肠溃疡或十二指肠炎症。

·饭后腹部胀痛，常有恶心、呕吐，偶可呕血，过去有胃病史，近来加重，或过去无胃病，近期才出现，且伴有贫血、消瘦、不思饮食，在脐上或心口处摸到硬块。这种情况应高度警惕，因为有可能是胃癌。

·饮食不当或受凉后发生腹痛、腹泻，可伴有呕吐、畏寒发热。这类情况可能是急性胃肠炎、急性痢疾。

⑪ 教师职业病之颈源性头疼

讲课和伏案工作的时间长了，有的教师会觉得脖子疼，严重的会觉得后脑勺、头顶、眼眶甚至眼珠子都疼，而且还容易出现视觉疲劳。这就是颈源性头疼，也是教师队伍中比较常见的职业病。

· 颈源性头疼的原因

①坐姿不好：现在许多人都是电脑办公，可是电脑的摆放位置与人的坐姿几乎都不相匹配，要不就是屏幕太低头得缩着，要不就是键盘太高手得抬着，这都是典型的坐姿不对。时间一长，颈椎的韧带、肌肉被拉扯得松弛、劳损。在颈椎活动时，劳损韧带无法起到正常保护和稳定的作用，以至于在低头或者大幅度仰头时，颈椎因为没有韧带和肌肉的弹性牵扯而出现错位。这时，颈椎两旁椎管中的血管，就会被错位的颈椎压迫，出现头晕、头疼等症状。

②睡姿不当。通常75%的人在睡觉时都会正、侧躺交叉着睡。正常而言，正躺时枕头应该正好填满颈部的弯曲处，这就需要颈部较高，头部稍低。在侧躺时，枕头的高度则应更高些，不至于让脖子向下倾斜，让整个脊椎都和床水平。如果枕头不合适，白天低头工作造成的颈部紧张无法在睡眠中恢复。特别在侧身睡时，由于枕头高度不够，脖子向一侧扭转，就会导致颈椎两侧的血管拉伸、压迫，加重头晕、头疼的症状。

③头颈受凉。女性经期和产后都很容易引起头晕。睡觉时，身体都用被子给包裹着，只有头部和颈部露在外面。颈部周围有丰富的血管和神经，它们对周围环境变化特别敏感，如果血管因为受凉而收缩严重，就会导致脑部供血不足。交感神经也很容易受到外界环境温度的影响而变得兴奋，增加人的痛感。而血管和神经的紧张，导致肌肉不能充分舒展，自然睡眠也不会好，醒后就会头晕，严重的还会出现恶心、呕吐等症状。许多体质虚弱的人更容易因为受凉而引起头疼。处在经期、产后、更年期的女性，还有一些工作疲劳的人，睡觉时很容易因颈椎受凉而导致头疼。

· 颈源性头疼的预防

①保持良好坐姿：一般采取自然端坐位，头部略微前倾并微抬，胸部保持挺直，自觉颈后群肌肉处于放松状态。使用椅背带腰部支撑的座椅，或者腰部后方垫一软枕使腰部保持轻度前屈姿势，两腿放松，保持全脚掌着地。

②桌椅高度适宜：如桌椅的高度不适当，会使头部过度后仰或前屈，造成颈肩部肌肉劳损。应保持双眼平视或者上下10°左右看电脑屏幕。键盘与鼠标垫放置位置也不宜过高，应保持肩关节自然下垂的放松状态。

③避免颈部长期处于一种姿势：稍感疲劳时便可离开座位行走，或每隔60分钟左右起身离开，做些简单的伸展体操，如做颈部的缓慢前屈后伸、左右旋转，3～5分钟即可达到舒缓颈部肌肉的作用。

④更换显示器的位置：如果电脑放在侧方的，建议定期左右更换显示器的位置，以避免颈腰椎长时间处于侧方的扭曲状态。

⑤调整合理的睡眠姿势，枕头和卧具松软厚度适宜：人体的颈椎有其正常的生理弯曲度，使

用过低或过高的枕头，都会使颈椎骨、肌肉和韧带处于紧张状态。枕头的高度一般在 8 ～ 15 厘米为宜。枕头要放在后脑勺和颈部，卧姿以平卧为宜。对于颈椎生理曲度变直或者反弓的患者应睡前高后低的保健枕，高的一边置于颈部，低的一边置于头部。

⑥注意颈部保暖：不要让风扇或者空调长时间直接对着颈部吹凉风，风寒常导致肌肉痉挛、僵硬，从而造成落枕、颈椎小关节紊乱和肌肉纤维组织炎的反复发作。

⑦加强锻炼，增强体质：可通过颈项腰背功能锻炼，增强局部肌肉的力量，改善颈腰椎的稳定性及抗劳损能力。建议每周进行 1 ～ 2 次游泳，尤其以蛙泳为宜，可以增强颈腰部肌肉的力量，改善长期不良姿势导致的颈腰椎生理曲度的异常。

一旦出现颈源性头痛症状，患者要注意休息，尽量减少待在电脑旁的时间，避免低头作业。同时，患者可根据头痛程度及持续时间，选择小剂量止痛药服用，如布洛芬、双氯灭痛等，以促进症状改善，减少头痛发作次数。经过休息、放松及服用止痛药症状仍未缓解时，应去医院做进一步检查，确诊后可行局部痛点封闭治疗，或行封闭与牵引相结合的综合疗法，以有效缓解肌肉、筋膜痉挛，促进炎性物质吸收，减轻疼痛。

12 教师职业病之神经衰弱

神经衰弱是一种常见病，高居各种神经官能症的首位。其症状主要有以下几点：失眠、早醒、睡觉易做梦；注意力无法正常集中，记忆力差；头昏、头痛；易烦、易怒、多疑；情绪低落；个别女性也表现为月经失调。神经衰弱不仅影响正常的工作和生活，而且当人们心理负担重，以及情绪紧张的时候，通常会容易生病。我们必须加以重视，避免酿成大患。

大多数教师的神经衰弱都是由于工作压力大导致的。教学带来的压力，不但压在了孩子和家长身上，给教师带来的负担也不小。尤其是毕业班的教师和班主任们，精神处于高度紧张状态，不少人出现了焦虑、烦躁、失眠等亚健康状态。应当提倡在大脑神经系统能够承受的范围内努力工作。一方面要摒弃松懈、“混日子”的工作态度，另一方面也要避免“过度劳动”。教师需要明确一点，工作与生活不能急于求成，这是长时间的任务，切记欲速则不达。因此，要预防神经衰弱，广大教师需要注意以下几方面。

·提高心理素质

生活中，挫折与心理冲突是每个人都会遇到的，然而人们由于年龄、个性和生活经验的不同，在适应能力方面也存在较大差异。在同样的精神因素作用下，有的人会患上神经衰弱，而另一些人却安然无恙。说明人的不同性格、素质、对外界环境适应能力与发病直接相关联，因此，神经衰弱的预防要充分考虑到个人的性格、素质因素。在日常生活中，我们要不断完善自己的性格，提高心理素质，加强自我克制能力，使自己对于外界环境变化以及突发事件能够更好地适应，减少神经衰弱的发生。

· 缓解工作压力

在紧张的工作中，必须学会用适当休息调节压力。休息好了，自然精力充沛，虽然工作时间减少了，但效率提高了。另外，工作还要有计划性，计划好每天的工作任务和工作量。有的人工作看似很忙，但却没有头绪，往往是延长工作时间，却没有做出什么工作成果，还经常出错受到领导的批评。长此以往，必然带来极大的精神负担，于是头昏、头痛、失眠、记忆力减退、注意力不集中等症状接踵而来，最后发展为神经衰弱。

· 保持良好的情绪

不良情绪是导致神经衰弱发生和影响神经衰弱患者康复的重要因素。保持良好的情绪，不仅是神经衰弱者得以顺利康复的重要条件，也是预防神经衰弱必须考虑的一个方面。广大教师首先要对自我有一个正确的认识，了解自身的身体素质与知识才能、社会适应能力，对待事物要保持平常心，切莫焦躁和忧愁，做到知足者常乐。

· 加强体育锻炼

运动能够增强体质，提高抗病能力，同时也可以有效地预防和治疗神经衰弱。适当的体育锻炼能增强中枢神经系统功能，促进血液循环，增进各脏腑器官的功能，并能改善全身状况，包括精神、情绪、食欲、睡眠等。不过，在进行体育锻炼时必须根据个人的年龄、体质、工作性质、环境条件等选择适当的锻炼项目。如果体质较好，可选择跑步、健身体操、游泳、羽毛球等项目；如果是体弱者，可选择散步、慢跑、广播体操等运动。运动量要适宜，以能达到微量出汗为宜，每天可锻炼 1 ～ 2 次。

神经衰弱者的自我锻炼对恢复健康有很大帮助，在配合治疗的同时，患者可采取下列三种自我锻炼法。

· 散步、旅行法：研究人员发现，神经衰弱者进行较长距离的散步，有利于调整大脑皮层兴奋和抑制过程，减轻血管活动失调的症状。

· 冷水浴刺激法：冷水刺激可强壮神经系统，增强体质。神经衰弱者最好在早晨起床后进行冷水浴。最初可先用温水擦身，经过一段时间锻炼后改用冷水擦身，最后用冷水冲洗或淋浴，每次 1 分钟左右。

· 自我按摩法：神经衰弱者多伴有头痛、失眠、心慌的症状，可通过按摩加以缓解，具体操作法如下：两手心掩耳，食指放在中指上，然后让食指滑下，弹击脑后风池穴 30 下，可听到击鼓样的声音，这对减轻头痛有很好的作用；两手握热后，用右手中间三指擦左足心，直至足心发热为止，然后用同样的方法用左手擦右足心，通常以擦 4 次为佳。此法能使虚火下降，有助于治疗失眠、心慌。

第十章

科学用药细节：为教师健康加把锁

由于职业的原因，许多教师容易染上各种各样的慢性疾病。有些教师一旦患病，往往总是急于多用药，用好药，喜欢采用“双保险”等自我疗法，私自乱服药。这样不仅容易造成细菌耐药和药物配伍禁忌失调，而且还可能发生过敏、交叉感染、蓄积中毒等药源性疾病。其实药品使用是一门相当专业的学问，并非人人都可以充当医师和药师的角色。因此，掌握一些基本用药原则和常识，会对教师的健康有很大的帮助。

❶ 走出家庭用药误区

在日常生活中，人们难免会患上一些疾病，有轻有重，所以家庭用药是很平常的事情，但是，你真的会用药吗？我们没有专业知识，所以出现一些错误用药也是正常的，但是我们有时不听医生的劝告，擅自用药，这种做法是错误的，这样不仅不利于治疗，反而会危害健康。那么日常生活中我们会存在哪些用药误区呢？

· 时间错位

不少人服药都选择在白天，而忽视了夜间服药。有的药日服 2 次，应每隔 12 小时 1 次，有的每隔 8 小时 1 次，然而很多人往往随着三餐时间服药，结果白天血液中药物浓度过高，而夜间却很低，影响药效发挥。

· 药量过大

按医嘱服药可获得良好效果，如果超量服用可能会引起中毒。有的人随意加大剂量，这样做十分危险，不但不能达到治病的目的，还可能造成非常严重的后果。

· 药量偏小

有些教师为了预防疾病或害怕药物不良反应，认为小剂量比较安全。其实这样非但不能产生明显的治疗效果，反而会贻误病情，甚至产生耐药性。

· 时断时续

药物发挥疗效主要取决于它在血液中恒定的浓度。如不按时服药，达不到有效的药物浓度，就可能无法控制病情。

· 疗程不足

药物治疗需要一定的时间，如尿路感染需要 7～10 天才可治愈。若用药两三天，症状略有缓解便擅自停止服药，就可发展成为慢性感染。

· 当停不停

一般药物达到预期疗效后就应停止用药，否则会引起毒性反应，如二重感染、依赖性，以及蓄积中毒等。

· 突然停药

许多慢性疾病需长期坚持用药才能控制病情、巩固疗效，如癫痫病、抑郁症、高血压、冠心病等。如需停药应在医师的指导下逐逐减小药量，不要擅自停药，否则可能会导致旧病复发甚至危及生命。

· 随意换药

药物显示疗效是需要一定时间的，如伤寒用药需 3～7 日，结核病需半年。如随意换药使治疗复杂化，出了问题也很难找出原因进行及时处理。

· 多多益善

科学地将两种药物联合使用常可增强疗效，但如果配合不当会产生拮抗作用，以致降效、失效，甚至招致毒性反应。

· 以病试药

有人患疑难杂症久治不愈，屡找偏方、验方使用。这样经常试药会导致病情加重，失去手术时机，难以救治。

以上这些用药误区是比较常见的，其中有没有你的误区？如果有，请及时改正，避免发生不良后果。

健康叮咛

不少慢性病患者吃药态度很认真，但操作很粗糙。比如有些高血压患者只认商品名，不看化学名，在家备了好几种降压药，但仔细一看，多数药物的成分相同，只是商品名不同。如此一来，如果同时服用这些降压药，会造成用药剂量过大，用药不安全。更夸张的是，有些人就诊时，向医生描述自己所服用的降压药，连药名都不记得，只知道药物的形态和颜色。因此，慢性病病人用药应非常仔细，最好将药箱里常备的药物，按照化学名归类，不要因为商品名不同，就认为是不同成分的药而盲目服用。

2 家庭常用药失效特征

药品容易受到光线、温度、湿度、微生物的影响与破坏。如药品存放不当或存放过久，会使药品质量下降或变质无效，用这样的药品会造成不良后果。

一般来讲，药品是否变质要依靠理化方法，或生物检验方法来检验判定。但是，除专业机构外，一般情况下很难做到。大量的、更重要的方法还是要从药品的外观性状来观察是否变质，判断药品有何变化。当出现下列情况时，就不能再用了。

· 注射剂

观察药液是否澄明，有无变色等。注射剂除个别特殊的品种允许有轻微浑浊外，一般都是澄明的液体。凡有明显浑浊、沉淀或结晶析出，经加热不能溶解者均不可使用。还有些中草药注射液在贮存中容易产生浑浊或沉淀，也不可使用。

· 片剂、胶囊剂

如发现药片有受潮粘连、松散膨大、变形、裂片以及糖衣片变色或严重斑点、变色发霉等，不可服用。如发现酵母片发霉生虫，维生素C片氧化变色，阿斯匹林片遇潮后有醋酸的酸味，不可服用。有些中成药如舒筋活血片吸潮后变棕褐色，药片松散、粘连，不可服用。胶囊剂容易吸潮发粘，若内容物变质，则不可服用。

· 散剂

结块发霉、变色粘连者不可服用。

· 眼药水

打开后要在3～5天左右用完。如发现存放的眼药水有变色，或出现絮状物，不可再用。

· 酊剂、浸膏剂、糖浆剂

如发现上述药剂有沉淀、发霉、变色等，不可服用。如颠茄合剂贮存过久有沉淀析出，就不要再继续用；有些止咳糖浆出现发酵、发霉状，不可服用。

· 软膏剂

一般较稳定，但应检查其基质有无酸败、异臭，还应检查有无油层析出或结晶析出。若有油层或结晶析出，经加工调匀后可使用，但若变色、异臭者则不能再用。

需要提醒的是，对有毒或有刺激性的药品不要尝嗅，以免发生过敏或中毒事故。

健康叮咛

有的人用电冰箱来存放一些例如红参、党参、天麻，甚至人参、鹿茸之类的中药材，以为这样可以达到长期保存的目的。

其实，这完全是误解。因为将中药材放进电冰箱内，时间长了，容易受潮变质，破坏药材的药性，影响其使用价值。因此，对于需要长期保存的贵重中药材，最好还是采取传统的方法，即先用铁锅把米炒黄，待放冷后与药材一同放在玻璃瓶内，密封贮藏。

③ "对症下药"当心六大误区

时下，不少教师对"小伤小病"往往自行买药治疗。殊不知很多病的症状，是人体自卫防御功能的一种反应，如果不分析病因及检查，就盲目地"对症下药"，常会掩盖了疾病的实质，造成误诊、误治。

·腹痛用止痛药

腹痛是腹部疾患的主要症状，但要根据疼痛的部位、性质、时间、有无反跳痛放射痛、有无板状腹、腹痛与体位的关系等诊断。如阑尾炎、胆囊炎、胰腺炎、溃疡痛等都各有其疼痛特点，切不可一有腹痛就用止痛剂，掩盖了病情，引起合并症。

·发热用退热药

发热是人体对致病因子的一种全身反应，引起发烧的疾病很多，大部分有其特殊的热型（体温曲线）。如弛张热常见于结核病，双相热常见于登革热、麻疹等。因此如遇发热就用退热药，就易打乱热型，影响诊断依据。

·炎症都用消炎药

治疗感染性炎症，通常是根据病原微生物的不同，选择能够抑制或杀灭病原微生物的消炎药来治疗。而治疗无菌性炎症就不能用消炎药了，因为这不但无法起到消炎作用，反而会导致抵抗力下降和人体的菌群失调。有的人对某些物质过敏时也可引起炎症反应，如过敏性鼻炎、接触性皮炎、湿疹等。如果使用抗菌消炎药治疗，不但无效，有时反而引起新的过敏反应而加重病情。还有一些运动系统疾病，如关节炎、纤维组织炎、腱鞘炎、强直性脊椎炎等，这些炎症大多与潮湿、外伤、过度负荷、内分泌失调和衰老有关，使用消炎药治疗当然不会有效。

·腹泻用止泻药

腹泻是身体自卫的一种保护性反射，如发生食物中毒、急性肠炎、痢疾等，机体为了自卫会将毒素、污染废物排出体外。如果一拉肚就止泻，等于关门留寇，反而对身体不利。

·失眠长期用安眠药

失眠大多是由于心理、习惯因素造成，所以不要养成依靠服安眠药来治失眠的习惯，因常用的安定、利眠宁、眠尔通、速可眠、安乐神等等都具有致瘾作用。对失眠应注重心理调节，少服安眠药，可多用中药、针灸、理疗等方法。

·咳嗽立即止咳

咳嗽可将气管内的痰及异物排出体外，是一种保护性反射，对炎症分泌物及异物排出有积极作用，如果一发生咳嗽就服用止咳药物，特别是使用中枢性止咳药，则不利于炎症的消除。

随着人民生活水平的提高、医药卫生知识的普及以及公费医疗制度的改革，许多家庭都备有日常用药。遇上小病小伤自我用药，既方便及时，又经济实惠。不过，在保证用药的安全有效方面应注意以下几个问题：

·防止滥用药物。滥用药，就是不管病情、用药对象（老人、儿童、成年人）、药物性能而任意使用，这种做法轻者无效，延长治疗时间，重者延误治疗时机使病情加重，给病人带来痛苦。

·尽量少联合用药。有些药物联合使用起相加作用，使疗效提高；有些药物联合使用起相减作用，使疗效减低或增加毒性。因此，家庭用药

健康叮咛

最好单品使用，两种药联合使用足矣。

·按药品说明书使用。不可忽视药品包装上的注意事项。衡量使用某个药物时，不能仅看它的使用方法和用途，对非医学专业的家庭成员来说，其注意事项则更显得重要，它是安全有效用药的保证。

·防止药物过敏。凡是过敏体质者，或过去曾有药物过敏史者，服用药物都应格外小心，尤其是磺胺类如复方新诺明，解热镇痛类如去痛片等。以往对某种药有明确过敏史者应禁止再次使用。

4 服药忌口需牢记

药物参与消化的所有过程，可能和你抽的那支烟、喝的那种果汁、吃的那种食物相互作用。因此，你有必要了解正在服用的药物有哪些忌口，防止药效打折甚至出现不良反应。

·任何药物——烟

服用任何药物后的 30 分钟内都不能吸烟。因为烟碱会加快肝脏降解药物的速度，导致血液中药物浓度不足，难以充分发挥药效。试验证实，服药后 30 分钟内吸烟，血药浓度约降至不吸烟时的 1/20。

·阿司匹林——酒、果汁

酒进入人体后需要被氧化成乙醛，再进一步被氧化成乙酸。阿司匹林妨碍乙醛氧化成乙酸，造成人体内乙醛蓄积，不仅加重发热和全身疼痛症状，还容易引起肝损伤。而果汁则会加剧阿司匹林对胃黏膜的刺激，诱发胃出血。

·黄连素——茶

茶水中含有约 10% 鞣质，鞣质在人体内分解成鞣酸，鞣酸会沉淀黄连素中的生物碱，大大降低其药效。因此，服用黄连素前后两小时内不能饮茶。

·布洛芬——咖啡、可乐

布洛芬对胃黏膜有较大刺激性，咖啡中含有的咖啡因及可乐中含有的古柯碱都会刺激胃酸分泌，所以会加剧布洛芬对胃黏膜的毒副作用，甚至诱发胃出血、胃穿孔。

·抗生素——牛奶、果汁

服用抗生素前后两小时内不要饮用牛奶或果汁。因为牛奶会降低抗生素活性，使药效无法充分发挥；而果汁（尤其是新鲜果汁）中富含的果酸则加速抗生素溶解，不仅降低药效，还可能生成有害的中间产物，增加毒副作用。

·钙片——菠菜

菠菜中含有大量草酸钾，进入人体后电解出的草酸根离子会沉淀钙离子，不仅妨碍人体吸收钙，还容易生成草酸钙结石。建议服用钙片前后两小时内不要进食菠菜，或先将菠菜煮一下，待草酸钾溶解于水，将水倒掉后再食用。

·抗过敏药——奶酪、肉制品

服用抗过敏药物期间忌食奶酪、肉制品等富含组氨酸的食物。因为组氨酸在人体内会转化为组织胺，而抗过敏药抑制组织胺分解，因此造成人体内组织胺蓄积，诱发头晕、头痛、心慌等不适症状。

·止泻药——牛奶

服用止泻药物，不能饮用牛奶。因为牛奶不

仅降低止泻药药效，其含有的乳糖成分还容易加重腹泻症状。

· 苦味健胃药——甜食

苦味健胃药依靠苦味刺激唾液、胃液等消化液分泌，促食欲、助消化。甜味成分一方面掩盖苦味、降低药效，另一方面还与健胃药中的很多成分发生络合反应，降低其有效成分含量。

· 利尿剂——香蕉、橘子

服用利尿剂期间，钾会在血液中滞留。若同时再吃富含钾的香蕉、橘子，体内钾蓄积更加严重，易诱发心脏、血压方面的并发症。

· 维生素C——虾

虾中含量丰富的铜会氧化维生素C，令其失效；同时，虾中的五价砷成分还会与维生素C反应生成具有毒性的“三价砷”。

· 滋补类中药——萝卜

滋补类中药通过补气，进而滋补全身气血阴阳，而萝卜有破气作用，会大大减弱滋补功效，因此服用滋补类中药期间忌食萝卜。

· 降压药——西柚汁

西柚汁中的柚皮素成分会影响肝脏中某种酶的功能，而这种酶与降压药的代谢有关，将造成血液中药物浓度过高，副作用大大增加。

· 多酶片——热水

酶是多酶片等助消化类药物的有效成分，酶这种活性蛋白质遇热水后即凝固变性，失去应有的助消化作用，因此服用多酶片时最好用低温水送服。

一般来说，中药特别是汤药都比较苦，服用时有些人喜欢加点糖，其实一些中药是不适宜加糖后再服用的。我们常吃的糖分为白糖和红糖。红糖为温性，白糖为凉性。所以，加糖服药应首先了解药物的性状，凉性的药物可适当加一些白糖，热性的药物可加适量的红糖，这样才不会影响药效。另外，有些中药恰恰是利用苦味达到药效的，因此就不能加糖。另外，中药的成分比较复杂，可能会与红糖中的铁、钙等起作用而影响疗效。所以，服用中药时可否加糖，最好询问医生，不要擅自做主。

5 吃药前要先看“钟点”

据报道，生物钟支配人体血压、脉搏、心跳、神经的兴奋抑制、激素的分泌等100多种生理活动。人体各器官都有自己的节律。如果按一定的时间表服用药物，可以收到更好的药用效果。

· 哮喘药

夜间任何人肺部的工作效率都不如白天高，所以哮喘病人往往在夜晚呼吸困难，病情容易加重。哮喘病专家有时就把某些药物夜间服用剂量增大到早上的2倍。

· 滋补药

适宜在早晨空腹时或晚上临睡前服用，便于人体吸收。

· 维生素

一般宜在两餐之间服用，但用维生素K止血应及时服用。

· 抗生素

宜在饭前服用，可使药物在通过胃时不会过分稀释，从而能达到更好的效果。

· 过敏药

在临睡前半小时服用，可减少嗜睡等副作用。

· 胃肠溃疡药

最好在睡前加服一次。因为夜里胃酸分泌有一个高峰期。

· 铁剂

贫血者每晚 7 时服药比早晨 7 时服药吸收率要高 1 倍。

· 止痛药

通常在中午服用，因为上午 11 ～ 12 时是人体对痛觉最敏感的时候。

· 止喘药

宜在晚上临睡前服用，以预防病人在凌晨 2 时最敏感期发作。

· 降压药

宜安排在上午 10 时、下午 3 时服用，临睡前不宜服用。

· 助消化药

宜在饭前或饭后 5 分钟服用，前者可促进消化液分泌，后者可使之与食物充分混合。

· 心脏病药

宜在早晨 6 ～ 8 时服用，见效快。

健康叮咛

在服用一种药物之前，应当认真阅读说明书，按要求服药。每日一次是指服药时间固定，每天都在同一时间服用。每日服用 2 次是指早晚各一次，一般指早 8 时、晚 8 时。每日服用 3 次是指早、中、晚各 1 次。饭前服用一般是指饭前半小时服用，健胃药、助消化药大都在饭前服用。不注明饭前服用的药品皆在饭后服用。睡前服用是指睡前半小时服用。空腹服用是指清晨空腹服用，大约早餐前 1 小时。

6 正确使用非处方药

随着非处方药的大力推广，人们自己买药治病的情况越来越普遍。然而，药品非同一般的商品，如果使用不当，不仅不能治病，反而还会危害健康。因此正确使用非处方药，对教师保健至关重要。

· 明确用药目的，即“有的放矢”

既要知道自己病情，又要了解所用药物之作用。如出现腰酸背痛，头疼脑热，经医院检查，未发现器质性疾病，此时可选用解热镇痛药。

· 严格按剂量要求，按时服药

有些人容易忘记服药，有些人治疗心切，希望“立竿见影”，往往自行加量，有时漏服一次药后，下次就服用双倍药剂量，结果易发生不良反应。为做到按时用药，可使用定时钟并写纸条放在桌上，提醒自己准时用药。

· 掌握用药方法

内服药片或胶囊时，至少应用半杯温开水（约 250 毫升）送服，水量少的话药片易滞留在食管壁上，既刺激食道，又延误疗效。服药姿势以站立最佳，也可坐直身体，吞下药片后 1 分钟再躺下。此外，有些药片不宜嚼碎或压碎，有的药片需嚼碎或打碎后服用，都必须按说明书使用。对一些控释片、缓释片以及肠溶片等均不应打碎后服用。

· 注意药物不良反应

首先应知道自己的药物过敏史，尤其是在使用同类药物时更应谨慎，并留心观察用药后全身变化，如皮疹、瘙痒、红斑、头晕、无力等，一旦出现严重反应，应立即停药就医。

· 警惕药物相互作用

有些教师往往同时服用多种药物，不少还是中、西药合用，用药前应向医师咨询，同服各药之间有无不良的相互作用，或有利的相互作用。如服用解热镇痛药时同时饮酒，易致肝、肾中毒。在服用处方药的镇静、安定剂时，再用非处方药的镇静助眠药则易引起过量而中毒。如有疑问应向医师咨询。

· 注意保存方法

一般中、西药的非处方药多是口服制剂，少数是外用或五官科用药，因此应按说明书要求存放。一般应放在阴凉处，糖浆、滴眼剂应放在冰箱（4℃左右），但勿放在冷冻层，以免药物变质。

非处方药不需要医生开处方，人们可自购使用。它有如下特点：

· 应用安全：安全性大，性能平和，按常规剂量使用，不会产生不良反应，或者出现可察觉的、暂时可忍受的反应，但停药后自行消失。一般无成瘾性，也无潜在毒性。

· 疗效确切：药物作用的针对性强，适应症明确，可自行掌握，不需要经常调整剂量，无需特殊监测，也不会产生耐受性。

· 质量稳定：药品的理化性质比较稳定，在一般贮存条件下，较长时间内不易变质。

· 使用方便：以口服、外用、吸入等便于自行应用的剂型为主。

7 用药注意“一字之差”

不少教师有点小病都习惯到药店购买非处方药，而自己服药时药品的说明书一定要看仔细。绝大多数的药品说明书上都印有“慎用”、“忌用”和“禁用”的事项，这三个词虽只有一字之差，但含义却大不相同。

“慎用”是提醒服药的人服用该药时要小心谨慎，在服用之后，要细心地观察有无不良反应出现，如有就必须立即停止服用，如没有就可继续使用。所以，“慎用”是告诉你，有些人可能对此药容易产生不良反应，要留神服用，并不是说不能使用。一般来说，家庭遇到慎用药品时，应当向医生咨询后使用为好。

“忌用”比“慎用”进了一步，已达到不适宜使用或应避免使用的程度。标明“忌用”的药，说明其不良反应比较明确，发生不良后果的可能性很大，但人有个体差异，不能一概而论，故用“忌用”一词以示对某个群体的警告。比如患有白细胞减少症的人要忌用苯唑青霉素钠，因为该药可减少白细胞，加重病情。

“禁用”是对用药的最严厉警告。“禁用”就是绝对禁止使用，因为由此引起的反应可能是致命的。比如对青霉素有过敏反应的人，就要禁止使用青霉素类药物；青光眼患者绝对不能使用阿托品。一旦发现有异常情况，要立即通知医生处理。对于“禁用”、“忌用”、“慎用”字样的药物，患者不要自行使用，要听医嘱，以免发生意外。

健康叮咛

很多教师在生病以后都是自己到药店买点药来解决问题。但是这主要提醒大家，不是什么病都可以自己解决的，自我药疗一定要多加谨慎。

可以自我药疗的疾病是有范围的，是指那些自己容易作出准确诊断的“小毛病”。对那些重大疾病、疑难杂症如高血压、高血脂、急性腹痛等，病人不可想当然地自我诊疗。即使是“老病号”，也不能轻率地自己给自己开药，应由医生根据病情开处方，对症用药。

自我药疗还要注意时间限制。在用药时，一定要仔细阅读药品说明书，严格按照说明书来服用。为了安全起见，国家审定的非处方药的说明书中，一般都会用黑体字标明最多服用天数。如感冒药最多只能用7天；解热镇痛药最多只能吃3天，如果3天后症状仍不缓解，就应去医院进行诊治。用药不仅要注意时限，还要注意其毒性反应及不良反应，等等。

此外，药品存放超过一定期限，就会失效变质，不能再用，否则不但不能治病，还可能给身体带来伤害。

8 谨防九种“伤嗓”药

教师的重要工作除了教学之外，还要保护嗓子，你可能很注意避免饮食方面损伤你的嗓子，却没有关注到某些药物也会伤害你的嗓子。

随着环境的变化，人们的嗓子越来越容易受到影响。研究显示，教师用了某些药物后，也会引起发音障碍，乃至嘶哑。我们都知道教师工作的特点之一就是讲话多，但有些教师常为嗓音嘶哑影响教学而感到十分烦恼。嗓音嘶哑的原因颇为复杂，服用了伤害嗓子的药是其中一个原因。以下是9种“伤嗓”药。

· 降压药

降压药常用的如优降宁、可乐定、潘必啶、美加明、胍乙啶、二氮嗪、哌唑嗪、甲多巴、六甲溴胺、卡托普利等，均可容易引起口干或喉头水肿，造成发音困难。

· 抗病毒药

抗病毒药，如常用于治疗流感、流行性腮腺炎的病毒灵（盐酸吗啉胍），可引起口干、咽干，甚至口齿不清。

· 镇咳药

镇咳药如咳必清、易咳嗪、磷酸可待因等，可致咽干、口干，影响声带发音。

· 平喘药

平喘药常用的有色甘酸钠、喘咳宁、咳喘素等，可导致口干、咽喉干痛，甚至发生嗓音嘶哑。

· 抗过敏药

抗过敏药如非那根、抗敏胺、赛庚啶、苯海拉明等，可引起咽部干燥，发音困难。

· 解痉止痛药

解痉止痛药，如颠茄片、阿托品、东莨菪碱、山莨菪碱（654-2），这些药均可抑制腺体分泌导致口干舌燥，咽喉不适，说话困难等。

· 中药

中药如麻黄、桂枝、细辛、苏叶、肉桂、干姜、苍术、苍耳子、仙茅、附子、石决明、人参、红参、鹿茸等若服用不当或过量，也会导致口咽干燥，影响嗓音。有些人服用红参后，还会出现声带充血，突发声音嘶哑。

· 激素类药物

激素类药物主要是雄性激素及蛋白同化激

素，如甲基睾丸素、丙酸睾丸酮、康力龙及苯丙酸诺龙等，若将它们长期应用，易出现声音嘶哑等副作用。

多数人缓解咽部疼痛的方法是吃润喉片，因为润喉片可清热解毒、消炎杀菌、润喉止痛，用来治疗咽喉炎、扁桃体炎等疾病，可以起到应急作用。

但是，有些人将润喉片当做糖果吃，这是不可取的。因为润喉片具有收缩口腔黏膜血管、减轻炎症水肿和疼痛的作用，但在口腔无炎症时经常含服却会因黏膜血管收缩、黏膜干燥破损，导致口腔溃疡的发生。

9 学会判断药物不良反应

药物不良反应是一种常见现象，它不仅指药物的副作用，还包括药物的毒性、特异性反应、过敏反应、依赖性、成瘾性、继发性反应以及引起后代畸形、癌症等作用。许多药物即使检验合格，在应用过程中也会出现不良反应。那么，教师平时应怎样判断药物不良反应呢？

· 从出现反应的时间判断

①数秒钟或数小时发生的不良反应：常见的有过敏性休克，可在接受药物后突然发生。固定性药疹、荨麻疹、血管神经性水肿，多发生在用药数分钟至数小时内。支气管哮喘也常是药物过敏反应的一种表现，多发生在用药后数秒至数分钟内。

②用药后半小时至 2 小时发生的反应：用药后半小时左右，或在 2 小时内发生恶心、呕吐、胃部不适，可能是药物引起的胃肠道反应。

③用药 1 ～ 2 周发生的不良反应：药物过敏反应中血清病样反应一般在用药后1～2周发生，血清病样反应多在首次用药后 10 天左右发生。大疱性表皮松解萎缩性药疹在用药后几小时至 28 天内发病。剥脱性皮炎型药疹在 10 天后开始发病，继续 1 周达到高峰。多形性红斑常在用药后 2 ～ 7 天左右发病。洋地黄不良反应、利尿剂致水肿等，也多在用药过程中的 1 ～ 2 周出现。

④停药后短时间发生不良反应：如长期应用心得安、可乐定降血压，停药后可出现反跳性高血压。连续使用抗凝剂突然停药后，可出现反跳性高凝状态伴血栓形成等。

⑤停药后较长时间引起的反应：如保泰松、氯霉素所致再生障碍性贫血可能在停药后较长一段时间才发生。白消安引起的肺部病变常在病人用药后一年以上才出现，停药后仍可继续发生。

· 从出现的症状判断

①表现不同于原有疾病的症状：如药物过敏性休克、药物性皮疹，其表现可能与原发疾病的表现完全不同。

②表现与原有疾病症状相同：如双氢克尿噻利尿过程中又出现水肿或使水肿加重，钙拮抗剂治疗心绞痛时心绞痛又发作等等，都是例证。这种相互矛盾现象务必引起人们的高度警惕。

任何药物都有两重性，即药物的治疗作用和毒副作用，教师在选择处方药和非处方药时，要在医师指导下购买，或详细阅读药品说明书合理用药。在出现不适反应时，应首先考虑药物的不良反应。

听取医生建议后，到药店去买药，这是正确的做法。但在买药时，遇到短缺的药品，一些药店为了达到交易的目的，或是售药人员好心给患者推荐一种作用大致相同的药品来替代。面对这种情形，许多患者治病心切，大都是不较真，而毫不犹豫地听从售药者的推荐。其实这种做法是不可取的，隐患较大。医生开具的药物没有时，应尽快告知医生，让医生再行选择，而不是自行买替代药品。因为一些药品的功效看起来作用相同，但它针对某一病症时有作用，而对另一些病症也许没作用。譬如消炎药就有许多种类，但不同的病要选不同的药。如磺胺类药可消炎，但一部分人吃了会过敏。因此，买药切不可乱找替代药。

⑩ 学会正确使用眼药水

很多教师长时间盯着电脑屏幕，一整天下来眼睛往往酸涩不堪或是布满血丝，佩戴隐形眼镜的人症状可能更糟。当出现这种情况时，他们往往随手点上几滴眼药水，试图缓解一下症状。实际上，这种用药行为十分不妥。

眼药水的确有消除或缓解眼睛疲劳的功效，如若滴用不当也可能引发眼疾。因为各类眼药水功效各不相同，要根据实际情况选用合适的眼药水，否则就会适得其反。当前很多外用药中都含有激素成分，眼药就是其中最容易被人忽视的一种。眼药分激素类与非激素类，一般在眼科手术后，才会小剂量、短期在结膜下注射激素或点激素类眼药水。一般性眼部炎症不宜选用激素类眼药水，比如经常使用含激素成分的眼药水滴眼，可致晶体皮质浑浊，甚至诱发白内障。滥用激素类眼药还会引发角膜细菌性感染、单纯疱疹病毒性角膜炎以及真菌性角膜炎，严重者会造成角膜穿孔。经常使用激素类眼药水还可能继发青光眼。

教师可能有过这样的经历：眼睛出现红血丝后，点上眼药水，随后发现眼球恢复了黑白分明的模样，以为这就是眼药水产生的治疗效果。其实不然，这种眼药水通常含有血管收缩剂成分，在点用之后能够让血管快速收缩，进而使眼睛恢复正常，然而这样就会掩盖引发眼睛红肿和干涩不适的真正原因，以至于延误治疗。血管收缩剂用久了，可能会出现反弹现象，反而让症状更加严重。干眼症患者的泪液分泌较少，眼睛的自我保护机制变差，这种反弹现象会更明显。

很多佩戴隐形眼镜的教师，也有经常点眼药水的习惯。这是因为，健康的眼睛在角膜和结膜之前，会覆盖一层薄薄的泪液膜，每当眨眼时，泪液会在瞬间均匀地湿润角膜和结膜，保护眼睛免于太干燥。然而，戴上隐形眼镜后，角膜敏感度会变低，眨眼次数和泪液跟着减少，再加上办公室大都有空调，干燥空气会加速眼睛的不适。出现这些症状后，教师往往没有意识到是隐形眼镜的问题，总是习惯随意点些眼药水。殊不知，治疗用的眼药水中大都含有防腐剂，当防腐剂附着在镜片上时，时间长了也会造成结膜炎或是眼角缺损。

眼药水对治疗眼疾、眼部保健确实有很好的作用。但是，如果没有掌握正确的使用方法，只能会适得其反。为了有效地保护眼部健康，现提供一些有关眼药水使用的常识，希望对广大教师有所帮助。

· 润滑类眼药水

教师经常用的眼药水属于润滑类，能够润滑眼部、缓解疲劳，但不具备治疗的效用。使用这类眼药水要注意次数不能过于频繁，一天之内最好不要超过 6 次，而且不宜每天都使用。

· 抗生素型眼药水

这种眼药水通常用于治疗一般的眼部感染，需要在医生的指导下使用。而且，一旦眼部感染症状消失，就应该停用，决不能当做常规润滑类眼药水使用，以免破坏眼睛的菌种生态。至于含胆固醇的激素型眼药水，仅用于几类眼疾治疗，一旦错误使用，会产生很大的副作用，更应该严格按照医生处方和药品说明使用。

· 注意卫生

教师在滴眼药水之前一定要先洗手，防止经手接触引发感染，很多“眼药水族”当前都没有注意这个问题。另外，每次滴的药量不要太大，一至两滴即可，如果需要点两到三种眼药水时，需间隔 5 ～ 10 分钟再点第二种眼药水。

· 缓解视疲劳

想要有效地保护眼睛，滴眼药水并不是最佳的办法，即便是短时间缓解眼部不适，也可以选择其他方法。教师想要缓解眼部不适，最根本的办法还是要保证眼睛的充分休息，比如尽可能减少连续使用电脑。连续用眼超过 2 小时，应该向远方眺望等。

一般眼药水的保质期是 1 年或 2 年，如果不开封可以一直存放。如果开封后，使用期限一般为一周。眼药水一旦开封，容易被空气中的微生物和细菌污染，时间越长越容易滋生细菌。使用期不等于保质期。一旦发现眼药水中有絮状物，必须立即停用。在使用时，不要接触其他物品，包括眼睑、睫毛等。用完后要盖紧，以免使眼药水受到污染。使用被污染的药液，可能会引起细菌性角膜炎。

⑪ 女教师“四期”用药要谨慎

女教师一生要经历的四个特殊时期分别为月经期、妊娠期、临产期、哺乳期，这四个时期中如果用药不慎重，影响到的不单单是自身的身体健康，如果是在孕期或者哺乳期，还会对胎儿的生长发育、宝宝的生命造成一定的威胁。因此，女教师在用药时一定要注意一些禁忌问题。

· 月经期

避免用过寒过热、影响凝血机制以及激素类药，防止打乱月经周期，发生月经不调。

· 妊娠期

妊娠期更应慎重用药，滥用药不单对自己有害，而且药物还会影响胎儿的生长发育，甚至造成畸形和死胎。使用中药也应注意，禁用毒性较强或药性猛烈的药，以免造成中毒或死胎。慎用那些容易造成流产或出血的药。在使用中成药时，应注意药品包装盒或药品说明书，如注有孕妇禁用或孕妇忌用的药，则不能用，以免招致损害。

· 临产期

应注意不要用吗啡，以免抑制胎儿的呼吸中

枢，造成出生后新生儿窒息，危及孩子的生命。

· 哺乳期

在此期间不能用减少乳汁分泌的药，注意用药后对孩子的影响。有些药是通过乳汁排泄的，如果被孩子吸入可招致不良反应，有的还会中毒。所以哺乳期的女性用药应考虑到对孩子是否有害。哺乳期患病必须用药治疗时，应避开药物在乳汁中的浓度高峰期，最好在服药或注射前给孩子哺乳，因为这时乳汁中的药物浓度比较低。如果每天服药一次，最好在睡前服药，夜里可以用奶瓶喂奶，这是哺乳妇女用药时间选择上的原则。哺乳女性因患某些严重疾病，急需用对小儿有害的药物治疗时，应先断奶后再用药治疗。

女性更年期介于成年与老年时期之间。对于更年期，不少女教师想得太多，以致人未老而心先老，徒增烦恼。尤其是性格内向的女教师，容易导致抑郁、颓丧、紧张焦虑、喜怒无常，加速衰老。这一时期女教师保健尤为重要，对于子宫出血、多汗、心血管病、骨质疏松等病症应加以警惕。

12 别拿营养药当“饭”吃

在当今社会科技、信息爆炸的时代，或是受媒体宣传的影响，或是受广告的诱惑，总之，越来越多的人们，当然也包括教师，热衷于吃营养药以助健康。特别是一些青年女教师过分追求体形而节食，营养药自然就成了她们的最佳选择。

多吃营养药就健康吗？答案是否定的。健康人如果不加选择地乱用营养药，反会危害身体健康。平衡饮食、适当运动，才是保证健康的根本措施。俗话说，“是药三分毒”，营养药服多了也不例外。比如孕妇、哺乳期妇女容易缺钙，但是钙补得过多，会在人体骨以外的组织沉积，若沉积在关节就会引起关节疼痛；沉积在肌肉便会形成坚硬结节；沉积在心脏会引起传导障碍，导致心律失常。大家都知道维生素对人体有益，但维生素A每日的摄入量若超过3000微克，就会损伤肝脏；维生素E服用过量会造成出血倾向；大量补充维生素C会在体内形成尿酸盐、半胱氨酸盐或草酸钙结晶，造成肾结石。

正常人并不存在营养物质缺乏的问题，人每天都会从饮食中摄取大量的蛋白质、脂肪、糖、维生素、矿物质和微量元素。除非在特殊情况下或特殊人群才需要补充使用，而且也应在医生指导下正确使用，不要长时间、大剂量使用一种保健营养品。正常人则没必要去购买高价的所谓营养药、营养品，更没有必要长期大量服用。

骨质疏松的患者存在着骨钙的丢失和某些维生素的缺乏，因而可以服用一定量的钙剂、维生素制剂来补充体内的不足。不过服用钙剂时要注意以下几点。

· 选择对胃肠道刺激小的制剂。因为钙剂需要长期服用才能有效，因而要选择服用方便的活性钙、碳酸钙或葡萄糖酸钙，而氯化钙对胃肠道有一定的刺激，不宜长期服用。

· 服用钙剂需要增加饮水量。增加饮水量的目的是增加尿量，减少泌尿系结石形成的机会。因尿中钙离子的浓度过高是产生结石的原因之

一。对于已经有泌尿系结石者，服用钙剂后应定期做B超等检查，以了解结石变化的情况。

·补钙绝非越多越好。人体每日需要的钙为1～1.5克，主要从食物中摄取。补钙要遵循“补充不足，略有超出”的原则，不能无限制地补。因为补入过多的钙必然增加钙从尿中排出的量，而尿钙过多容易导致泌尿系结石产生，因而补钙过多对身体也是有害的。

·服用钙剂的时间。因为血钙的水平受体内各种激素的影响和调节，而这些激素具有“昼夜节律”的特性，也就是说激素白天和夜间的分泌量有所不同，因而血钙的水平也不稳定，具有上下波动的特征。一般讲，血钙水平在后半夜及清晨最低，白天最高。所以，为了有效地发挥钙的作用，骨质疏松者最好每晚睡前服用一次钙剂，以抵消夜间的低血钙。

13 教师用药安全系数测试

提起交通安全、用电安全……教师并不陌生，但说到用药安全，很多教师心中没有谱。有道是“是药三分毒”，怎样才能减少药物的不良反应呢？是的，用药也要讲安全。因为药物是一把双刃剑，只有安全用药，才能达到良好的治疗效果。以下有一套自测题，教师可以通过选择了解自己的用药安全系数是高还是低。

·您清楚地知道自己对哪些药物过敏吗？

A 知道（3分）

B 知道一部分（2分）

C 不知道（1分）

·您是否曾为了增强疗效而自行加大服药剂量？

A 经常（1分）

B 有时（2分）

C 从不（3分）

·在用药时，您是否喜欢更换药物？

A 经常（1分）

B 偶尔（2分）

C 从不（3分）

·您家里的内服和外用药品，是否分开存放？

A 分开（3分）

B 部分分开（2分）

C 混放（1分）

·对于过期药品，您通常是如何处理的？

A 全部扔掉（3分）

B 留下包装完好的（2分）

C 继续使用（1分）

·当发现广告中有一种药品能治疗您的疾病，您通常是：

A 马上买来使用（1分）

B 向熟人打听（2分）

C 找医生咨询（3分）

·您能够读懂一般常用药品的使用说明书吗？

A 能够（3分）

B 能读懂一部分（2分）

C 不能（1分）

·您是否有干吞药片的习惯，或常使用茶水、酒或饮料送服药物？

A 经常这样（1分）

B 有时（2分）

C 从不（3 分）

· 您经常使用安眠药或去痛片吗?

A 经常（1 分）

B 有时（2 分）

C 很少（3 分）

· 您能够准确说出氯苯那敏（扑尔敏）、阿司匹林、六神丸这些常用药品的主要副作用吗?

A 能够（3 分）

B 可以说出一部分（2 分）

C 不能（1 分）

测试结果：将各题的得分相加，总分越高，您用药的安全系数越高。总分在 25 分以上者，具有较好的用药习惯，您的日常用药是安全有效的。19 ～ 24 分之间者，还存在一些不合理用药情况，需加以改正。18 分以下者，您的用药习惯令人担忧，应尽快改正，以确保用药安全。

健康叮咛

躺着服用药片、药丸，如果送服的水少，药物只有一半到达胃里，另一半会在食管中溶化或黏附在食管壁上。由于有的药物是碱性的，有的是酸性的，有的具有很强的刺激性，如果在食管壁上溶化或停留时间过长，就可引起食管发炎，严重的甚至引发溃疡。正确的服药方法是：站着服药，多喝几口水，服药后不要马上躺下，最好站立或走动一分钟，以使药物完全进入胃里。千万注意，不可干吞药品，干吞药品最容易使药片黏附在食管壁上，导致食管黏膜损伤。

第十一章

四季养生细节：让你全年健康随行

古往今来，芸芸众生无不受春夏秋冬四时交替变化的影响。在一年四季中，不同的季节在气候的特点上也是有差异之处的，因此教师们应注意针对季节采取不同的养生方法来进行安排。

❶ 教师春季养生五要点

春季阳气生发，大地回春，万象更新，生机盎然，是一年中最好的季节。然而，春天不但是流感、流脑等各种传染病的高发季节，而且冠心病、胆结石、肝炎、精神性疾病也常常容易在这个季节复发。俗话说“一年之计在于春”，因此，教师一定要做好春季的养生保健，为一年的健康打下基础。

一般来说，教师春季养生应当注重以下五点。

· 起居规律

在春天到来之时，皮肤舒展，末梢血液供应增多，汗腺分泌也增多，身体各器官负荷加大，而中枢神经系统却发生一种镇静、催眠作用，肢体感觉困倦。这时千万不可贪图睡懒觉，因为这不利于阳气升发。为了适应这种气候转变，教师在起居上应早睡早起，经常到室外、林阴小道、树林中去散步，与大自然融为一体。春天气候多变，时寒时暖，同时人体皮表疏松，对外界的抵抗能力减弱，所以春天到来之时不要一下子就脱去厚衣服，尤其是和体质虚弱的教师。

· 饮食调养

春季人体新陈代谢开始旺盛，饮食宜选用辛、甘、微温之品。教师春季饮食应避免吃油腻生冷之物，多吃富含维生素B族的食物和新鲜蔬菜。现代医学研究认为，饮食过量、缺少维生素B族是引起春天发困的原因之一。春天是肝旺之时，多食酸性食物会使肝火更旺，损伤脾胃。应多吃一些味甘性平，且富含蛋白质、糖类、维生素和矿物质的食物，如瘦肉、禽蛋、牛奶、蜂蜜、豆制品、新鲜蔬菜、水果等。

· 养足精神

人的精神活动必须顺应气候的变化。季节更替期间，尤其是冬春之交对人体的影响最大。有些教师对春天气候的变化无法适应，易引发精神疾病。现代医学研究表明，不良的情绪易导致肝气郁滞不畅，使神经内分泌系统功能紊乱，免疫功能下降，容易引发精神病、肝病、心脑血管病、感染性疾病。因此，教师春天应注意情致养生，保持乐观开朗的情绪，以使肝气顺达，起到防病保健的作用。阳春三月是万物始生的季节，此时要力戒动怒，更不要心情抑郁，要做到心胸宽阔，豁达乐观；身体要放松，要舒坦自然，充满生机。

· 运动养护

入春以后教师要适应阳气升发的特点，加强运动锻炼，可以到空气清新的大自然中去跑步、打拳、做操、散步、打球、放风筝，让机体吐故纳新，使筋骨得到舒展，为一年的工作学习打下良好的基础。实践证明，春季经常参加锻炼的教师，抗病能力强、思维敏捷、不易疲劳、办事效率高。

· 保暖防病

春天到来，天气转暖，致病的细菌、病毒等也繁殖迅速，因而流行性感冒、麻疹、流行性脑膜炎、猩红热、肺炎等传染病最容易发生。“春捂秋冻”就是顺应气候的养生保健经验。因为春季气候变化无常，忽冷忽热，加上人们用棉衣“捂”了一冬，代谢功能较弱，不能迅速调节体温。如果衣着单薄，稍有疏忽就易感染疾病，危及健康。患有高血压、心脏病的中老年教师，更应注意防

寒保暖，以预防中风、心肌梗死等疾病的发生。

春天的时候，百花绽放，花粉会随着大风飘向空中，给人体带来一些不适，引发一些疾病，也就是俗称的“花粉症”。它是由植物的花粉所引起的过敏性疾病。通常植物开花期一到，所散播的花粉进入鼻、眼、口内，会引起打喷嚏、流鼻涕、鼻塞、眼睛痒及喉咙肿痛等症状，严重者甚至会并发头痛、睡眠不足、发热的现象。由此可见，花粉症给人带来的痛苦也是非同一般的，我们不能小看它。不过，只要提防适宜，还是可以避免的。

建议有花粉症的教师常注意天气变化，特别是在春季，如果风太大，最好不要出门，以免遭到花粉侵袭。同时花粉症的体质容易由遗传而来，有过敏体质的怀孕教师最好避免大量摄取牛奶、蛋类等容易导致婴儿过敏的食品，以免遗传给胎儿。

2 教师春季饮食健康密码

春季气温多变、不稳定，这个时期教师的饮食起居都要做合理的调整，在饮食方面总结为三宜三忌。都说病从口入，那么教师春季养生首先要从饮食开始，以下几个小常识就是春季饮食需要注意的。

· 春季饮食宜营养均衡

春季人体能量消耗快，这个时候对蛋白质、糖类、碳水化合物、维生素等营养物质的需求都非常大，因此教师在饮食方面一定要合理安排，以均衡营养为主，不能偏食，除了吃主食、杂粮之外，还可以增加一些豆制品、乳制品等等。

· 春季饮食宜蔬菜多样

蔬菜一直被公认为养生的菜，蔬菜没有脂肪含量，含有大量的维生素和微量元素，是人体不可多得的营养补给品。教师在春天要多吃当季的、有芬芳气味的、颜色丰富的蔬菜，如胡萝卜、小白菜、菠菜、芹菜等等。

· 春季饮食宜清淡

饮食之道一个重要的方面就是清淡，清淡的食物容易消化，人体更容易吸收其中的营养。春季人们常常会感觉皮肤干燥、口舌干燥、火气旺等，这个时候教师就要更加调整饮食规律，以清淡为主，太油腻、辛辣的食物只会加重春季上火的状况，也会影响营养的吸收。

· 春季忌生冷食物

春季气温暖和，但最好不要吃太凉性的食物，不然容易引起肠胃不适、腹泻等疾病。春季人体免疫力整体下降，太过生冷的食物会刺激肠胃，对人体有百害而无一利。

· 春季忌辛辣食物

辣味食物有保暖御寒的作用，适合冬季食用，春季吃辛辣的食物会造成人体内火旺盛，火气淤积，导致便秘、口舌生疮等不良状况，因此教师春季健康饮食一定要忌辛辣。

· 春季饮食忌油腻食物

有些教师冬季吃惯了大鱼大肉等油腻的食物，春季仍延续冬季的饮食习惯，这是不利于人体健康的，因为油腻的食物含有大量的动物脂肪，人体肠胃难以消化吸收。得不到营养，何谈饮食养生呢。

中医认为，春在人体主肝，而肝气自然旺于春季。如果春季养生不当，便易伤肝气。为适应季节气候的变化，保持人体健康，教师在饮食调理上应当注意养肝为先。

·以味补肝：中医认为，醋味酸而入肝，可以平肝散瘀，解毒抑菌。高血压病肝阳偏亢者，可用食醋泡鸡蛋或黄豆。因气闷而肝痛者，可用食醋、柴胡粉冲服，能迅速止痛。

·以血补肝：肝主藏血，以血补血是中医常用的治疗方法。鸭血性平，营养丰富，用鸭血与鲫鱼和大米同煮粥，可养肝血，辅治贫血，这也是肝癌患者的保肝佳肴之一。

·以肝补肝：鸡肝味甘而温，补血养肝，温补脾胃。取新鲜鸡肝与大米同煮为粥，可治疗老年人肝血不足，眼睛干涩流泪等。此外，老年肢体麻木患者，也可用鸡肝与天麻各适量同煮服食。

·以菜舒肝：菠菜是春季应时蔬菜，能滋阴润燥，舒肝养血，用来辅助治疗肝气不舒并发胃病。

3 赶跑“春困”，让你神清气爽

冬去春来，春暖花开，阳光明媚，然而在这美好的时光里，经常有很多教师会感到疲劳、昏昏欲睡，这就是常见的“春困”。一般的春困其实并不是病态，只是由于气温变化等原因引起的身体不适，因此教师可以通过简单的饮食调节和运动调节顺利地度过春天，下面就让我们一起来看看如何赶跑“春困”吧。

·多吃碱性食物

冬天吃了太多的大鱼大肉容易导致身体变得“很酸”，从而引起困乏感，因此教师在春天多吃一些蔬菜、水果等碱性的食物可以有效地缓解“春困”。像豆腐、马铃薯、香菇、油菜、南瓜、洋葱、茄子、萝卜、牛奶、苹果、梨、香蕉、樱桃等都可以用来调和“酸性”体质，大家不妨试一试。

·早睡早起

许多教师在“春困”时会选择听从身体的感觉，想睡就睡，而且越睡时间越长。这样一来，反而不利于缓解春困，同时还会损害身体的健康。只有每天按时睡觉起床，才能将身体调整到一个正常的状态，这样才有利于对抗春困。

·活动筋骨

“春困”的发生除了由于温度变化而引起，其实也还与人们一个冬天运动较少有关系。长时间不运动，会使血液循环量减少，大脑的供血自然也就不足，身体的各个器官功能也受到限制，自然就会产生困乏感。所以适当地运动会让你的身体和大脑都兴奋起来，对缓解春困有着极好的效果。

教师春天想要做运动的话，不妨选择慢跑、室内游泳、放风筝、踢毽子等运动量中等的活动，既能稍稍出汗又不至于消耗过大。

·刺激神经

教师平时会感觉困，除了身体的需要以外，主要还是精神上不兴奋导致的。那么教师犯困时不妨放下手边的事情，起身活动活动，放眼看看窗外的绿色景观，或者干脆就到户外走动走动，立马就会精神许多。平时在桌上摆放一盆鲜花，用花香来刺激你的感觉也是不错的方法。

健康叮咛

教师“春困”时不妨喝喝以下这三种花茶：

·茉莉花茶：春饮“茉莉”，可以提神醒脑，有“去寒邪，解肝郁”之功效。应选用透明玻璃盖杯，取花茶3克，放入杯里，用初沸开水稍凉至90℃左右冲泡，随即盖上杯盖，以防香气散失。

·玫瑰、佛手、黄芪茶：玫瑰有疏肝理气功效，佛手有和胃理气功效，两者都用于畅气；黄芪有健脾补气功效，可以补气。三者搭配，可养气及畅气，达到养肝护肝目的。制法也很简单，取黄芪6克，玫瑰、佛手各3克，冲泡饮用即可。

·西洋参茶：“春困”时节，早晨赖床、白天犯困、呵欠频频的症状多见。此时，喝点西洋参泡的茶，即可帮助人们赶走春天的倦意。每次取3～5克西洋参，用300毫升左右的沸水冲泡，焖5分钟后当茶频饮，反复冲泡至无味后将西洋参嚼服，即可起到提神的作用。

4 乍暖还寒时，“春捂”有讲究

俗话说，“春捂秋冻，不生杂病”。“春捂”是指春季气温刚转暖，不要过早脱掉棉衣。冬季穿了几个月的棉衣，身体产热散热的调节与冬季的环境温度处于相对平衡的状态。由冬季转入初春，乍暖还寒，气温变化又大，过早地脱掉棉衣，一旦气温下降，就难以适应，会使身体抵抗力下降。此时病菌乘虚袭击机体，容易引发各种呼吸系统疾病及冬春季传染病。

“春捂”是顺应阳气生长的养生需要，适应春季天气变化的特点，所以成了预防春季疾病的保健方法。那么，教师“春捂”该怎么“捂”呢？“二月休把棉衣撇，三月还有梨花雪”，“吃了端午粽，再把棉衣送”，这些说法对于养生保健来说是远远不够的。专家建议，教师“春捂”应讲究科学。

·“捂”好部位

“春捂”要特别重视对头、脚、颈、手这些部位的保暖，不要很快就摘掉帽子，取下围巾、口罩，脱掉厚袜及手套，否则很容易降低身体免疫力，导致疾病入侵。

春捂重点四部位：神门穴、腰眼、小腿和肚脐。

①神门穴：春捂的第一个关键部位就是神门穴，在腕横纹上，手小指一侧腕下方肌腱的内侧。神门穴是主管脏腑元气的穴位，能促进气血流通，温暖全身。

②腰眼：人体阳气的根在肾，而腰为肾之府，肾阳虚时会出现腰部酸软怕冷，经常尿频或精神容易困倦疲乏。用热水袋热敷或艾灸腰眼处的肾俞穴，可以起到温暖肾阳的作用。

③小腿：有些教师在寒冷天气中容易偏头痛或小腹痛，甚至出现恶心、呕吐、眼睛痛的症状，中医分析这些表现属于肝阳虚，这时要重点保护好小腿外侧，可以多热敷足临泣穴。足临泣穴就在第四脚趾和小脚趾之间缝隙的终点，取穴方法是将手指从四脚趾和小脚趾之间的缝隙向脚背方向推，推到有骨头的边缘时就是足临泣穴。

④肚脐：中医称肚脐为“神阙”穴，温暖这个穴位可以鼓舞脾胃阳气，特别是一些胃部怕冷、易发生腹泻的教师，要特别注意这个部位的保暖。可以经常热敷肚脐部位。

· 把握时机

许多疾病的发病高峰与冷空气南下和降温持续的时间密切相关。比如感冒、消化不良，在冷空气到来之前便捷足先登。而青光眼、心肌梗死、中风等，在冷空气过境时也会骤然增加。因此，捂的最佳时机，应该在气象台预报的冷空气到来之前 24 ～ 48 小时，错过这个时间便是雨后送伞了。

· 注意气温

15℃是春捂的临界温度。研究表明，对多数体弱多病而需要春捂者来说，15℃可以视为捂与不捂的临界温度。也就是说，当气温持续在15℃以上且相对稳定时，春捂便可结束了。

· 注意温差

日夜温差大于8℃是捂的信号。春天的气温，前一天还是春风和煦，春暖花开，刹那间则可能寒流涌动，“花开又被风吹落”，让你回味冬日的肃杀。面对“孩儿脸”似的春天，你得随天气变化加减衣服。而何时加衣呢？一般来说，日夜温差大于8℃是该捂的信号。

· 持续时间

7 ～ 14 天恰到好处。捂着的衣衫，随着气温回升总要减下来。而减得太快，就可能出现“一向单衫耐得冻，乍脱棉衣冻成病”。因为你没捂到位。那么，如何才算到位？一般来说，气温回冷需要加衣御寒，即使此后气温回升了，也得再捂 7 天左右，体弱者才能适应。减得过快有可能冻出病来。

专家表示，清明是一个节点，过了清明就不宜再进行“春捂”，特别是对于新陈代谢比较快的孩子，如果还进行过度的“春捂”只会引发“春火”。春季人体肝气当令，整整一冬蓄积在体内的阳气随着春暖转为向外生发，如果体内蓄积的阳气过多，会化成热邪外攻，诱发鼻腔、牙龈、呼吸道、皮肤等出血，如果平常就肝阳过盛的人，不仅会感冒、咳嗽、哮喘，还会引发头痛晕眩、目赤眼花，甚至中风等疾患，所以春天既要防寒，也要抑“春火”，应根据天气变化及时增减衣物。

5 教师夏季养生注意事项

夏季是一年之中气温最高的时节，而且人体为了适应高温，会出现很多的不适，有的教师可能会中暑、口渴等等。那么，教师夏天养生究竟要注意哪些事项呢？

· 保持神清气爽

盛夏阳光强烈、天气酷热，加上人体阳气旺盛，容易使人心烦急躁，教师在酷热的天气里，一定要让情绪处于平静状态，不可过度劳累、激动。良好的心态是身体最好的调节剂，可防止“五脏内火”的滋生。

· 防中暑

夏季教师要避免在烈日下长时间劳作或奔走。居室内要通风，保持空气清新。室内经常洒些清水，或用湿拖把拖地，既降温又能调节湿度。使用空调降温时，勿使室内外温差太大，否则易诱发上呼吸道感染和干燥综合征。夏季宜勤洗澡，保持皮肤清洁。穿衣宜选择轻、薄的棉纺织品。

在出汗过多的情况下，要及时补充机体水分，如喝淡盐水、绿豆水、清茶水等，从而避免因体内体液大量流失而造成的虚脱、休克、中暑等现象。

·谨防胃肠道疾病发生

湿热的环境为各种细菌生长繁殖提供了有利条件，有些教师胃肠功能弱，夏季饮食一定要讲究卫生，不可吃腐烂变质食品，冰箱内食物必须经高温加热后方可食用。食物要以温、软、清淡为宜，不可过多地吃冷、肥、腻的食品，不可饮食过量。若出现由于饮食不当引起的呕吐、腹泻，应立即到医院治疗。

·慎起居

夏季是人体心火旺、肺气衰的季节，起居方面教师要适当地晚些睡觉、早些起床。清晨空气新鲜，起床后可到户外参加一些适当的体育活动，对增强体质颇有益处。中午要适当睡眠，保持精力，但由于天热出汗，毛孔扩张，机体易受风寒侵袭，所以不可露天或在树下睡眠。

·注意科学饮食

一要多喝清凉解暑的饮品，如酸梅汤、菊花茶等，以补充因身体出汗造成的消耗，但不要贪食冷饮。二要常吃凉性蔬菜瓜果，如苦瓜、冬瓜、西瓜、豆芽、银耳、香蕉等，以增强体内抗毒能力，减少暑气及热毒对人体的伤害。三要讲究营养，夏季教师需多吃富含蛋白质、维生素、无机盐和粗纤维食物，如瘦肉、牛奶、蛋品、豆腐等，以补充人体消耗。

·处处谨慎

夏季，教师在生活中应处处谨慎，这样可防止一切可能发生的意外，如开水烫伤、蚊虫叮咬、皮肤受损感染化脓等。家中应常备风油精、清凉油、人丹、藿香正气水等以备不时之需。如果因高温、多汗出现乏力、体虚、头晕、胸闷、心悸等不适感觉时，应立即到医院诊治，以免延误时机，发生意外。

盛夏酷暑，教师一般不愿意参加体育锻炼，但只要合理安排运动时间、饮食与睡眠，盛夏锻炼也可收到较好的效果。不过教师夏季锻炼时需要注意以下几点：

·忌在强光下锻炼。中午前后，烈日当空，气温最高，除游泳外忌在此时锻炼，谨防中暑。

·忌锻炼时间过长。一次锻炼时间不宜过长，一般 20 ~ 30 分钟为宜，以免出汗过多，体温升高而引起中暑。

·忌锻炼后大量饮水。夏季锻炼出汗多，如这时大量饮水，会给血液循环系统、消化系统，特别是心脏增加负担。

·忌锻炼后立即洗冷水澡。夏季锻炼体内热量增加快，皮肤的毛细血管也会迅速扩张，利于身体散热。突然过冷刺激会使体表已开放的毛孔突然关闭，造成身体内脏器官紊乱，大脑体温调节失常，以致生病。

·忌锻炼后大量吃冷饮。体育锻炼可使大量血液涌向肌肉和体表，而消化系统则处于相对贫血状态，大量的冷饮降低了胃的温度，冲淡了胃液，使胃的生理机能受损，轻则可引起消化不良，重则会导致急性胃炎。

·忌锻炼后以体温烘衣。夏季运动汗液分泌较多，衣服几乎全部湿透，有些人自恃体格健壮懒于更换汗衣，这样天长日久，极易引起风湿病或关节炎等疾病。

6 教师夏季进补要点

夏季炎热，各种细菌活动旺盛，而大量饮水

又会冲淡胃酸，使消化功能减弱，导致食欲不振。因此，夏季饮食要以能增加食欲的食物为主，同时还要注意卫生。科学表明，人在炎热的夏季所需的热量要高于寒冷的冬季，这是因为高温天气散发体内热能的同时，也会带走身体许多热量，所以要注重营养食物的补充，以确保身体的新陈代谢。

· 适当补充蛋白质和维生素

夏季要经常吃含有优质蛋白质且易消化的食物，同时维生素也不能忽略，要及时补充新鲜蔬菜、水果，并适当多吃。

· 多吃些清淡且易消化的食物

夏季应多吃豆制品、蛋类、乳类、鸡、鱼、新鲜蔬菜、瓜果等清淡食物，少吃油腻食物，以免引起消化不良及食欲不振。

· 适当多吃苦味食物，如苦瓜等

夏季炎热，高温湿重，吃苦味食物能清泄暑热，以燥其湿，从而可以健脾开胃，促进食欲。

· 多喝水，并适量喝些淡盐水

强调夏季多喝水，但也不要过多，以免增加心脏和消化系统的负担。可经常喝绿豆汤，既能防暑清热，又能解毒开胃。但是体质虚弱的人不要多喝。

· 菜中可适当多加点盐

夏天做菜可适当使味道咸些，因为夏季出汗多，带走身体的盐分也多，而且大量喝水也会冲淡胃液，所以菜中适当多放些盐来补充盐分是必要的。

· 适当吃点生姜

夏季吃生姜有利于食物的消化和吸收，而且姜对心脏、血管还有一定的刺激作用，能使心跳加速，血液循环加快，汗毛孔张开，汗液排泄通畅，对防暑有一定的好处。

夏季缺钾不仅会使精力和体力下降，而且耐热能力也会降低，使人感到倦怠无力。严重缺钾时，可导致人体内酸碱平衡失调、代谢紊乱、心律失常，全身肌肉无力、懒动。适当补充钾元素有利于改善体内钾、钠平衡，既可以防止血压上升，又可防止血压过低。下面介绍一些含钾元素较高的解困食物，供教师参考选择。

· 粮食中，以荞麦、玉米、红薯、大豆等含钾元素较高。

· 水果中，以香蕉含钾元素最丰富。

· 蔬菜中，以菠菜、苋菜、香菜、油菜、甘蓝、芹菜、大葱、青蒜、莴笋、土豆、山药、鲜豌豆、毛豆等含钾元素较高。

· 海藻类含钾元素相当丰富，如紫菜、海带、羊栖菜等，因此，紫菜汤、紫菜蒸鱼、紫菜肉丸、凉拌海带丝、海带炖肉等都是夏季补钾菜肴的上品。

7 冬病夏治事半功倍

冬病夏治是我国传统中医药疗法中的特色疗法，它是根据《素问·四气调神论》中“春夏养阳”的原则，结合天灸疗法，在人体的穴位上进行药物敷贴，以鼓舞正气，增加抗病能力，从而达到防治疾病的目的。

药王孙思邈说：“上医治未病之病，中医治将病之病，下医治已病之病。”所谓“将病之病”就是这种现在虽然未发，但却会在将来某个时候必发的疾病。那就要在未发之时，赶快去除其必发的条件——或主因，或诱因。消除主因就是要改变体质，去除诱因就是要改变环境。

所谓“冬病”，就是在冬天易发的病，比如哮喘、慢性支气管炎、肺气肿、冻疮、鼻炎、风湿性关节炎、类风湿性关节炎、肌肉劳损症、慢性结肠炎、肩周炎、颈椎病等都是这个意义上的“冬病”。

为什么要选择夏天治疗冬天的易发疾病呢？之前已经提到，中医讲究的是“不治已病治未病”，唯有选准疾病未发作的最佳时机来治疗才会起到事半功倍的效果。上述冬季发作或病情于冬季加重的疾病，大都以寒邪入侵为主要原因，具有阳虚的特点，治疗当以温热药物助阳祛寒为主。在寒气上升达到顶点的冬季，人体以阳气抵御自然界的寒气，难以配合药物祛除体内寒邪，所以治疗效果差，见效缓慢。而夏季由于气温升高，人体内阳气上升，经络通达，此时加紧治疗，温阳祛寒药物在人体升达的阳气推动下，会使体内阴寒病邪得到彻底清除，使病人虚阳恢复正常，增强抗病能力，从而预防和减少疾病在冬季的发作。

依据中医“急则治标、缓则治本”的原则，在夏天未发病时，可“培本”以扶助正气。由于夏季自然界阳旺阳升，人体阳气有随之欲升欲旺之趋势，体内凝寒之气易解。对阳虚者用补虚助阳药，或内寒凝重者用温里祛寒药，可以更好地发挥扶阳祛寒的治疗作用。同时，这样做也可以为秋冬储备阳气，阳气充足则冬季不易被严寒所伤。人体正气旺盛，抵抗力增强，到了冬天就可以少发病或不发病。

冬病夏治的一个常用方法便是敷贴。从小暑到立秋的这段时间，老百姓称之为伏夏，此期是全年气温最高、阳气最旺的时期，冬病夏治正是利用这个时间治疗。患有冬病的教师在进行敷贴时，以下几个问题需要注意。

首先，要注意敷贴的时间。一般来讲，成人不超过 6 小时，体质敏感者应酌减。如果属体质敏感者，或既往用药曾出现起疱等反应，应缩短贴药时间至 2 小时左右，或在有感觉后及时取下药物。

其次，贴敷药物期间，应减少运动，避免出汗，尽量避免电扇、空调直吹，以利于药物吸收；应尽量避免食用寒凉、过咸等可能减弱药效的食物；应尽量避免烟酒、海味及辛辣、牛羊肉等食物，以免出现发疱现象。此外还要注意防止药膏污损衣物。

最后，如背部有红、肿、刺、痒等症状，或背部贴药处出现针尖至小米大小的水疱，属药物贴敷后的正常反应，患者仅需保持背部干燥即可，或局部涂抹哈西奈德乳膏止痒；如果水疱较大或有少量渗出，可用消毒过的针刺破水疱，用消毒棉球吸干水疱中的渗出液，再用紫药水涂抹局部；如果渗出液体较多，可使用 2‰的黄连素溶液冷敷患处，待渗出减少后再用紫药水涂抹局部；如果水疱体积巨大，或水疱中有脓性分泌物，或出现皮肤破溃、露出皮下组织、出血等现象，应到医院寻求治疗。

总之，冬病夏治是治疗哮喘、慢性支气管炎、肺气肿、冻疮、鼻炎、风湿性关节炎等疾病的良方，敷贴便是大家常用的方法。但需要提醒的一点是，中医敷贴也不是万能的，它只是疾病治疗的一种手段，不能完全替代其他治疗，因此原本在服药的慢性病患者在进行中医敷贴期间也不要盲目减药、停药，而应当将其作为一个辅助措施。

酷暑盛夏，不少教师喜欢整天待在有空调的屋里。不过，空调室内的空气与外界几乎隔绝，氧气得不到补充，人体便会因缺氧而导致人体器官不能正常工作，引起内分泌紊乱。此外，空调冷风会使人体表面的毛孔收缩，一旦周围环境温度发生变化，也会引起内分泌紊乱，其症状主要表现为头晕、发热、盗汗、身子发虚等。

因此，天热不可贪凉，空调温度不可调得过低，26℃～28℃是比较合适的温度。要避免长时间处于空调环境中，或大汗淋漓后直接跑到空调下面直吹。

8 七招助你战胜“夏打盹”

常言道，“春困秋乏夏打盹”。时值炎热的夏季，教师容易犯困打盹也是一件十分常见的事情。不过，倘若人经常处于想打盹的状态，则很容易误事，因此教师在做好夏季保健的同时，也需要掌握几个摆脱夏季打盹的方法。那么，下面我们就一起来了解一下这些方法吧。

· 干刷身体，提神养生

如果你时常犯困，那么干刷身体则是你不错的提神选择。具体方法是，用自己的手，从肢体的末端向着心脏的方向对着身体来回干刷十多次。在进行干刷身体时要注意手臂需要转动，而且整个手臂都要被刷到。

· 百用薄荷，醒脑消暑

我们都知道，薄荷是一种十分常见的唇形科植物，它也被称作是银丹草。薄荷的用途十分广，它既可以食用，也是一种常见的中药材。而对于夏季想打盹的朋友们来说，则可以通过薄荷来提神醒脑。具体使用方法为，把薄荷油涂抹在太阳穴处。

· 拳头按压，释放疲惫

大家还可以将拳头握紧，放置于耳朵斜后方的头骨处，然后将眼睛闭上，再将头向后仰，重复做几次这样的动作就可以将全身的疲惫感释放掉，这样一来，困意也就会瞬间烟消云散。

· 指尖轻敲，赶走疲倦

用指尖轻敲自己的身体，也可以起到祛除疲倦、提神醒脑的作用。当然，敲打也不能是盲目的，需遵循一定的方法。具体敲打的方法是，在自己头昏脑涨的时候，用手指尖轻敲自己的头部，而在敲头部的时候也应当先敲头顶，然后再敲后脑勺。同时，在敲头部的力度上，也需要注意轻柔适当，否则会越敲越晕。

· 粗盐泡脚，恢复精神

众所周知，时常用粗盐泡脚，可以有效地缓解疲劳、恢复精力。因此，大家不妨在平时多泡泡脚。具体方法是，把两至三勺的海盐与三到四滴的精油倒入洗脚水中调匀，然后就可以泡脚了。而在夏季，大家也可以选择柠檬来代替精油。

· 热石按摩，颈部舒畅

选择一颗温润顺手的石头，最好有一面是比较平整的，放在热水中，让石头有了温暖的热度，将石头顺着肩颈线慢慢滑动，让热度能传达到肩颈的部位，温暖舒畅，一扫疲惫。

· 嗅闻精油，神清气爽

最后，大家还可以在上班或者外出的时候随身带一瓶精油，在自己头脑昏沉的时候，闻一闻

精油的味道。精油的类型首选叶类精油或者是具冷冽气味的精油，另外，具有特殊气味的柑橘、马鞭草、柠檬或者是葡萄柚也可以用来提神。

以上七招就是摆脱夏季打盹的方法，教师可以结合自己的实际情况来选择最适合自己的方法。

夏季里时常打瞌睡、口干舌燥，可以试试生脉排骨汤或洋参木耳羹。

·生脉排骨汤：麦门冬15克，西洋参、五味子各5克，炖排骨汤服用。麦门冬味甘性寒，养阴清热，润肺生津。西洋参、麦门冬合用，有益气养阴的作用。五味子生津止渴。三药合用，俗称“生脉”，一补、一润、一敛，益气养阴，生津止渴。

·洋参木耳羹：西洋参、北沙参各10克，白木耳或银耳适量，冰糖适量（糖尿病不用），煲汤饮用。

9 教师秋季养生黄金法则

秋季主“燥”，环境干燥容易损耗人体津液，给人体带来不适，使人们不同程度地感觉到口、鼻、皮肤等部位干燥，甚至出现咽喉肿痛、大便干结等症状，连带着情绪也会变得烦躁不安。在秋季“燥”气当令之际，教师的日常活动也需跟着调整。

·润肺去燥

秋季教师应注意润肺去燥，宜食乌骨鸡、猪肺、银耳、蜂蜜、芝麻、豆浆、藕、核桃、薏苡仁、花生、葡萄、菠菜、梨等，忌吃含辣椒、大葱、生姜、肉桂等辛辣燥热食品。秋季教师进补可食用兔肉、甲鱼、鸭肉、鲫鱼、墨鱼等，不宜食用狗肉、羊肉、带鱼、鳝鱼等食物。

·充足的睡眠

睡眠时人体内会产生一种被称为胞壁酸的睡眠因子，可促使白细胞增多，巨噬细胞活跃，肝脏解毒功能增强，从而将侵入的细菌或病毒消灭。因此教师保质保量睡好觉，可使免疫力“更上一层楼”。

·动静适宜

秋季天高气爽，空气清新，教师坚持适当的体育运动，不仅可以调养肺气，提高肺脏功能，而且有利于增强各组织器官的免疫功能和身体对外界冷刺激的防御能力。然而，由于秋季早晚温差大，所以要注意三防：

一防受凉感冒。锻炼时要适时增减衣服，锻炼后切忌穿汗湿的衣服在冷风中逗留。

二防运动损伤。每次运动前一定要注意做好充分的准备活动。

三防运动过度。秋季人体的阴精阳气正处于收敛内养阶段，故运动应顺应这一原则。即运动量不宜过大，以防出汗过多，损耗津液。应选择轻松平缓、活动量不大的项目，如散步、慢跑、太极拳、做操等，使周身微微出汗即可。

·保持乐观情绪

乐观的态度可以维持人体于一个最佳的状态，尤其是在现今社会，教师面临的压力很大，巨大的心理压力会导致对人体免疫系统有抑制作用的荷尔蒙成分增多，所以很多教师容易受到感冒或其他疾病的侵袭。

·增强抗病能力

俗话说，“一场秋雨一场寒”。秋风肃杀，天气渐凉，这时要加强防寒锻炼。气温下降时不要急于添加过多的衣服，使机体的抗御机能得到锻炼，从而激发机体逐渐适应寒冷环境的能力，有利于避免许多疾病的发生。但是秋冻也不要过头，尤其是对有呼吸系统疾病、胃病、关节炎等病史的教师，要适当保暖，不受冻，防止旧病复发。

秋季，一些花卉开始干枯，大气中会有很多微小的漂浮物，有过敏史的教师非常容易引起过敏反应，所以尽量不要到公园、郊区等花卉多的地方。同时也要忌食辣椒、鱼虾、羊肉等辛发食品，以免加重过敏症状。

立秋后经常会觉得口渴，光喝白开水不能抵御秋燥，人体水分很快会被蒸发或排泄出体外。所以，教师可以白天喝点盐水，晚上喝点蜜水，这既是补充人体水分的好方法，又是秋季养生、抗拒衰老的饮食良方，同时还可以防止因秋燥而引起的便秘，一举三得。

10 教师秋季进补需八忌

俗话说，“一夏无病三分虚”。立秋一到，气温虽然早晚凉爽，但仍有秋老虎肆虐，所以人极易倦怠、乏力、胃口不佳。在民间素有“秋补”习俗。所谓“春生、夏长、秋收、冬藏”，根据中医“春夏养阳，秋冬养阴”的原则，教师此时进补十分必要。但进补不可乱补，应注意以下八忌：

· 忌无病乱补

无病乱补，既增加开支，又损害身体。如服用鱼肝油过量可引起中毒，长期服用葡萄糖会引起发胖，血中胆固醇增多，易诱发心血管疾病。

· 忌虚实不分

中医的治疗原则是虚则补之，不是虚症病人不宜用补药。虚症又有阴虚、阳虚、气虚、血虚之分，对症服药才能补益身体。否则适得其反，会伤害身体。

保健养生虽然不像治病那样严格区别，但应按用膳对象分为偏寒偏热两大类。偏寒者畏寒喜热、手足不温、口淡涎多、大便溏、小便清长、舌质淡；偏热者，则手足心热、口干、口苦、口臭、大便干结、小便短赤、舌质红。若不辨寒热妄投药膳，容易导致“火上加火”。

· 忌多多益善

任何补药服用过量都有害，认为“多吃补药，有病治病，无病强身”是不科学的。如过量服用参茸类补品可引起腹胀，不思饮食；过量服用维生素 C 可致恶心、呕吐和腹泻。

· 忌凡补必肉

动物性食物无疑是补品中的良剂，它不仅有较高的营养，而且味美可口。但肉类不易消化吸收，若久吃多吃，胃肠常常不堪重负。而肉类消化过程中的某些“副产品”，如过多的脂类、糖类等物质又往往是心脑血管病、癌症等常见病与多发病的病因。现代营养学观点认为，新鲜的水果和蔬菜含有多种维生素和微量元素，是人体必不可少的营养物质。

· 忌以药代食

药补不如食补。重药物轻食物是不科学的，因为许多食物同时也是有治疗作用的药物。如荠

菜可治疗高血压；萝卜可健胃消食，顺气宽胸，化痰止咳；山药能补脾胃。日常食用的核桃、花生、红枣、扁豆、藕等也都是进补的佳品。

·忌重“进”轻“出”

随着生活水平的提高，不少人天天有荤腥，餐餐见油腻，这些食物代谢后产生的酸性有毒物质需及时排出。而生活节奏的加快，又使不少人排便无规律甚至便秘。近年来流行一种关注“负营养”的保健新观念，即重视人体废物的排出，减少“肠毒”的滞留与吸收。教师提倡在进补的同时，也应重视排便的及时和通畅。

·忌越贵越补

那些所谓高贵的传统食品如燕窝、鱼翅之类，可能并无奇特的食疗作用，而十分平常的甘薯和洋葱之类的食品，却有值得重视的食疗价值。另外，凡食疗均有一定的对象和适应证，应根据需要来确定药膳。“缺什么，补什么”，不要凭贵贱来分高低。

健康叮咛

秋季空气干燥，气温也逐渐降低，湿度逐渐减少，所以对于教师来说，进补应以润燥养阴为主要目的。在饮食营养方面，应多吃些具有清润作用的食物，不能大吃大喝，防止摄入热能过多导致肥胖。应合理安排，做到平衡膳食。

·多饮水。秋季气候比较干燥，多喝水能维持体内水代谢平衡，防止皮肤干裂。

·适当补充维生素和矿物质。平时多吃新鲜蔬菜和水果，中和体内多余的酸性代谢物质，可以清火排毒。

·多进食高蛋白植物性食物，少吃油腻。由于夏季吃凉冷食品较多，初秋时人的脾胃尚未完全恢复，因此不宜吃过于油腻的食物。

健康叮咛

·少吃辛辣食物。饮食上要尽可能少食用葱、姜、蒜、韭、椒等辛味之品，不要过多吃烧烤，以防加重秋燥症状。

·不宜吃寒凉食物。饮食特别注意不要过于生冷，以免造成肠胃消化不良，导致消化道疾患。中医有“秋宜温”的主张，也就是说秋天应避免吃寒凉性的食物，应多吃一些温性食物。

·每餐进食宜简不宜繁。此时人体阳气衰弱，胃气亦弱，每餐吃的品种过多，会导致消化不良，容易引起胃病。

11 教师“秋冻”要适度

所谓“秋冻”，就是说秋季气温稍凉爽，不要过早过多地增加衣服。“秋冻”看似简单，但实则如何“冻”得合理、“冻”得适度、“冻”得健康，大有学问。适宜的凉爽刺激，有助于锻炼耐寒能力，在逐渐降低温度的环境中，经过一定时间的锻炼，能促进身体的物质代谢，增加产热能力，提高对低温的适应能力。不过，不同的人群、不同的“天时”，不同的部位，教师都应区别对待，一味地冻就会把身体冻坏。

·因人而异

“秋冻”并非人人适宜，青壮年包括体质较好的人最好不要早添厚衣，这样有利于人体对气候变化的适应。抵抗力较弱的人自身调节能力差，遇冷抵抗能力下降、御寒能力减弱，会诱发急性支气管炎、肺炎等疾病，应注意气温变化而适当增加衣服。有慢性疾病的病人不宜进行“秋冻”，尤其是患有慢性支气管炎、支气管哮喘、冠心病、高血压者，寒冷刺激会使支气管和血管痉挛收缩，导致旧病复发，出现哮喘、心绞痛、心肌梗死和中风等。健康人群也一定要注意“冻”得适度。

· “秋冻”应看“天时”

一般来说，在夏末秋初开始“秋冻”，才能自然过渡到对秋凉和冬寒的机体调节，增强人体的抗病能力，减少疾病的发生，这时最适合耐寒锻炼，增强机体适应寒冷气候的能力。但在日夜温差变化较大的晚秋，切勿盲目“秋冻”，由于此时强冷空气不断入侵，气温聚降，气温变化幅度大，不能一味强求“秋冻”，否则不但对健康无益，反而会引发呼吸道疾病和心血管疾病等，此时要适当增减衣服，以防感冒。

· 不同部位要区别对待

“秋冻”对身体的不同部位要区别对待，人体以下 5 个部位一定要注意保暖：

①头：头为“诸阳之会”，天气寒冷令血管收缩，人们就会出现头痛、头晕的症状，对于中老年人来说，很容易诱发脑血管病。因此，教师在冬季外出时一定要注意头部保暖，戴好棉帽。

②脖子：这个部位受凉，容易引起感冒，还会导致颈部血管收缩，不利于脑部供血。

③双肩：肩关节及其周围组织相对比较脆弱，容易受凉。

④腹部：上腹受凉容易引起胃部不适，甚至疼痛，特别是有胃病史的人更要加以注意；下腹受凉对女性伤害大，容易诱发痛经和月经不调等疾病，经期妇女尤其要加以重视。

⑤脚部：人们常说寒从脚下起，脚离心脏最远，血液供应慢而少，皮下脂肪层薄，保暖性较差，一旦受寒，会反射性地引起呼吸道黏膜毛细血管收缩，使抗病能力下降，导致上呼吸道感染。因此，教师冬季保暖应从脚下做起。

⑫ 轻松摆脱秋乏缠身之烦

“春困秋乏夏打盹”，进入秋天之后，人会变得更加的困乏，教师时常会在上班的时候犯困，这就是我们所说的“秋乏”。那么，教师怎样才能够去解秋乏呢？在此教您几招秋天养生的小秘诀，让您摆脱秋乏，在秋天也能够拥有一个好身体。

· 少吃辛辣油腻的食物

尽量地选择少吃或者是不吃辛辣的食物和烧烤，像是烤串、辣椒、葱、姜、蒜等等。可以多食用一些富含高蛋白的食物，比如鸡蛋、鱼、乳制品和豆制品等等。最好避免吃油腻食物，因为油腻的食物会在人体内产生酸性物质，使人感到倦乏。而水果和蔬菜则具有提神之功效，因为水果、蔬菜属碱性食物，可以中和体内的酸性物质，消除人的疲倦感。另外，水果、蔬菜还可以帮助肝脏将人疲倦时产生的物质尽快排除掉。

· 每天多睡一小时

夏天昼长夜短，很多教师养成了晚睡早起的习惯，当秋天来临，这种习惯就要加以调整了。晚上争取在 10：30 之前睡觉，因为 11：00 以后人体的各个器官功能都开始下降，它们同样需要休息。此外，午睡也必不可少。只有睡眠充足了，才会从根本上解决困乏的问题。当然睡觉也不是越多越好，要根据平时的习惯，每天多睡一小时，最好保证 7 ～ 8 个小时的睡眠。这样才能精神百倍地投入到教学中。

· 多晒太阳

充足的阳光可以抑制人体褪黑素的分泌，然而当秋天来临的时候，阳光的照射便不再像夏天那样强烈，雨天也会渐渐地增多，这时候人体的褪黑素就会增多，从而就会抑制甲状腺素与肾上腺素的分泌，会让人感觉到心情低落。

所以，教师适当地多晒太阳可以让心情变得开阔，显得更精神。如果是在阴雨天，可以将屋内的照明设施打开，同样可以提高人的兴奋度。

· 伸懒腰，干梳头

要经常伸伸懒腰，让肌肉得到放松，身体也会感到更舒服。我们在伸懒腰时，胸腔器官会对心脏、肺部产生一定的挤压，可以使心肌更多地运动，从而将氧更多地输送到身体的各个部位。干梳头同样可以缓解身体的压力，将手放在脸上揉搓，或者让手指像梳子一样梳理自己的头发，这样可以促进头部血液的循环，也可以让头脑感到轻松。

不好的坐姿同样容易让肌肉感到疲劳，所以教师保持良好的坐姿也是缓解疲劳的一个办法。一定要挺直身躯坐正，不要弯腰驼背，走路时同样要挺直身躯，这样才能让自己充满活力。

· 有氧运动

教师如果工作时间久了，就会感到浑身乏力、头晕目眩，这是由于脑供血不足引起的。这表明我们的大脑太过疲劳了，需要休息。然而此时睡觉并不是解决问题的最好办法，我们需要去做一些有氧运动，让大脑的氧气变得充足，比如外出打球、做操等。但是不要做过于强烈的运动，否则会引起身体的疲劳，不但解决不了问题，还会弄得身心更加疲惫。

过了秋分之后，由于雨水渐少，空气中湿度小，秋燥便成了中秋到晚秋的主要气候特征，稍有疏忽，便易被秋燥耗伤津液，引发口干舌燥、咽喉疼痛、肺热咳嗽等症。因此，教师秋日宜吃清热生津、养阴润肺的食物，如泥鳅、鲥鱼、鸭肉、芝麻、核桃、百合、糯米、蜂蜜、牛奶、花生、鲜山药、白木耳、广柑、白果、梨、红枣、莲子、甘蔗等清补柔润之品。

13 教师冬季养生四原则

冬季是一年中最寒冷的季节，大多数的动植物均处于冬眠状态，为来年春天的复苏养精蓄锐。传统养生学认为，在冬季的3个月中，人体也应该顺应自然界的变化规律而避寒就温，敛阳护阴，以合“养藏之道”。因此，教师冬季养生具体方法则可从饮食、运动、起居和精神四个方面来做。

· 饮食：多温少寒，补肾助阳

传统养生学将我们日常食用的食物分为寒凉、温热、平性三大类。冬季气候寒冷，为了御寒保暖，教师应该多食用一些具有温热性质的食物，而少食用寒凉生冷食物。温热性质的食物包括糯米、高粱米、栗子、大枣、核桃仁、韭菜、小茴香、香菜、南瓜、生姜、葱、大蒜、桂圆、荔枝、木瓜、石榴、乌梅、鳝鱼、鳙鱼、鲢鱼、鳟鱼、虾、海参、鸡肉、羊肉、狗肉、肉桂、辣椒、花椒等。此外，还要特别注意选择具有补肾助阳作用的饮食，以增强机体的御寒能力。

现代医学也认为，人体在冬季时受到寒冷天

气的影响，甲状腺、肾上腺等内分泌腺的分泌功能增强，以促进机体产生热量，抵御寒冷，应适当增加高热量食物的摄入以及蛋白质、脂肪、维生素及矿物质的供给。

· 运动：适度锻炼，持之以恒

俗话说，“冬天动一动，少生一场病；冬天懒一懒，多喝药一碗”，说明冬季锻炼身体的重要性。寒冬季节，教师坚持室外锻炼，能提高大脑皮层的兴奋性，增强中枢神经系统体温调节功能，使身体与寒冷的气候环境取得平衡，适应寒冷的刺激，有效地改善肌体抗寒能力。

· 起居：早睡晚起，避寒保暖

《黄帝内经》讲，“冬三月……早卧晚起，必待日光”，意思是说在冬季应该早睡晚起，最好等到太阳出来以后再起床活动。在寒冷的冬季，教师应该保证充足的睡眠时间，早睡晚起有利于人体阳气的潜藏和阴精的积蓄，以达到“阴平阳秘，精神乃治”的健康状态。

日常生活中教师要注意避寒保暖。冬季天气寒冷，室内温度要适宜，室温应以 18℃～25℃较合适，切忌温度过高或过低。被褥的厚薄应根据室温的变化适当调整，以人体感觉温暖而不出汗为度。外出所穿的棉衣应以纯棉布为宜，要松软轻便、贴身保暖。特别要注意背部的保暖，因为背部是人体的阳中之阳，风寒等邪气极易通过背部侵入而引发疾病。每晚坚持用热水洗脚可促进全身血液循环，能增强机体防御能力、改善睡眠和消除疲劳。

冬季教师还应该注意保持室内的空气新鲜。严寒的冬季，有些教师因怕冷而紧闭门窗，使得室内的空气不能及时地流通而污浊不堪，影响健康。所以，冬季在调节室内温度的同时，还应注意室内空气流通和湿度调节，特别是在天气晴朗时要及时开窗通风，以保持空气新鲜。

· 精神：宁静为本，保精养神

冬季主蛰伏闭藏，所以教师冬季养生的核心就是“伏藏”二字。为了保证人体阴阳精气之伏藏，就需要保持精神的安宁和情绪的稳定，以保护人体的精气和精神。冬季之时，寒风凛冽，万物凋零，易引起人的悲伤之感。所以，教师应该尽量避免各种不良情绪的干扰刺激，多到室外晒晒太阳和参加一些娱乐活动，使自己的心情始终处于淡泊宁静的状态，并做到含而不露，秘而不宣，让内心世界充满乐观和喜悦。

随着天气渐渐凉爽，秋日里教师容易出现“情绪疲软”，即所谓的“悲秋”。这是因为，经过一个夏季，身体能量消耗过多，还没有得到恢复，情绪自然也会出现疲软、困乏等状况。如果此种情况发展下去还会影响教师的正常生活，因此要注意避免。教师预防“情绪疲软”，需要做到以下几点：

· 在日常生活中，要处处注意培养自己的乐观情绪，否则遇上不称心的事，极易导致心情抑郁。此时登高赏景，令人心旷神怡；静练气功，收敛心神，则内心宁静。

· 为调整自己的“疲软情绪”，最好能保持充足睡眠，尽量争取在晚上 10 点前入睡，以防一上班就进入犯困状态；中午适当“充充电”，小睡 10 ～ 30 分钟也利于化解困顿情绪。

· 为预防低落情绪还可以在室内放些绿色植物，如吊兰、文竹等，可释放氧气、调节室内空气。

· 在饮食上，最好吃得清淡些，油腻食物会在体内产生酸性物质，加重困倦。

⑭ 教师冬季进补分体质

不同的人，体质不同，有的人是阳虚型的，有的人则是阴虚型的，而我们称这些人为“虚人”，一般将“虚人”分为四类，不同类型体质虚弱的人需要进行不同的进补。尤其是冬季，大家不要盲目地进补，以免进补不当，反而让体质变得更虚弱，这就得不偿失了。下面就来介绍一下不同体虚者的详细进补方案，以供冬季需要进补的教师参考。

· 阴虚者

冬季进补可选用六味地黄丸、左归丸等中成药；也可服用哈士蟆油以补肾精、润肺养阴；或食用海参，对虚弱劳损、精血亏耗等症有效。

· 阳虚冬天怕冷者

进补宜选择具有补肾阳作用且温而不燥的助阳之品。可选用鹿茸片、参茸片、参茸补膏等；也可选用鹿茸血片或粉片，每次0.5克，隔水炖服。除服滋补药外，还可吃些狗肉、羊肉、牛骨髓等具有补气助阳，增加防寒作用的食物，这些都是补阳上品，在冬季里可经常食用。

· 血虚不足常有头昏眼花者

可选服有补益气血作用的阿胶浆、四物饮、参杞补膏、补气养血膏等中成药。同时可常食动物血、禽蛋、禽肉等进行食补。

· 气虚不足常体倦无力、动则气喘者

可选用有健脾益肺、静心安神作用的人参、红参、生晒参等。方法：将参在火上烘软后切片，每日3～4克，放入小瓷碗内，加入半碗水，少量糖，隔水蒸炖，每天服1～2次。也可适量饮些豆浆、牛奶；还可炖红枣、桂圆、蹄膀、精肉等服食。

专家还提醒人们，冬季进补时要注意以下几点：

• 服用人参进补时，忌食萝卜，以免影响人参的进补作用。

• 凡有感冒发热、不思饮食、消化不良、呕吐腹泻等病症，都应暂停服用任何滋补品，待病愈后再进补。

• 进补时忌进食过于甘腻的食物，忌过食生冷食品，以免妨碍对补药、补品的吸收。

• 生命在于运动，人们不能光靠滋补品来维持身体的健康，还要参加适当的体育锻炼和力所能及的劳动，方能最终获得健康。

可见，不同的人需求是不一样的，因此，四类“虚人”冬季如何进补，还要根据具体的体质来进行，当然，如果对自己的体质不够了解，最好到正规医院去检查一下，在医生的指导下，进行适当的进补，切不可盲目大补，以免危害健康。

冬季寒冷，日照时间缩短，教师的户外活动减少，很容易出现维生素D缺乏。注意经常吃富含钙和维生素D的食物，如奶类、豆制品、海产品、动物肝脏等。冬季可供选择的新鲜蔬菜和水果不如夏、秋季节丰富，容易出现一些维生素和矿物质的摄入不足。因此教师可以选择营养素补充剂，补充膳食中的不足，如维生素C、维生素D等。但是不应该作为营养素的主要来源，原则是适量但不过量。

⑮ 冬季防寒保养七要素

冬季是个严寒的季节，教师也都知道要注意防寒保暖，但是还是有教师感冒，自认为自己防寒保暖工作做好了，可是怎么还是会感冒呢？下面让我们一起来看看冬季防寒保养的七要素吧。

· 健脚

在冬季我们必须经常保持脚部的清洁干燥，袜子勤洗勤换，每天要坚持用温热水洗脚，同时按摩及刺激双脚穴位。每天坚持步行半小时以上，活动双脚。此外，选一双暖和轻便、舒适、吸湿性能好的鞋子也是非常重要的。

· 重视保暖

冬季属阴，要以固护阴精为本，宜少泄津液。故冬“去寒就温”，预防寒冷侵袭是非常必要的。但不可暴暖，尤忌厚衣重裘，烘烤腹背，向火醉酒，暴暖大汗。

· 调神

冬季易使人身心处于低落状态。改变情绪低落的最佳方法就是运动，如慢跑、滑冰、跳舞、打球等，都是消除冬季烦闷、保养精神的良药。

· 要早睡

冬季阳气肃杀，夜间更是，要早卧晚起。早睡以养阳气，晚起以固阴精。

值得一提的是，大寒时节正处于元旦后、春节前，对于教师来说，正是一年之中工作最繁重的时候，人体极易疲劳，耗精伤神。因此，在这一段日子，尤其要注意休息，保持心情平静。对于老年教师来说，更应注意避免过喜或伤心，保持心情舒畅，心境平和，使体内气血和顺，做到“正气存内、邪不可干”，降低心脑血管系统疾病的发病风险。

· 及时通风

冬季室内空气污染程度比室外严重数十倍，应注意常开门窗通风换气，以清洁空气，健脑提神为宜。

· 粥养人

冬季饮食忌黏硬生冷。营养专家提倡，晨起服热粥，晚餐宜节食，以养胃气。特别是羊肉粥、八宝粥、糯米红枣百合粥、小米冰糖粥等最适宜。

· 多饮水

冬季虽排汗排尿减少，但大脑与身体各器官的细胞仍需水分滋养，以保证正常的新陈代谢。冬季一般每日补水不应少于 2000 ～ 3000 毫升。

上面给大家介绍了冬季防寒保养的七要素。因为冬季是疾病的高发季节，如果没做好防寒保养的话就会引发疾病，那样对自己和整个家庭都是不好的。

冬天外界气温虽低，但人们穿的衣服往往较厚，且大部分时间都在有暖气或空调的室内，再加上空气干燥，活动量相对不足，容易造成体内积热不能适时散发。如再过多地食用羊肉、狗肉等温热性食物，易造成体内蕴热，出现“上火”现象，如口腔黏膜溃疡、咽喉炎、便秘、痔疮等。因此，冬季对于肠胃健康的教师来说，若能根据自身情况，有选择地吃点性“凉”的食物或喝点凉开水，不但无害，反而有益，也不失为一种冬季保健方法。

16 教师冬天也要"动"起来

寒冬时节，若坚持适宜的体育锻炼，不仅可以调养肺气，还有利于增强各组织器官的免疫功能和身体对外界寒冷刺激的抵御能力。冬季运动宜运动前备妥装备，并注意安全运动事项，方能有效促进身体健康。

· 检视备妥装备

①衣裤：运动会产生热量，一旦开始流汗就容易感冒，应依据流汗程度增减衣物、保持干燥。可采洋葱式穿衣法，穿脱方便，最内层穿排汗衣、中间层可穿人造纤维制毛衣或羊毛层保暖，最外层可以穿着透气防水、防风外套。

②水壶：补充适当水分。平日饮水建议至少1500毫升，运动流汗时，若未适时补充水分则容易脱水。

③帽子及围巾：头颈部散热量占全身散热量五成，建议戴上帽子及围巾避免热量散失。

④袜子及手套：冬天时，血液多集中在身体中央，手脚常会冰冷，应配戴手套、袜子，若天气很冷可穿戴内层为薄、外层为厚，且排汗、透气性佳的袜子或手套。

⑤口罩：若吸入过多冷空气可能导致过敏、心绞痛或上呼吸道感染，可以戴上口罩，避免冷空气直接接触呼吸道。

⑥鞋子：天气寒冷时，关节容易僵硬，宜穿着支撑力佳，包覆性好、鞋垫软硬适中、质轻且止滑、抓地力佳、防水透气的运动鞋。

· 注意事项

①暖身运动：运动前一定要做暖身运动，至少做到心跳加速、稍微出汗的程度，从事剧烈活动或运动前应渐进式暖身，以免发生运动伤害。

②注意天气状况：随时注意气象报导，观察早晚温差，避免寒冷天气或下雨天于室外运动。

③勿喝酒精饮料：运动时不可饮用酒精饮料，酒精会使血管扩张，增加热的发散，容易导致体温过低，酒精也会削弱判断力，丧失应变能力。

④病患注意：有气喘、心脏疾病、慢性支气管炎等疾病的教师，宜避免于寒流来袭时从事户外运动。若必须于寒冷天气运动，建议先与医师商讨合适的运动方式及应准备之药物等。

⑤夜间运动穿着反光衣：冬天时天色昏暗，于晚间运动时应穿着亮色、鲜明或反光的衣着或装备。

⑥告知他人运动路线：尽量结伴运动，若独自一人从事户外活动，事先应告知家人或朋友欲前往的路线并携带手机，以便及时联系。

教师冬季运动宜选择轻松平缓、活动量不大的项目，如滑雪、慢跑、徒步、自行车等户外运动，以及高温瑜伽、游泳、普拉提等室内项目。适当减少登山、球类运动，以防止运动量过大使免疫力降低，诱发感冒、肺炎等疾病。

第十二章

穴位保健细节：轻松按摩保健康

按摩是以中医的脏腑、经络学说为理论基础，用不同手法作用于人体体表的特定部位以调节机体生理、病理状况，达到理疗目的的方法。

按摩是我国古老的医疗方法，其动作轻柔，运用灵活，便于操作，使用范围甚广，越来越多的人开始运用这种方法进行保健。对于教师们来说，如果自己在闲暇之余，找准穴位自我按摩一下，也不失为是轻松保健之法。

一、头面部保健穴位按摩法

❶ 缓解头疼的穴位按摩法

· 天柱穴

取穴：天柱穴位于后头骨正下方凹处，就是位于颈部突起的肌肉（斜方肌）外侧凹处，后发际正中旁开约 2 厘米左右。

指按法：采取坐姿，双手拇指分别按住穴位处。先呼气，与此同时数 1、2，手部逐渐用力，数至 3 时强按穴位，再吸气，同时数 4、5、6，全身放松。

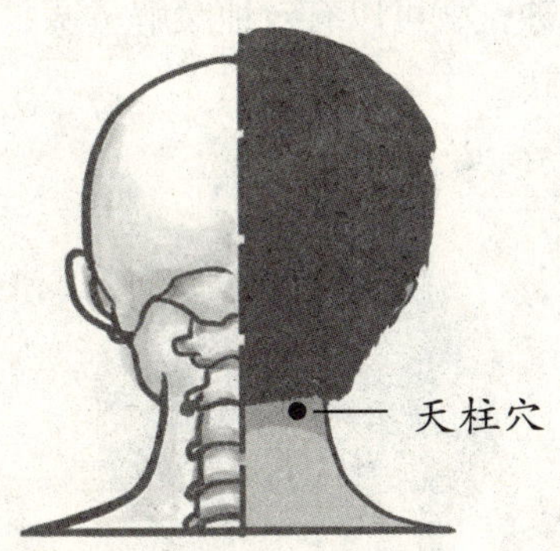

· 印堂穴

取穴：印堂穴位于前额部，两眉连线中点。

抹额法：双眼自然闭合，双手拇指按在太阳穴上，以食指内侧屈曲面，由正中印堂穴沿眉毛两侧分别抹开。

· 攒竹穴

取穴：攒竹穴位于面部眉头两侧，眉毛内侧边缘凹陷处的穴位。

效果：按压此穴位可以缓解头痛。

按摩手法：双手拇指抵住太阳穴，用食指按住两侧的攒竹穴轻轻旋转，每八拍为一个组，重复八轮即可。

注意：动作要掌握力度，轻中有重，每次动作以 30 次左右为宜，每天可做 1 ~ 2 次。具有缓解头痛的效果，能使人感觉头清目爽，对消除头晕目眩有作用。

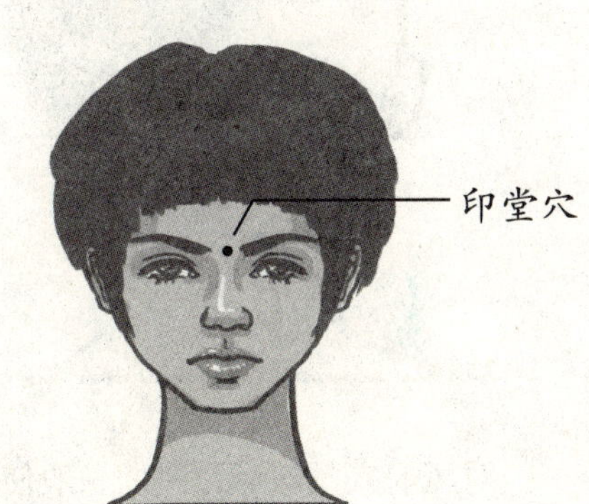

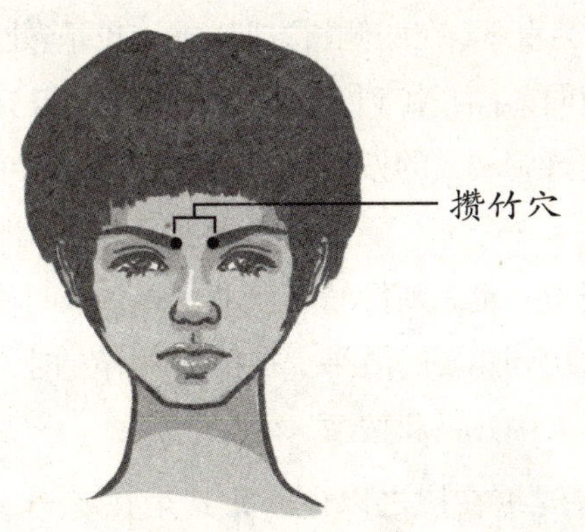

② 冬季按摩风府穴增强抵抗力

当风寒入侵的时候，按摩风府穴是再好不过了。中医认为，风府是风气之先。春季多风病，也是风寒容易侵入身体的时节。在冬去春来季节交替时，每日对风府穴多加按摩，有保健的功效，既可以加速血液循环、增强抵抗力，又可以预防感冒、提高免疫力。

按摩风府穴，可以有助于缓解因为落枕而带来的颈部不适，还能起到提神醒脑的作用。

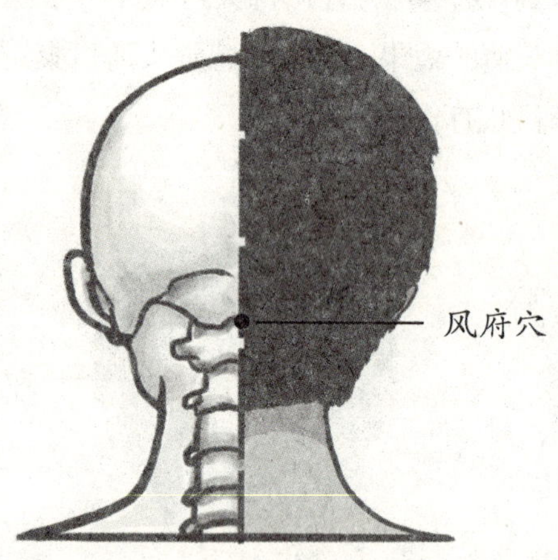

对风府穴的按摩，我们一般使用拇指点揉。风府穴位于后颈部，人头部后发际正中直上 1 寸处，枕外隆突直下，在两侧斜方肌之间的凹陷处。先把头微微向前倾，找到穴位后，用拇指指肚在风府穴上进行旋转式的按摩，速度适中，时间可以控制在 1 ~ 3 分钟。要稍稍注意一下力道，既不要过于用力，也无须像蜻蜓点水一样，这两种情况都无法达到想要的效果。在按揉风府穴时，如果能配合人中穴一起按摩，效果更好。

按摩保健重在持之以恒，尤其是在冬季，要经常坚持。在冬天，当你要从室内走到室外的时候，不妨多留心按摩风府穴，这样做可以帮你驱寒保暖。在二十四节气交替的前一天或者是气候由暖转寒的时候对穴位进行按摩。

③ 缓解呼吸系统不适按迎香穴

· 鼻疾按摩法

当出现鼻塞、鼻痛、流鼻水等症时，可以通过迎香穴三角形按压法来促进鼻部的血液循环，缓解鼻疾的病症。按摩的方法非常简单，取一面镜子，面对镜子，你会看到法令纹处和鼻子间有一个小三角的区域。

以迎香穴为起点，按摩这个小三角的区域约 5 分钟，就可以有效地缓解鼻塞、鼻痛和流鼻涕等症状。

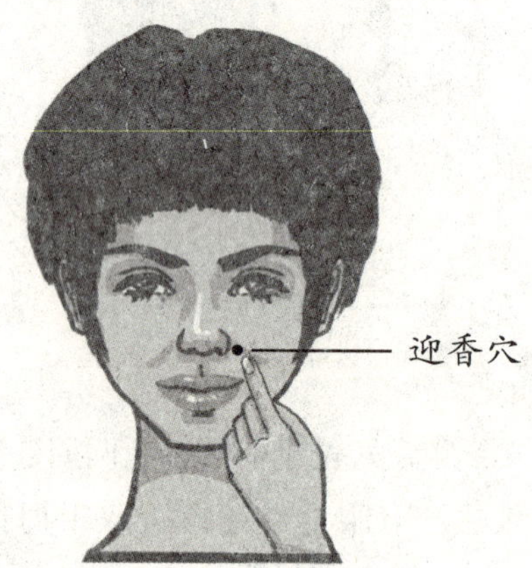

此外，在迎香穴涂上风油精等也能有效地促进鼻腔的畅通，缓解鼻子的不适。

· 呼吸道保健按摩法

迎香穴能改善人体呼吸道的内环境，提高

人体对流行性病菌的抵抗力，因此每天坚持按摩能起到对呼吸道的保健作用。

具体方法是端坐在椅子上，两腿并拢，挺直身板，深呼吸 3 分钟直到腹部发热。然后用食指按压住迎香穴，配合深呼吸。每次按下迎香穴同时做深吸气。在呼吸的同时，按住穴位的手开始松开，然后再重复 20 次左右。

坚持这套简单的呼吸操，有助于保持脑部的清醒和呼吸道的顺畅。

4 穴位按摩改善视疲劳

眼疲劳也称视疲劳，是目前生活中很常见的一种眼部疾病，又称为眼疲劳综合征。主要表现为，近距离用眼工作不能持久，眼及眼眶周围疼痛，常伴有视物模糊、眼睛干涩、流泪不适等。

眼睛同时也是心灵的“窗户”，眼睛疲劳的同时，精神也很疲劳。通过正确的穴位按摩，可以预防和缓解眼疲劳综合征，让心灵的“窗户”洁净无尘。

方法一：按摩睛明穴（目内眦旁 1 分）

取坐姿，坐在椅子上，用两手食指按住睛明穴，上半身稍向前倾，低头。

呼气并数 1、2。食指渐渐用力，数 3 时手指强按穴位，吸气并数 4、5、6，身体放松，并恢复原坐姿。

两手食指从穴位至额头上方，呼气并慢慢擦揉穴位。指按法（手指强按穴位）一次，指擦法（手指擦揉穴位）一次，即一回。左右各做 3 ~ 6 回。

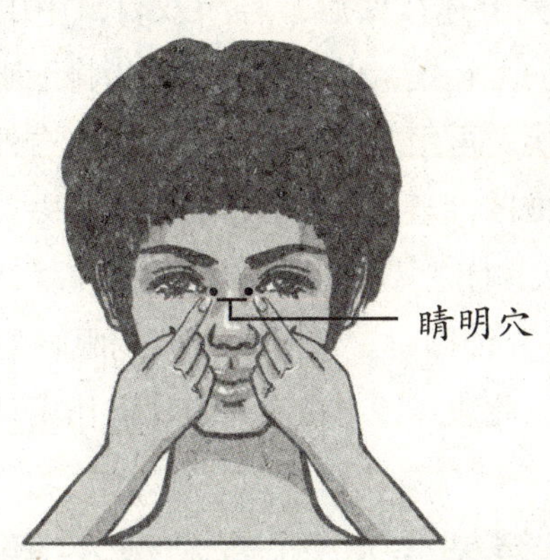

方法二：按摩京骨穴（足外侧中部）

右脚搭在椅子上，右手中指与食指重叠，按住穴位。呼气并数 1、2，渐渐用力，数 3 时强按穴位，吸气并数 4、5、6，身体放松。

右手中指与食指重叠，在穴位上下 5 厘米处，由脚根向脚趾方向，慢慢擦揉。按住穴位一次，擦揉穴位一次，即一回。左右各做 3 ~ 6 回。

做完上述按摩后，轻闭双目，用中指按住上眼皮向上轻提，做5次；用中指将下眼窝向下轻按5次。再用左右手的中指，从左右外眼角向太阳穴推按，至太阳穴后再向耳边按去，反复做3～5次；闭上双眼，用中指肚按在眼球上，轻轻按10分钟即可。这时你会感到眼睛的疲劳立刻消除，此法对视力也有一定保健作用。

5 拒绝感冒的面部穴位按摩

季节交替时，是感冒多发的时期，当办公室里弥漫着流感病毒的时候，你不妨试试用下面的小动作，来预防感冒的来袭。

通过下面这些机械的刺激按摩可使鼻周围血管充血，改善血液循环，提高鼻子的抗寒能力，增强身体的抵抗能力，让你不再惧怕感冒。

· 搓迎香穴

取穴：迎香穴位于鼻翼两旁鼻唇沟处。

按摩手法：每天早起或晚上睡觉前，用双手大鱼际，在鼻翼两旁的迎香穴处，反复搓动约200次。

作用：迎香穴是预防和治疗鼻部疾患的首选穴位，有疏风通窍，解痉止痛的功效，可以有效缓解鼻塞流涕。注意搓迎香穴时，要全身放松，仰卧闭目。切不可憋气瞪眼。

· 揉四白穴

取穴：两侧眼眶中间正下方约一寸半处各有一个稍稍凹进去的小“窝”，按上去有酸酸的感觉。

按摩手法：用手指指腹按压四白穴，按压时注意闭眼、放松，按压以酸胀感能忍受为佳。

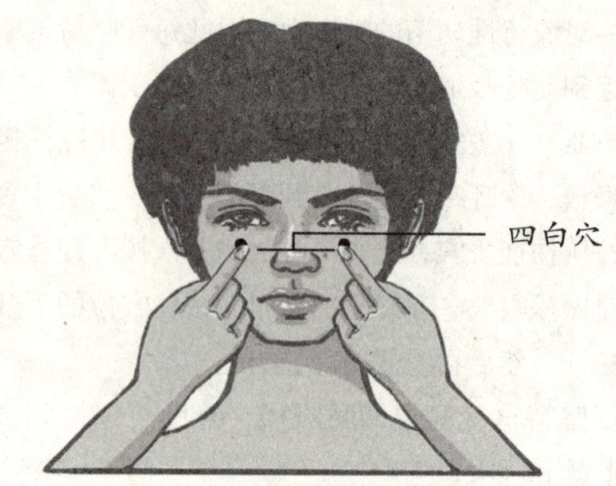

作用：按揉四白穴能有效缓解眼胀、鼻塞、流涕症状，配合迎香穴效果更好。

· 按揉太阳穴

取穴：太阳穴位于两眼外角向外一寸。

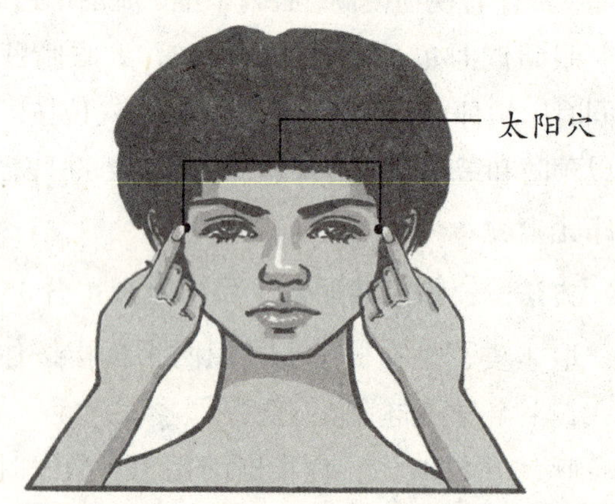

按摩手法：用指腹按压太阳穴，力度适中为宜，按揉时闭眼，全身放松。

作用：按揉太阳穴能够有效缓解头痛。

· 揉风池穴

取穴：风池穴位于头颈部，后发际向上一寸，左右各有一个按上去感觉酸酸的小坑。

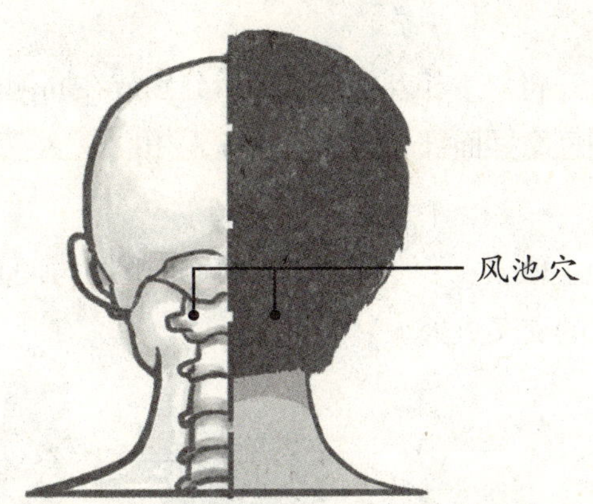

按摩手法：端坐于椅子上，双手抱拢头部，将两手拇指指腹分别按于同侧风池穴，其余四指附于头部两侧，由轻至重按揉 1 分钟。以有酸胀感为佳，注意按摩时闭眼。

作用：疏风清热，开窍镇痛。

· 承浆穴

取穴：承浆穴位于面部，颏唇沟的正中凹陷处。

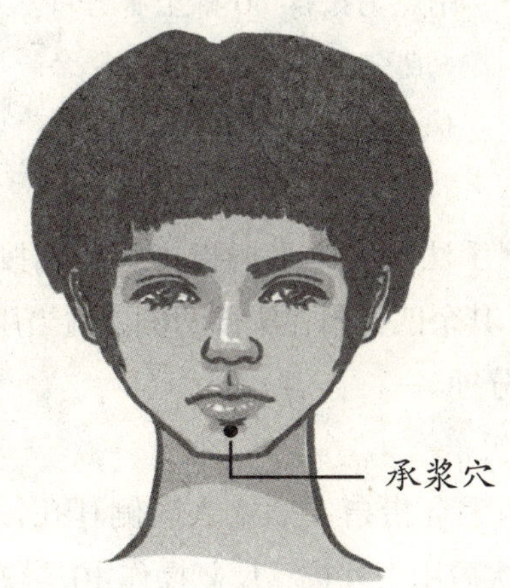

按摩手法：用拇指轻压此穴，每秒 1 次，连按 20 次。

作用：长期按压此穴能调节内分泌。

· 干浴面手法

按摩手法：取坐位，用两掌贴于面部，上下擦动。

作用：这个动作可以有效松弛紧张的面部肌肉，放松疲劳的眼肌，改善眼部供血。在防治感冒过程中，这个手法也是很有效的。操作时务必记住要闭目放松全身，紧贴面部皮肤，擦动可快可慢但要力量均匀，才能起到松弛面部肌肉、改善不适症状的作用。

6 舒缓肌肤五步简易按摩法

第一步：减缓压力

用拇指指尖轻轻按压眉头上方，持续 3 秒钟后放开，然后对眉毛至发际线间区域反复进行自下而上的按摩。

第二步：消除紧张

用食指指腹轻轻按压太阳穴，持续 3 秒钟后释放即可。

第三步：完全放松

用食指指腹轻轻按压双眼内眼角区域，持续 3 秒钟后释放。

第四步：促进微循环

用两手的食指和中指，分别从脸部下颌两侧开始，以画圆圈的动作轻轻按摩整个面颊，直至太阳穴处,这个动作可以促进面部的血液循环，有利于增强肌肤的弹性，每次按摩持续 1 分钟左右。

第五步：增强肌肤弹性

将两手手指并拢，用手掌轻轻拍打面部，

从上而下，从下而上，使脸部皮肤感到轻微的颤动，每次拍打数十下即可。此法可保持皮肤的红润光泽，增加其弹性。

7 头部按摩防治神经衰弱

头部的自我保健按摩具有健脑宁神、开窍镇痛、聪耳明目的功效，对头晕、耳鸣、神经衰弱、失眠、头痛等症有较好的保健治疗作用。

· 预备式

取坐位，腰微挺直，双脚平放与肩同宽，左手掌心与右手背重叠，轻轻放在小腹部，双目平视微闭，呼吸调匀，全身放松，静坐1～2分钟。

· 分推前额

将双手拇指指腹放在前额正中两侧，其余四指附在头部两侧。双手拇指适当用力沿前额分推至太阳穴30秒至1分钟。

· 揉按角孙穴

取穴：角孙穴位于耳尖正上方入发际处。

按摩手法：将双手拇指分别放在同侧角孙穴上，其余四指附在头顶两侧，适当用力揉按30秒至1分钟。

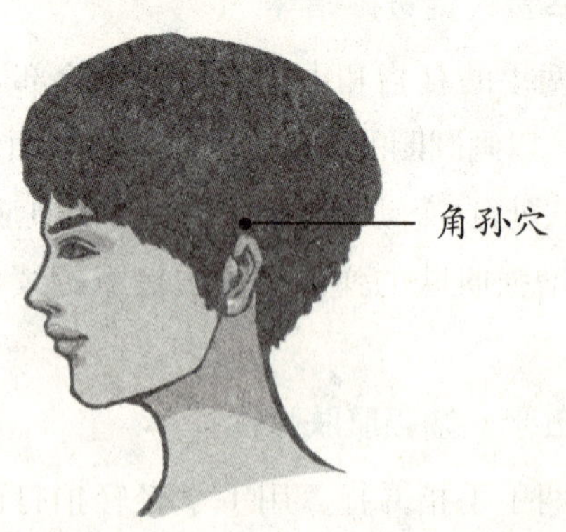

· 搓手摩面

将双手相互搓热，然后分别放在同侧面部，轻轻摩揉面部，反复操作5～10次。

· 按揉百会穴

取穴：百会穴位于头顶正中线与两耳尖连线的交叉点处。

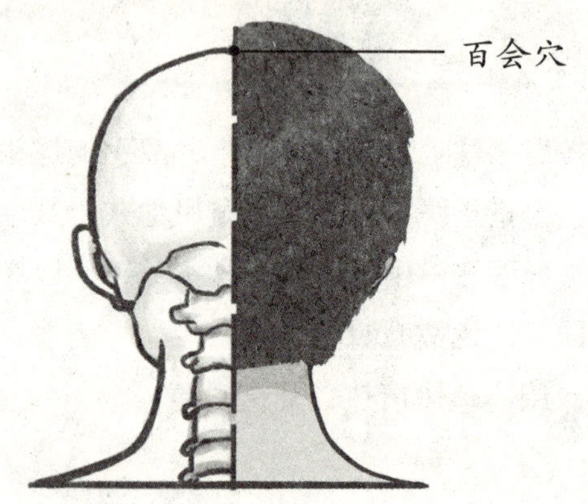

按摩手法：将右手中指指腹放在头顶百会穴上，适当用点力按揉30秒至1分钟。

· 按揉风池穴

取穴：风池穴位于颈项后枕骨下，大筋外侧凹陷处。

按摩手法：将两手拇指指腹分别按在同侧风池穴，其余四指附在头部两侧，适当用力按揉0.5～1分钟。

· 震耳孔

将两手食指指尖插塞入同侧耳孔，轻轻震动10余次后用力外拔，反复操作10～20次。

· 梳推头部

双手呈爪状，放在同侧眉部上方，适当用力从前额梳推至头后部，连续做10～15次。

以上方法，在操作前应将面部和双手洗净。

8 夏天犯困的自醒按摩法

俗话说“春困，秋乏，夏打盹”。“夏打盹”主要与暑湿有关。长夏期间，湿气比较重，其最大的特点就是会让人体感觉困乏。可以通过自行推拿按摩百会穴、太阳穴、风池穴等方法进行“自醒”。具体方法如下：

· 按揉太阳穴

位置与功能：位于眉梢与眼外角连线中点，向后约一横指的凹陷处，按摩此处不仅提神还可缓解头痛。

按摩手法：用双手拇指或食指分别置于两侧太阳穴，轻柔缓和地环形转动，持续30秒。此法适用于各种人群，但注意不可用力过度，感觉酸胀即可。一般按摩的次数多少，可视大脑疲劳的程度调整。

· 按揉百会穴

位置与功能：位于头顶正中的最高点，是手足三阳经及督脉阳气交会之处，按摩这里可以提神醒脑、升举阳气。

按摩手法：用双手中指叠按于穴位，缓缓用力，有酸胀感为宜，持续30秒；同时可做轻柔、缓和的环形按揉，反复5次。

· 按揉风池穴

位置与功能：位于头颈部，枕骨之下，与风府穴（后发际正中直上1寸）相平。这是足少阳胆经的穴位，按摩它除可提神外，还能缓解眼睛疲劳，特别对长时间在电脑前工作或长时间伏案的人，效果更好。

按摩手法：保持身体正直，两手拇指分别置于两侧风池穴，头后仰，拇指环形转动按揉穴位1分钟，可感到此处有明显的酸胀感，反复5次。

以上方法简单可行，另外还可以选择一些具有醒脑提神的中药茶方，双管齐下，效果显著。

二、四肢保健穴位按摩法

手为手三阴经、手三阳经交会之所。按摩手有助于气血运行，通经活络，不仅对手指关节、筋脉、肌肉有益，还能通过经络而影响相应的脏腑。此外，掐按手部穴位对防治心肺、头面、颅脑部位疾病有很好的作用。

前臂是保健按摩不容忽视的一个部位，此处关节多，肌肉、肌腱鞘长。在我们的日常工作与生活中易发生肌肉劳损、肱骨外上髁无菌性炎症（网球肘）和腕管综合征。长期做前臂的保健按摩，可促进血液循环，增强肌肉的弹性，舒理筋骨，解痉止痛。

四肢的按摩不仅可以缓解肌肉酸痛感，还使身体气血运行通畅。

❶ 徒手自我按摩保健法

（1）拇指在上，食指在下，捏住另一手手指，用螺旋方式在手指上滑动按摩，从拇指开始顺次揉至小指。再用拇指、食指的螺纹面捏住其手指，捻动各手指，动作要灵活、快速，用力不可太大，注意节律感。

（2）将双手的手掌相对，稍微用劲地前后揉搓。然后左右手掌靠拢在一起进行握手，右手拇指要有意识地用力抓住左手的小鱼际，左手拇指则要用劲抓住右手的小鱼际。紧握三秒钟以后双手分开，然后再互相握紧。每次做 6 ～ 12 次。

（3）将两手手指交叉地扭在一起，右手拇指在上交叉 3 秒钟后，换成左手拇指在上交叉，然后使手指尖朝向自己，右手拇指在上，从手指根部把双手交叉在一起，并使双手手腕的内侧尽量紧靠在一起，紧靠 3 秒钟后，换成另一只手拇指在上交叉。反复做 6 次。

（4）用一只手握住另一只手背指根处，拇指指腹按于手背上，以顺时针方向，呈半圆滑动按摩 6 ～ 12 次，再以逆时针方向按摩 6~12 次。

（5）用右手握住左手的食指和中指头，右手拇指指腹按在左手掌心上，作半圆形滑动按摩，先顺时针方向，后逆时针方向各按摩 6 ～ 12 次。再以拇指按揉劳宫穴半分钟。然后换成以左手按摩右手。

❷ 腿部点按法的瘦腿方法

按摩前为腿部涂抹乳液。在按摩前，最好涂抹按摩油（葡萄柚精油具有纤腿作用），或者按摩乳液，可以使受力更均匀，也避免皮肤红肿受伤。

双手握住腿部，上下反复轻推腿部，使腿部放松和预热，为按摩做准备。

双手环抱腿肚，利用四指指腹的力量按压，小腿以腿肚为主，力道要大，感觉肌肉酸疼为度。

双手握拳，用食指的关节施力压，从腿部

两侧下手，均匀按压腿部。按压时，感觉两面互相受力，微感到疼即可。

手的拇指和食指从两侧捏住腿部，然后从脚踝处慢慢向上揉捏，需要较为用力，腿部要微感酸疼。

双手上下拍打腿部，使经过按摩后的肌肉得到放松，也可起到促进血液循环的作用，使重复按摩的效果更好。

想瘦腿需要按摩的穴位如下：

· 血海穴

取血海穴时应屈膝，在大腿内侧，髌底内侧端上 2 寸，股四头肌内侧头的隆起处。

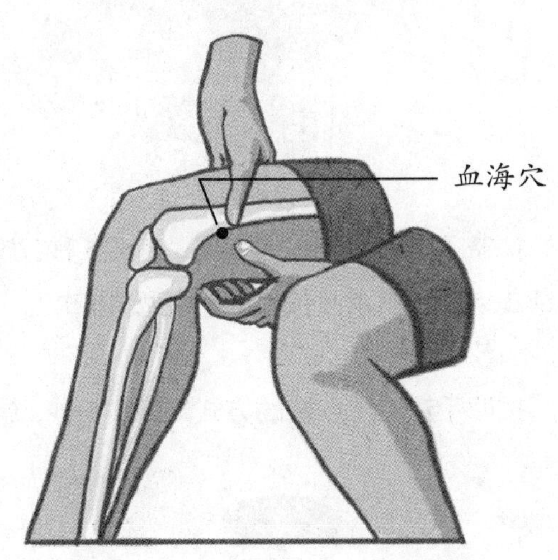

按摩手法：用双手拇指推压的方式按摩，持续 5 秒，放松，休息 2 ~ 3 秒再重复按摩，重复做 10 次。

· 风市穴

在大腿外侧部中线上，腘横纹水平线上 7 寸。身体直立，手下垂于体侧，中指尖所到处即是。

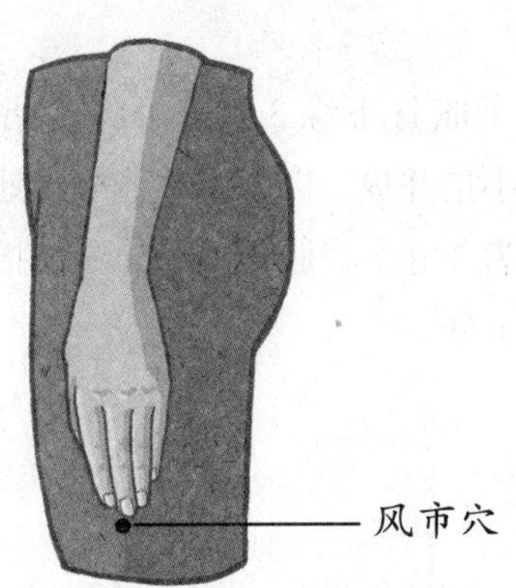

按摩手法：用双手拇指推压的方式按摩此穴位，持续 5 秒，放松，休息 2 ~ 3 秒再重复按摩，重复做 10 次。

· 承扶穴

位于大腿的后侧，臀部的正下方。

按摩手法：用食指和中指并拢的方式推压按摩。

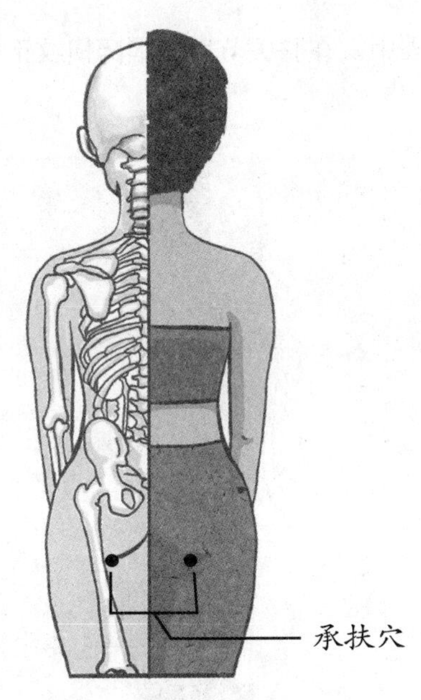

· 足三里穴

位于髌骨下缘 3 寸（可将食指、中指、无名指和小指并拢，以中指中节横纹处为准，四指宽度即为 3 寸），胫骨前嵴外一横指（拇指指关节横度）处。

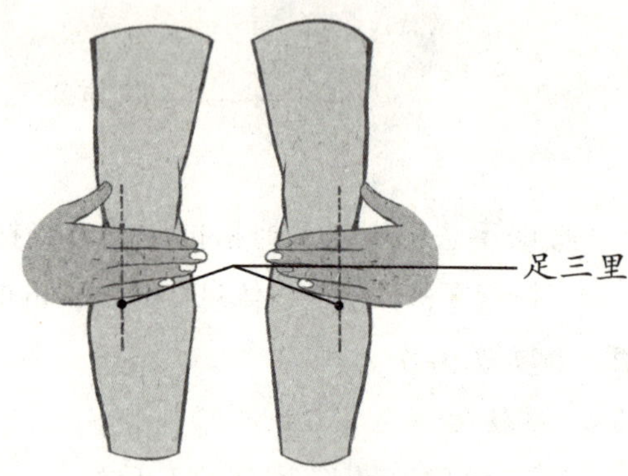

按摩手法：用点按的方式，持续 5 秒，放松，休息 2 ~ 3 秒再重复按摩，重复做 10 次。

· 委中穴

委中穴在膝关节后面腘窝横纹正中处。

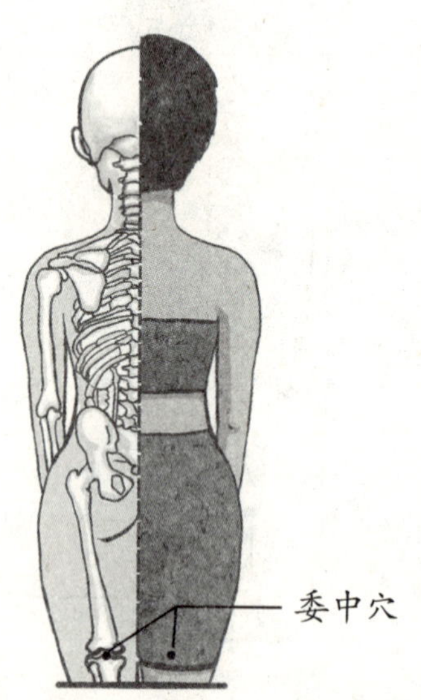

按摩手法：基本上小腿最胖的部位都集中在这个穴位附近，用力做点按。

· 承山穴

承山穴在小腿后侧，小腿肚的正下方。

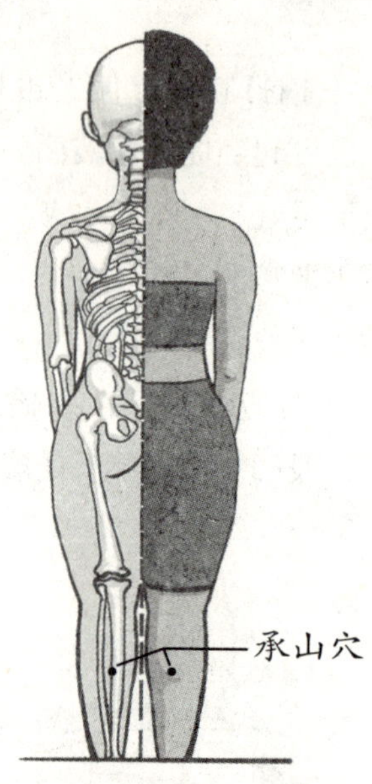

按摩手法：用点按的方式，持续 5 秒，放松，休息 2 ~ 3 秒再重复按摩，重复做 10 次。

· 悬钟穴

按摩手法：用点按的方式，持续 5 秒，放松，

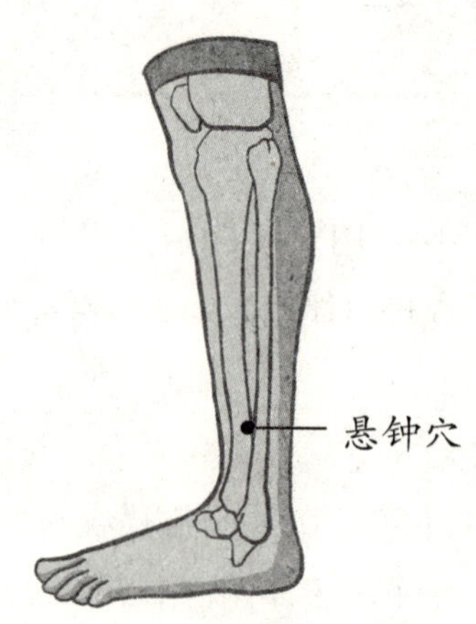

休息 2 ~ 3 秒再重复按摩，重复做 10 次。

❸ 消除关节疼痛、女性怕冷可常按阳池穴

生活中，不少女性都有怕冷的现象，如果你不想被它一直困扰下去的话，按按阳池穴是个不错的选择。

阳池穴是三焦经上的重要穴位，让身体气血畅通，对治疗女性怕冷很有效果。该穴在腕背横纹中，指总伸肌腱的尺侧缘凹陷处。

刺激阳池穴的时候，动作不要太快，要缓缓按摩，手势轻揉。具体可以这样操作：如果你要先按摩左手阳池穴，就用右手的中指缓缓按揉左手的阳池穴上，拇指托在手腕下面，左手按摩 1 分钟左右再换右手。这种姿势自然流畅，很好地刺激了阳池穴，操作起来很方便。

平时多多揉动阳池穴，别看它只是一个小小的穴位，却能帮你暖身。

此外，不少教师都有手腕关节疼痛的经历，阳池穴就在我们手腕背部的中心，对于消除腕关节疼痛很有效果。

关节是我们身体上平时活动最多的地方，因为经常活动，也很容易磨损，尤其是手腕部位的关节。教师们每天都免不了使用电脑，经常在键盘上敲敲打打的动作十分频繁，所以，腕关节的防护是很重要的。

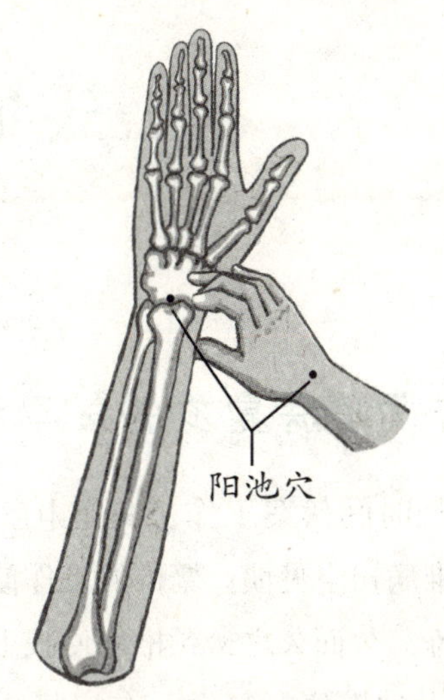

在工作过程中，感觉手腕活动不灵活，你可以马上按压阳池穴。具体方法很简单，如果是你的右手手腕酸痛，就暂时放下手头的工作，用左手拇指按压在右手的阳池穴上，其他四指按在手腕的另一端，然后五指同时用力按压并揉动阳池穴。按摩的同时，不停转动右手。不用多久，你的手腕就会轻松很多的。

如果出现手臂前部和肘部疼痛、颈肩部疼痛，也可以按阳池穴配合治疗。

三、午休时的穴位按摩法

❶ 预防颈椎病复发的按摩法

对于长时间伏案工作、操作电脑的教师而言，患颈椎病司空见惯。繁忙的工作使他们忽略了体育锻炼，久而久之，颈椎病便找上了门。

要减少颈椎病的复发，在症状缓解后，应特别注意纠正不良的工作和生活习惯，还应在医生指导下坚持功能锻炼和自我按摩。下面是一组预防颈椎病复发及辅助治疗的保健操。

· 按摩百会穴

用中指或食指按于头顶正中的百会穴，用力由轻到重按揉 20 ～ 30 次。

功效：健脑宁神，益气固脱。

· 对按头部

双手大拇指分别放在额部两侧的太阳穴处，其余四指微分开，放在两侧头部，双手同时用力做对按揉动 20 ～ 30 次。

功效：醒脑明目，振奋精神。

· 按揉风池穴

用两手大拇指分别按在同侧风池穴，其余手指附在头的两侧，由轻到重地按揉 20 ～ 30 次。

功效：疏风散寒，开窍镇痛。

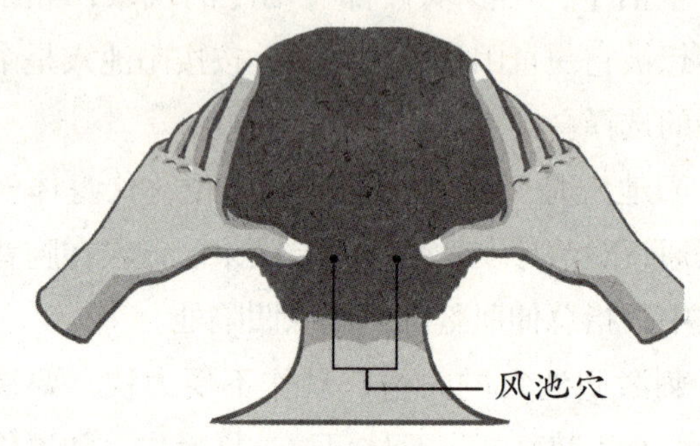

· 拿捏颈肌

将双手上举置于颈后，拇指放置于同侧颈外侧，其余四指放在颈肌对侧，双手用力对合，将颈肌向上提起后放松，沿风池穴向下拿捏至大椎穴 20 ～ 30 次。

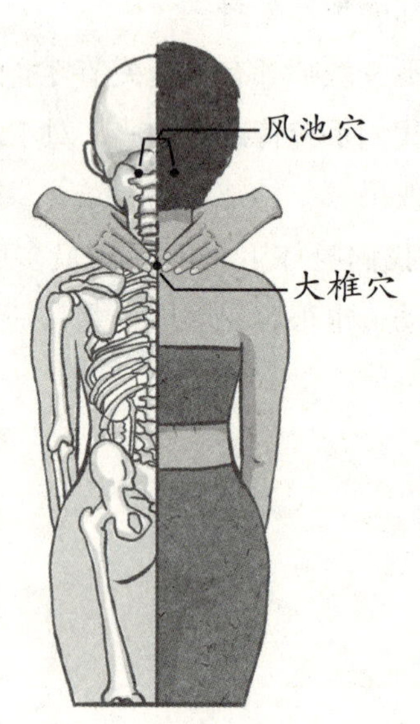

功效：解痉止痛，调和气血。

· 按揉缺盆穴

以左（右）手四指置于对侧耳下翳风穴（耳垂后方，耳后的凹陷处）处，沿胸锁乳突肌方向，揉按到缺盆穴（锁骨上缘中点凹陷处）10 ~ 20 次，注意动作不宜太快和过重，两侧交替进行。

功效：通经活络，解痉止痛。

· 按压肩井穴

以左（右）手中指指腹按于对侧肩井穴（在大椎与肩峰连线中点，肩部筋肉处），然后由轻到重按压 10 ~ 20 次，两侧交替进行。

功效：通经活络，散寒定痛。

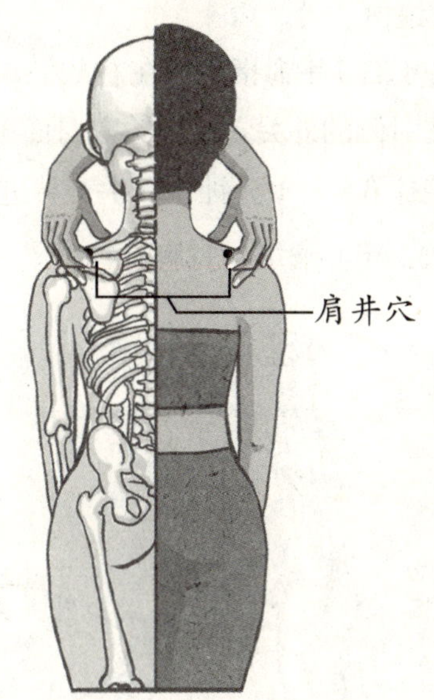

· 斜摩大椎穴

用左（右）手四指并拢放于上背部，用力反复斜摩大椎穴（位于后颈部颈椎中最大椎体下方的空隙处）各 20 ~ 30 次，至局部发热为佳，两侧交替进行。

功效：疏风散寒，活血通络。

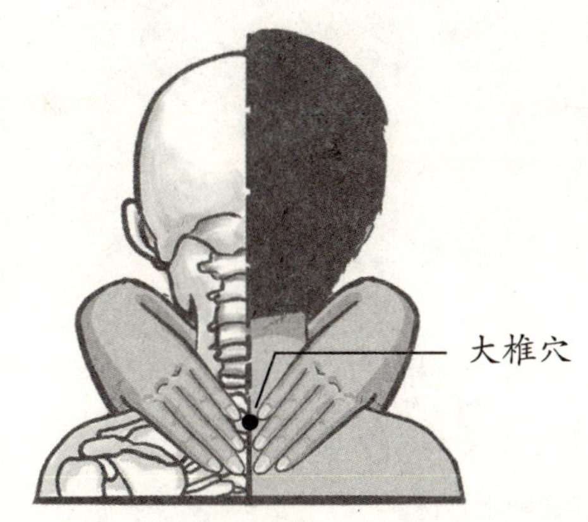

· 对按内、外关穴

用左（右）手拇指尖放在右（左）手内关穴，中指放在对侧的外关穴（内关穴对面），同时对合用力按揉 0.5 ～ 1 分钟，双手交替进行。

功效：宁心通络，宽胸行气。

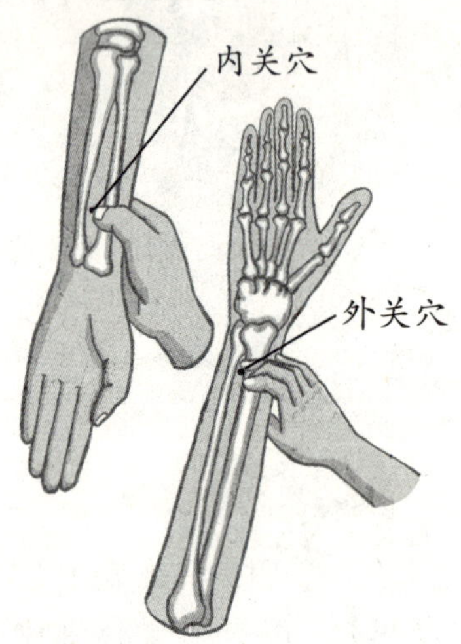

· 掐揉合谷穴

将左（右）手拇指指尖放在另一手的合谷穴（即虎口处），拇指用力掐揉 10 ～ 20 次，双手交替进行。

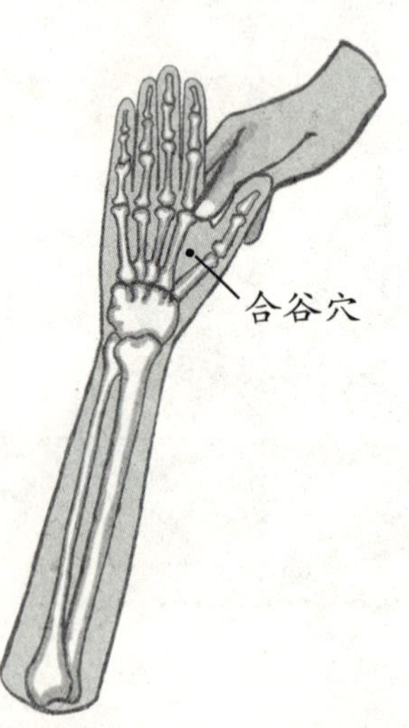

功效：疏风解表，开窍醒神。

· 梳摩头顶

双手五指微曲分别放在头顶两侧，稍加压力从前发际沿头顶至脑后做“梳头”状动作 20 ～ 30 次。

功效：提神醒目，清脑镇痛。

2 胸腹部穴位保健按摩法

· 揉膻中穴

取穴：膻中穴位于胸部，当前正中线上，平第 4 肋间，两乳头连线的中点。

按摩手法：先将一只手的大鱼际贴在膻中穴上，旋转揉动 30 次，再换手同法操作。

作用：具有宽胸理气、宁心安神之功，多用于预防冠心病、气管炎等症发作，促进心肺功能健康。

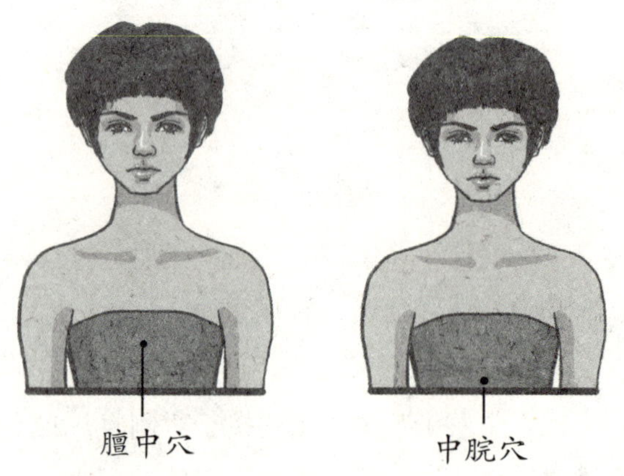

· 摩中脘穴

取穴：中脘穴位于腹部，前正中线上，胸骨下端和肚脐连接线中点即为此穴。

按摩手法：将一只手的大鱼际贴于中脘穴上，顺时针、逆时针方向环形按摩各 30 下，再换手同法操作。

作用：能促进胃蠕动，促进消化功能，使营养物质得以充分吸收，延缓各脏器组织的衰老。

· 按揉天枢穴

取穴：位于人体中腹部，脐中旁开 2 寸处，将食、中、无名三指并拢，肚脐左右三指的宽度就是两处天枢穴的所在。

按摩手法：将两手中指指腹端同时置于两侧天枢穴上，由轻到重逐渐用力，按到一定深度后再慢慢上提，如此下按上提重复 10 次。然后在该穴上旋转揉动 30 次。

作用：能调整胃肠功能，促进消化吸收，温补肾阳，使消化功能、性功能保持正常，全身气血旺盛。

· 揉气海、关元穴

取穴：气海穴位于人体的下腹部，直线联结肚脐与耻骨上方，将其分为十等分，从肚脐十分之三的位置，即为此穴。

关元穴位于下腹部，前正中线上，从肚脐到耻骨上方画一线，将此线五等分，从肚脐往下五分之三处，即是此穴。

按摩手法：将两手掌重叠，掌心贴于气海、关元两穴上，先按顺时针方向后按逆时针方向各揉动 30 下。

作用：具有增强机体免疫功能，使抗体产生提早、维持时间延长、效价显著升高，加强白细胞及网状内皮细胞的吞噬能力，调整内分泌功能，延缓性功能衰退，保持泌尿、内分泌、生殖系统功能正常，增强机体抗病能力。

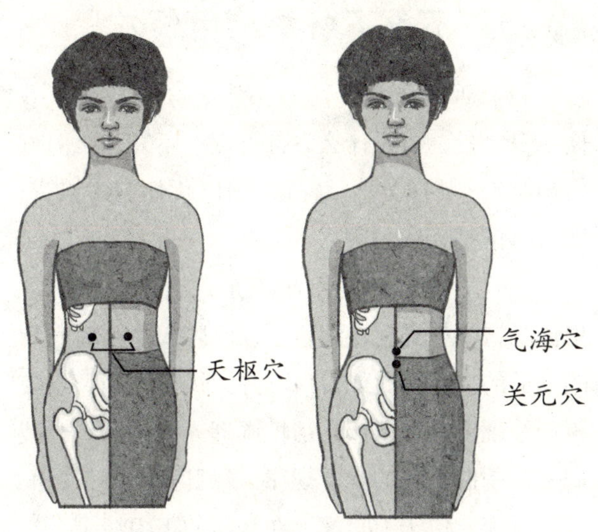

· 揉神阙穴

取穴：该穴位于人体的腹中部，脐中央。

按摩手法：两手掌重叠，掌心贴于神阙穴上，做环状运动，顺时针 10 次，逆时针 10 次，反复交替进行，至该穴热胀明显为止。

作用：有和胃理气、健脾和中之功，使后天水谷精气不断得到补充，延缓机体衰老。

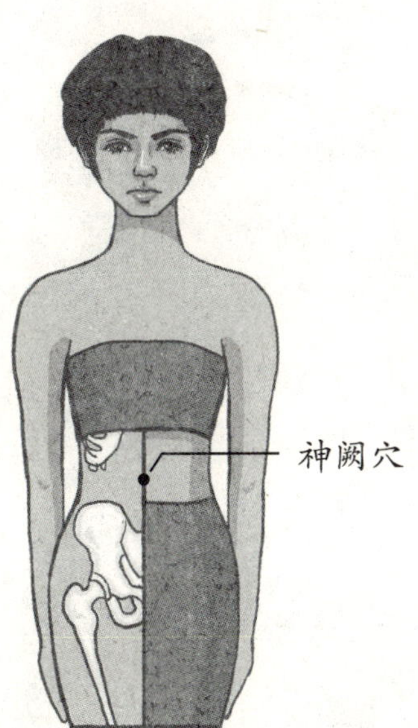

③ 肠胃不好不妨按揉巨阙穴

胃就像是天气，阴晴不定。今天放晴，我们一身轻松，要做什么事都可以。不知什么时候胃痛起来，就像突然一阵雷阵雨，你便苦不堪言，什么事情都无法去做。

你还在为肠胃的阴晴不定痛苦不已吗？如果你肠胃不好那就要注意了，巨阙穴是平时肠胃的不适的克星。比如胃口不好、饭后腹痛、半夜胃痛等现象都可以让它帮忙调理。调理肠胃，我们要控制好平时的饮食规律，每日按摩一下巨阙穴。巨阙穴位于上腹部，在胸前的正中线上，在脐中上6寸，取穴时，用手摸到左右肋骨相交处，巨阙穴就在左右肋骨相交处的下面。将食指、中指和无名指三者并拢，取三指的宽度测量。该穴位就位于相交处下方三指宽的地方。

巨阙守卫的地方，是食管和其动静脉通行的地方，因此，巨阙穴对治疗肠胃疾病很有疗效。

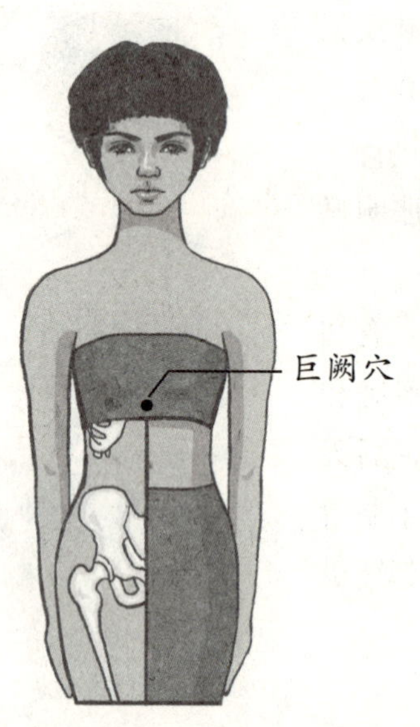

你只需要每天坚持揉按巨阙穴，每次2～3分钟就可以了。

④ 强腰益肾按摩法

中医认为，腰为肾之府，全身经络大多经过腰部，带脉如带环束腰系。日常久坐，会导致腰部不适，往往令人全身不适，下面介绍具有强腰益肾的按摩方法。

按摩方法如下：

擦搓腰眼：两手掌或拳背抵腰两侧，以肾俞穴部位为中心，上至十二肋下，下到臀、髋部，往返擦搓数下，至感觉发热或微微出汗为佳。也可采用按揉法，上下移动操作。

叩拍腰骶：屈臂于背后，以拳背或掌根沿腰椎、骶椎往返交错叩击或拍打数下，以麻胀酸感为度。

⑤ 腰部保健的穴位按摩法

腰部保健按摩可以舒筋通络，促进腰部气血循环，消除腰肌疲劳，缓解腰肌痉挛与腰部疼痛，使腰部活动灵活、健壮有力。

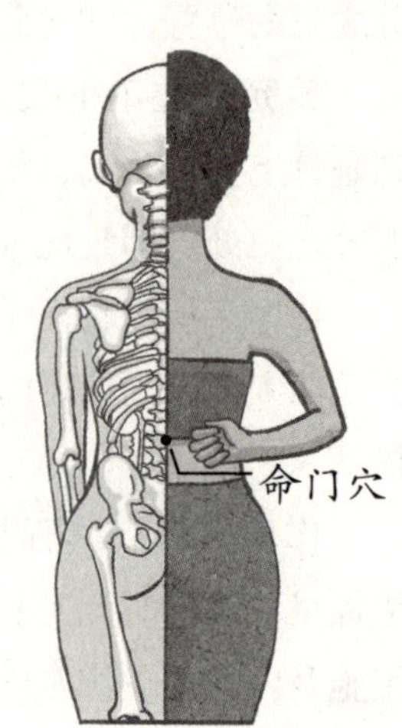

· 揉命门穴

取穴：命门穴在腰部第二腰椎棘突下的凹陷中，与前脐中（神阙穴）相对。

按摩手法：右手或左手握拳，以食指

掌指关节突起部（拳尖）置于命门穴上，先顺时针方向压揉 9 次，再逆时针方向压揉 9 次，如此重复操作 36 次。意守命门穴。

作用：每天按揉此穴，具有温肾阳、利腰脊等作用。

· 揉肾俞穴

取穴：肾俞穴在腰部第二腰椎棘突下旁开 1.5 寸处，与命门穴相平。

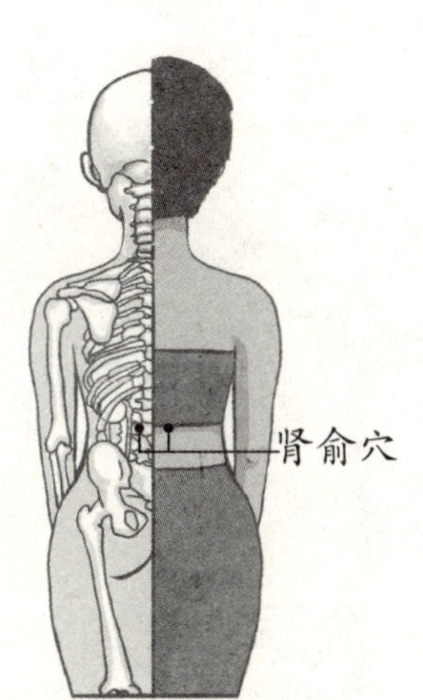

按摩手法：两手握拳，以食指掌指关节突起部放在两侧肾俞穴上，先顺时针方向压揉 9 次，再逆时针方向压揉 9 次，如此连做 36 次。意守肾俞穴。

作用：每天按揉此穴，具有滋阴壮阳、补肾健腰等作用。

· 揉腰阳关穴

取穴：腰阳关穴在腰部第四腰椎棘突下的凹陷中。

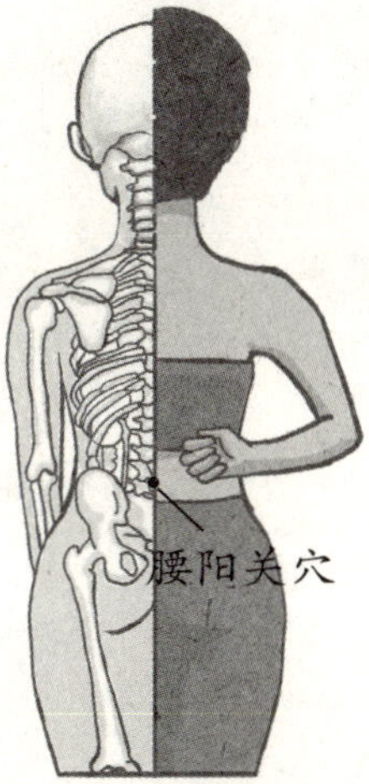

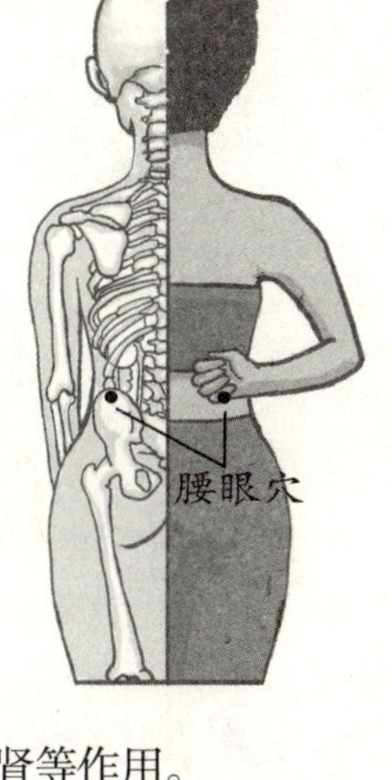

按摩手法：左手或右手握拳，以食指掌指关节突起部置于腰阳关穴上，先顺时针方向压揉 9 次，再逆时针方向压揉 9 次，反复做 36 次。意守腰阳关穴。督脉为阳经，本穴为阳气通过之关。

作用：每天按揉此穴，具有疏通阳气、强腰膝、益下元等作用。

· 揉腰眼穴

取穴：腰眼穴在腰部第四腰椎棘突下旁开约五横指宽处，与腰阳关穴相平。

按摩手法：两手握拳，以食指掌指关节突起部放在两侧腰眼穴上，先顺时针方向压揉9次，再逆时针方向压揉9次，连做 36 次。意守腰眼穴。

作用：每天按揉此穴，具有活血通络、健腰益肾等作用。

· 拿委中穴

取穴：委中穴在膝关节后面腘窝横纹正中处。

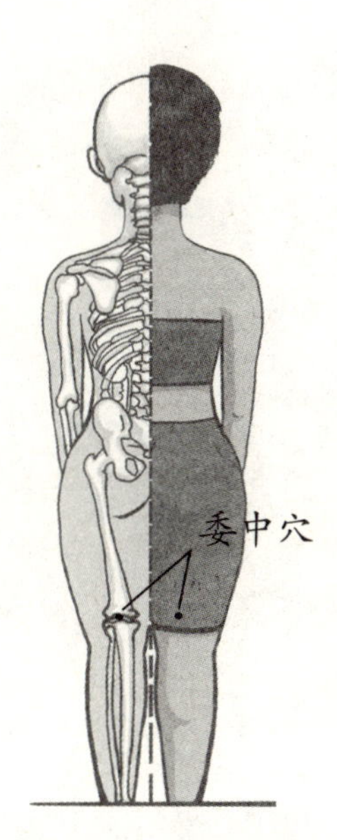

按摩手法：双手对搓至热，以两手同时拿揉（用大拇指与其余四指的指面对称施力拿、揉）两下肢委中穴，约 1 分钟。

作用：委中穴是治疗腰背疼痛的要穴，有舒筋通络、散瘀活血之功效。